Testemunha ocular

30
anos
editora
unesp

Peter Burke

Testemunha ocular

O uso de imagens como evidência histórica

Tradução

Vera Maria Xavier dos Santos

Testemunha ocular: o uso de imagens como evidência histórica foi publicado originalmente pela Reaktion Books, Londres, Reino Unido, 2001

Título original: *Eyewitnessing – The Uses of Images as Historical Evidence*

Direitos de publicação reservados à:
Fundação Editora da Unesp (FEU)
Praça da Sé, 108
01001-900 – São Paulo – SP
Tel.: (0xx11) 3242-7171
Fax: (0xx11) 3242-7172
www.editoraunesp.com.br
www.livrariaunesp.com.br
feu@editora.unesp.br

Dados Internacionais de Catalogação na Publicação (CIP)
Odilio Hilario Moreira Junior CRB-8/9949

B959t

Burke, Peter, 1937-
Testemunha ocular: o uso de imagens como evidência histórica / Peter Burke; traduzido por Vera Maria Xavier dos Santos. – São Paulo: Editora Unesp, 2017.

Inclui bibliografia.
ISBN: 978-85- 393-0671-8

1. História mundial. 2. Obras Pictóricas. 3. História. 4. Fontes – Obras Pictóricas. 5. Historiografia. 6. Fotografia. I. Santos, Vera Maria Xavier dos. II. Título.

2017-156 CDD 907.2
CDU 94

Editora afiliada:

Em memória de Bob Scribner

Sumário

Prefácio à edição brasileira 11

Prefácio e agradecimentos 15

Introdução: O testemunho das imagens 17
A invisibilidade do visual? 18
Fontes e indícios 23
Variedades de imagem 28

1 Fotografias e retratos 35
Realismo fotográfico 35
O retrato, espelho ou forma simbólica? 41
Reflexões sobre reflexões 49
As orelhas de Morelli 53

2 Iconografia e iconologia 55
A ideia de iconografia 56
A escola de Warburg 57
O método exemplificado 61
O método criticado 64
O problema da paisagem 67

3 O sagrado e o sobrenatural 73
Imagens e doutrinação 75
Cultos de imagens 79
Imagens e devoção 81
Imagens polêmicas 86
A crise da imagem 89

4 Poder e protesto 93
Imagens de ideias 95
Imagens de indivíduos 103
Imagens subversivas 118

5 Cultura material através de imagens 123
"Paisagens" de cidades 127
Interiores e suas mobílias 132
Publicidade 142
Problemas e soluções 145

6 Visões de sociedade 155
Crianças 158
Mulheres na vida cotidiana 163
Gênero 172
O real e o ideal 175

7 Estereótipos do outro 183
As raças monstruosas 188
Orientalismo 191
O outro em nosso próprio país 200
O camponês grotesco 204

8 Narrativas visuais 209
Imagens de acontecimentos correntes 210
Lendo narrativas 213
Imagens únicas 215
O quadro-batalha 218
As séries 225

Tiras narrativas 227
A Tapeçaria Bayeux 228
Filme como evidência 230

9 De testemunha a historiador 235
O pintor como historiador 236
Filme como interpretação 238
O Luís XIV de Rossellini 243
História contemporânea 247

10 Além da iconografia? 253
Psicanálise 254
Enfoques estruturalista e pós-estruturalista 257

11 A história cultural das imagens 267
Histórias sociais da arte 268

Referências bibliográficas 285

Agradecimentos fotográficos 307

Índice remissivo 309

Prefácio à edição brasileira

Historiadores tradicionais – ou, mais precisamente, historiadores céticos quanto ao uso de imagens como evidência histórica – frequentemente afirmam que imagens são ambíguas e que podem ser "lidas" de muitas maneiras. Uma boa resposta a esse argumento seria apontar para as ambiguidades dos textos, especialmente quando são traduzidos de uma língua para outra. O livro que você está começando a ler é um exemplo disso. Escrito em inglês com o objetivo de atingir um público anglófono, ele às vezes emprega coloquialismos de difícil compreensão para os leitores estrangeiros, ou admite facilmente pressupostos quando seria necessária uma explicação para o outro lado de uma fronteira cultural. É por isso que achamos necessário reler a tradução. Agradecemos especialmente a Daniel Aarão pelo serviço de revisão que resultou numa nova versão, que por sua vez foi revisada por mim e por minha esposa.

As imagens também podem ser traduzidas, no sentido de que podem ser adaptadas para uso em um ambiente diferente do que foi inicialmente idealizado (em outros termos, elas podem ser adaptadas para o uso em uma cultura diferente). Elas podem até ser traduzidas de maneira equivocada (pelo menos do ponto de vista original do artista). Um bom exemplo desse tipo de "tradução cultural", como é normalmente denominada, nos vem da China do século XVI. O missionário jesuíta italiano Matteo Ricci utilizava imagens, principalmente gravuras flamengas representando cenas da vida de Cristo, procurando atrair a atenção dos chineses para o cristianismo. Os artistas chineses começaram a copiar essas gravuras flamengas e adaptá-las, consciente ou inconscientemente, ao ambiente chinês, mudando as fisionomias ocidentais para chinesas, por exemplo. Atualmente, essas cópias chinesas são uma evidência importante da "recepção" chinesa do cristianismo, confirmando o que sabemos por outras fontes sobre o modo como os chineses assimilaram uma religião nova a suas crenças tradicionais.

Retornamos à questão da importância das imagens para os historiadores como uma forma de evidência. A respeito desse assunto, minha mensagem é a mesma para os brasileiros e para os leitores de outros países, considerando-se que o objetivo de meu livro foi apresentar conclusões gerais (por mais provisórias que sejam). Eu continuo acreditando que os historiadores devem sempre utilizar imagens junto a outros tipos de evidência, e que precisam desenvolver métodos de "crítica das fontes" para imagens exatamente como o fizeram para os textos, interrogando essas "testemunhas oculares" da mesma forma que os advogados interrogam as testemunhas durante um julgamento.

No caso do Brasil, gostaria simplesmente de lembrar aos leitores que já na década de 1930, cinquenta anos antes da "virada visual" realizada pelos historiadores, Gilberto Freyre sugeria que as imagens fossem igualmente consideradas fontes junto com outras fontes não convencionais, tais como as tradições orais e anúncios de jornal. Certos tipos de imagens têm sido intensamente estudados por historiadores dedicados ao estudo do Brasil, principalmente as pinturas de Frans Post e os desenhos e gravuras de Jean-Baptiste Debret; e muitas outras imagens podem ser úteis neste sentido. Devo admitir que, enquanto escrevia este livro, eu tinha a esperança de que uma tradução dele fosse publicada no Brasil, e por isso propositadamente terminei o livro com uma fotografia do Rio de Janeiro, tirada por Augusto Stahl em meados do século XIX, esperando que isso pudesse servir de estímulo aos historiadores brasileiros para fazerem maior uso de imagens desse tipo, não apenas em seus estudos do século XIX, que agora nos parece tão distante, mas também naqueles da história das décadas recentes.

Peter Burke
Cambridge, 17 de março de 2004

Prefácio e agradecimentos

Conta-se que, na China, um pintor de bambu foi aconselhado por um colega a estudar o bambu por vários dias, mas pintá-lo em poucos minutos. Este livro foi escrito relativamente rápido; no entanto, minha preocupação com o assunto remonta há mais de trinta anos, quando eu estudava o surgimento de um senso de anacronismo na cultura europeia e percebi que, enquanto textos podem não suscitar a questão quanto ao passado ser remoto ou distante, pintores não podiam ignorar o assunto e tinham de tomar decisões sobre, digamos, pintar Alexandre, o Grande, em trajes da época em que viviam esses pintores ou de alguma época diferente. Infelizmente, a coleção para a qual eu estava escrevendo na ocasião não incluía ilustrações.

Desde aquela época, tenho tido muitas oportunidades de usar imagens como evidência histórica e pude até mesmo ministrar um curso sobre o assunto para alunos graduandos de primeiro ano na universidade de Cambridge. A partir daquele curso, idealizado e ministrado com o falecido Bob Scribner, surgiu este livro, uma contribuição para uma coleção da qual Bob foi um dos editores. Esperávamos escrever um livro desse tipo juntos e, agora, dedico-o à sua memória.

Gostaria de agradecer a minha mulher Maria Lúcia, que me ensinou o sentido da expressão "meu melhor crítico", e também a Stephen Bann e Roy Porter, pelos comentários construtivos sobre a primeira versão do livro, e ainda a José Garcia Gonzáles, por chamar minha atenção para as reflexões sobre equitação política de Diego de Saavedra Fajardo.

Introdução
O testemunho das imagens

Ein Bild sagt mehr als 1000 Worte.
[Uma imagem vale mais do que mil palavras.]

Kurt Tucholsky

Este livro está primordialmente interessado no uso de imagens como evidência histórica. É escrito tanto para encorajar o uso de tal evidência, quanto para advertir usuários em potencial a respeito de possíveis perigos. Nos últimos tempos, os historiadores têm ampliado consideravelmente seus interesses para incluir não apenas eventos políticos, tendências econômicas e estruturas sociais, mas também a história das mentalidades, a história da vida cotidiana, a história da cultura material, a história do corpo etc. Não teria sido possível desenvolver pesquisa nesses campos relativamente novos se eles tivessem se limitado a fontes tradicionais, tais como documentos oficiais produzidos pelas administrações e preservados em seus arquivos.

Por essa razão, lança-se mão, cada vez mais, de uma gama mais abrangente de evidências, na qual as imagens têm o seu lugar ao lado de textos literários e testemunhos orais. Tomemos a história do corpo, por exemplo: imagens constituem um guia para mudanças de ideias sobre doença e saúde e são ainda mais importantes como evidência de padrões de beleza em mutação, ou da história da preocupação com a aparência tanto de homens quanto de mulheres. Por outro lado, a história da cultura material, discutida no Capítulo 5, tornar-se-ia virtualmente impossível sem o testemunho de imagens, que também oferecem uma contribuição importante para a história das mentalidades, como os Capítulos 6 e 7 tentarão demonstrar.

A invisibilidade do visual?

É bem possível que historiadores ainda não considerem a evidência de imagens com bastante seriedade, de tal modo que uma discussão recente falou da "invisibilidade do visual". Como observado por um historiador da arte, "historiadores [...] preferem lidar com textos e fatos políticos ou econômicos e não com os níveis mais profundos de experiência que as imagens sondam", enquanto outro historiador refere-se à "condescendência em relação a imagens" que isso implica.[1]

Relativamente poucos historiadores trabalham em arquivos fotográficos, comparado ao número desses estudiosos que trabalham em repositórios de documentos escritos e datilografados. Relativamente poucos periódicos históricos trazem ilustrações e, quando o fazem, poucos colaboradores aproveitam essa oportunidade. Quando utilizam imagens, os historiadores tendem a tratá-las como meras ilustrações, reproduzindo-as nos livros sem comentários. Nos casos em que as imagens são discutidas no texto, essa evidência é frequentemente utilizada para ilustrar conclusões a que o autor já

[1] Fyfe, Law, On the Invisibility of the Visual. In: _____. *Picturing Power*, p.1-14; Porter, Seeing the Past, *Past and Present*, CXVIII, p.186-205, 1988; Belting, *Likeness and Presence*, p.3; Gaskell, Visual History. In: Burke, *New Perspectives on Historical Writing*, p.187-217; Binski, *Medieval Death: Ritual and Representation*, p.7.

havia chegado por outros meios, em vez de oferecer novas respostas ou suscitar novas questões.

Por que isso acontece? Num ensaio em que descreve sua descoberta das fotografias vitorianas, o falecido Raphael Samuel descreveu a si mesmo e a outros historiadores sociais de sua geração como "visualmente analfabetos". Criança na década de 1940, ele foi e permaneceu "completamente pré-televisual" - usando sua própria expressão. Sua educação, tanto na escola quanto na universidade, foi um treinamento em ler textos.[2]

Apesar disso, uma significativa minoria de historiadores já estava utilizando a evidência de imagens nessa época, principalmente em períodos nos quais documentos escritos eram escassos ou inexistentes. Seria realmente difícil escrever sobre a pré-história europeia, por exemplo, sem a evidência das pinturas das cavernas de Altamira e Lascaux, ao passo que a história do Egito antigo seria imensuravelmente mais pobre sem o testemunho das pinturas nos túmulos. Em ambos os casos, as imagens oferecem virtualmente a única evidência de práticas sociais, como a caça. Alguns estudiosos trabalhando em períodos posteriores também levaram imagens a sério. Por exemplo, historiadores de atitudes políticas, "opinião pública" ou propaganda já estão utilizando há tempos a evidência das imagens. Em outro exemplo, um renomado medievalista, David Douglas, declarou há quase meio século que as Tapeçarias de Bayeux constituíam "uma fonte primária para a história da Inglaterra" que "merece ser estudada juntamente com as narrações *Anglo-Saxon Chronicle* [Crônica Anglo-Saxã] e de William de Poitiers.

O emprego de imagens por alguns poucos historiadores remonta há muito mais tempo. Como destacado por Francis Haskell (1928-2000) em *History and its images* [A história e suas imagens], as pinturas nas catacumbas romanas foram estudadas no século XVII como evidência para a história do início do cristianismo (e no

[2] Samuel, The Eye of History. In: *Theatres of memory*, v.1, p.315-36.

século XIX, como evidência para a história social).[3] As Tapeçarias de Bayeux (Figura 78) já eram levadas a sério como fonte histórica por estudiosos no início do século XVIII. Na metade desse século, uma série de pinturas de portos marítimos franceses, realizada por Joseph Vernet (a ser discutida aqui no Capítulo 5), foi elogiada por um crítico que declarou que, se mais pintores seguissem o exemplo de Vernet, os trabalhos seriam de utilidade para a posteridade porque "nas pinturas seria possível ler a história das práticas, das artes e das nações".[4]

Os historiadores culturais Jacob Burckhardt (1818-1897) e Johan Huizinga (1872-1945), eles próprios artistas amadores, escrevendo respectivamente sobre o Renascimento e o "outono" da Idade Média, basearam suas descrições e interpretações da cultura da Itália e da Holanda em quadros de artistas tais como Raphael e van Eyck, bem como em textos da época. Burckhardt, que escreveu sobre arte italiana antes de se dedicar à cultura geral do Renascimento, descreveu imagens e monumentos como "testemunhas de etapas passadas do desenvolvimento do espírito humano", objetos "através dos quais é possível ler as estruturas de pensamento e representação de uma determinada época".

No que se refere a Huizinga, proferia a conferência inaugural na Universidade de Groningen em 1905 sobre o tema "O elemento estético no pensamento histórico" comparando a compreensão histórica à "visão" ou "sensação" (incluindo o sentido de contato direto com o passado), e declarando que "o que o estudo da História e a criação artística têm em comum é um modo de formar imagens". Mais tarde, ele descreveu o método da história cultural em termos visuais como "o método do mosaico". Huizinga confessou em sua autobiografia que o seu interesse por História foi estimulado pelo

---

[3] Douglas, Greenaway (eds.), *English Historical Documents, 1042-1189*, p.247.

[4] Haskell, *History and its Images*, p.123-4, 138-44; a crítica é citada em: Lagrange, *Les Vernet et la Peinture au XVIIIe siécle*, p.77.

hábito de colecionar moedas na infância, e que foi atraído pela Idade Média porque visualizava o período como "repleto de nobres cavaleiros usando elmos enfeitados de plumas", e que sua troca de interesse dos estudos orientais para a história da Holanda foi estimulada por uma exibição de pinturas flamengas em Bruges, no ano de 1902. Huizinga também foi um entusiasmado defensor dos museus históricos.[5]

Outro estudioso da geração de Huizinga, Aby Warburg (1866-1926), que começou como um historiador da arte no estilo de Burckhardt, terminou a carreira tentando produzir uma história cultural baseada tanto em imagens quanto em textos. O Instituto Warburg, que se desenvolveu a partir da biblioteca de Warburg e foi trazido de Hamburgo para Londres após a ascensão de Hitler ao poder, continuou a estimular esse enfoque. Assim, a historiadora renascentista Frances Yates (1899-1891), que começou a frequentar o Instituto no final da década de 1930, descreveu-se como sendo "iniciada na técnica de Warburg, que utiliza evidência visual como evidência histórica".[6]

A evidência de pinturas e fotografias também foi utilizada na década de 1930 pelo sociólogo-historiador brasileiro Gilberto Freyre, (1900-1987), que via a si mesmo como um pintor histórico ao estilo de Ticiano e seu enfoque da história social como uma forma de "impressionismo", no sentido de uma "tentativa de surpreender a vida em movimento". Seguindo os passos de Freyre, Robert Levine, um historiador americano dedicado a estudos do Brasil, publicou uma série de fotografias da vida na América Latina no final do século XIX e início do século XX com um comentário que não apenas insere as

---

[5] Haskell, *History and its Images*, p.9, 309, 335-46, 475, 482-94; Burckhardt apud Gossman, *Basel in the Age of Burckhardt*, p.361-2; sobre Huizinga, cf. Strupp, *Johan Huizinga: Geschichtswissenschaft als Kulturgeschichte*, p.67-74, 116, 226.

[6] Yates, *Shakespeare's Last Plays*, p.4; cf. Yates, *Ideas and Ideals in the North European Renaissance*, p.312-5, 321.

fotografias no contexto, mas também discute os principais problemas suscitados pela utilização desse tipo de evidência.[7]

Imagens foram o ponto de partida para dois estudos importantes realizados pelo historiador que se autodenominou "Historiador domingueiro", Philippe Ariès (1914-1982): uma história da infância e uma história da morte, sendo que em ambas as fontes visuais foram tratadas como "evidência de sensibilidade e vida", igualadas em valor à "literatura e documentos de arquivos". O trabalho de Ariès será discutido mais detalhadamente em um capítulo posterior. Seu enfoque foi seguido por alguns historiadores franceses de destaque na década de 1970, entre eles Michel Vovelle, que trabalhou sobre a Revolução Francesa e o Antigo Regime que a precedeu, e Maurice Agulhon, que se dedica especialmente à França do século XIX.[8]

Essa "virada pictórica", como a tem denominado o crítico americano William Mitchell, também é visível no cenário do mundo anglofônico.[9] Foi no final da década de 1960, como ele próprio confessa, que Raphael Samuel e alguns de seus contemporâneos tornaram-se conscientes do valor de fotografias como evidência para a história social do século XIX, auxiliando-os a construir "uma história a partir de baixo", focalizando o cotidiano e as experiências de pessoas comuns. Entretanto, considerando o influente periódico *Past and Present* como representante de novas tendências em escrita histórica no mundo anglofônico, é chocante a descoberta de que, entre 1952 a 1975, nenhum dos artigos lá publicados incluía imagens. Na década de 1970, foram publicados no periódico dois artigos ilustrados. Na década de 1980, por outro lado, o número subiu para catorze.

---

[7] Levine, *Images of History: 19th and Early 20th Century Latin American Photographs as Documents*.

[8] Ariès, *Un historien de dimanche*, p.122; cf. Vovelle (ed.), *Iconographie et histoire des mentalités*; Agulhon, *Marianne into Battle: Republican Imagery and Symbolism in France, 1789-1880*.

[9] Mitchell (ed.), *Art and the Public Sphere*.

As atas de uma conferência de historiadores americanos, realizada em 1985, e voltada para "a arte como evidência", comprovam que os anos 1980 significaram uma virada a respeito desse assunto. Publicado numa edição especial do *Journal of Interdisciplinary History*, o simpósio atraiu tanto interesse que em seguida foi publicado em forma de livro.[10] Desde então, um dos colaboradores, Simon Schama, tornou-se conhecido pelo seu uso da evidência visual em estudos que vão da exploração da cultura holandesa do século XVII, *The Embarrassment of Riches* [O incômodo das riquezas], de 1987, a uma análise das atitudes ocidentais em relação à paisagem ao longo dos séculos, *Landscape and Memory* [Paisagem e memória], de 1955.

A própria coleção *Picturing History* [Imagem e História], que foi lançada em 1995 e inclui o volume que você lê agora, é uma evidência adicional da nova tendência. Nos próximos anos, será interessante observar como os historiadores de uma geração exposta a computadores e televisão praticamente desde o nascimento, que sempre viveu num mundo saturado de imagens, vai enfocar a evidência visual em relação ao passado.

Fontes e indícios

Tradicionalmente, os historiadores têm se referido aos seus documentos como "fontes", como se eles estivessem enchendo baldes no riacho da Verdade, suas histórias tornando-se cada vez mais puras, à medida que se aproximam das origens. A metáfora é vívida, mas também ilusória visto que subentende a possibilidade de um relato do passado que não contaminado por intermediários. É certamente impossível estudar o passado sem a assistência de toda uma cadeia de intermediários, incluindo não apenas os primeiros historiadores, mas também os arquivistas que organizaram os documentos, os

[10] Rotberg, Rabb (eds.), *Art and History: Images and their Meanings*.

escribas que os escreveram e as testemunhas cujas palavras foram registradas. Como sugeriu o historiador holandês Gustaaf Renier (1892-1962) há meio século, pode ser útil substituir a ideia de fontes pela de indícios do passado no presente.[11] O termo "indícios" refere-se a manuscritos, livros impressos, prédios, mobiliário, paisagem (como modificada pela exploração humana), bem como a muitos tipos diferentes de imagens: pinturas, estátuas, gravuras, fotografias.

O uso de imagens por historiadores não pode e não deve ser limitado à "evidência" no sentido estrito do termo (como discutido especificamente nos Capítulos 5, 6 e 7). Deve-se também deixar espaço para o que Francis Haskell denominou "o impacto da imagem na imaginação histórica". Pinturas, estátuas, publicações e assim por diante permitem a nós, posteridade, compartilhar as experiências não verbais ou o conhecimento de culturas passadas (experiências religiosas, por exemplo, discutidas no Capítulo 3). Trazem-nos o que podemos ter conhecido, mas não havíamos levado tão a sério antes. Em resumo, imagens nos permitem "imaginar" o passado de forma mais vívida. Como sugerido pelo crítico Stephen Bann, nossa posição face a face com uma imagem nos coloca "face a face com a história". O uso de imagens, em diferentes períodos, como objetos de devoção ou meios de persuasão, de transmitir informação ou de oferecer prazer, permite-lhes testemunhar antigas formas de religião, de conhecimento, crença, deleite etc. Embora os textos também ofereçam indícios valiosos, imagens constituem-se no melhor guia para o poder de representações visuais nas vidas religiosa e política de culturas passadas.[12]

Este livro investigará, portanto, o uso de diferentes tipos de imagem, no sentido em que os advogados chamam de "evidência aceitável" para diferentes tipos de história. A analogia legal tem um

---

[11] Renier, *History, its Purpose and Method.*

[12] Haskell, *History and its Images*, p.7; Bann, Face-to-face with History, *New Literary History*, XXIX, p.235-46, 1998.

ponto a seu favor; afinal, nos últimos anos, assaltantes de banco, torcedores de futebol desordeiros e policiais violentos têm sido condenados com base na evidência de vídeos. Fotografias policiais de cenas de crime são comumente usadas como evidência. Por volta de 1850, o Departamento Policial de Nova York havia criado uma "Galeria de Marginais", permitindo que ladrões fossem reconhecidos.[13] Na verdade, antes de 1800, registros policiais franceses já incluíam retratos de principais suspeitos em seus arquivos pessoais.

A proposta essencial que este livro tenta defender e ilustrar é a de que imagens, assim como textos e testemunhos orais, são uma forma importante de evidência histórica. Elas registram atos de testemunho ocular. Não há nada de novo a respeito dessa ideia, como demonstra uma famosa imagem de um casal, chamada "Retrato dos Arnolfini", exposta na Galeria Nacional de Londres. Há no retrato uma inscrição (Jan van Eyck esteve aqui), como se o pintor tivesse sido uma testemunha do casamento. Ernst Gombrich escreveu sobre "o princípio do testemunho ocular", em outras palavras, a regra que artistas em algumas culturas têm seguido, a partir dos antigos gregos, para representar o que, e somente o que, uma testemunha ocular poderia ter visto de um ponto específico em um dado momento.[14]

Em estilo semelhante, a expressão "o estilo testemunha ocular" foi introduzida em um estudo dos quadros de Vittore Carpaccio (c.1465–c.1525), e alguns dos seus contemporâneos venezianos, a fim de fazer referência ao gosto pelos detalhes revelado por esses quadros e ao desejo dos artistas e mecenas por "um quadro que parecesse o mais real possível, de acordo com os padrões vigentes de evidência e prova".[15] Os textos algumas vezes reforçam nossa impressão de que um artista estava preocupado em fornecer teste-

---

[13] Tagg, *The Burden of Representation: Essays on Photographies and Histories*, p.66-102; Trachtenberg, *Reading American Photographs: Images as History*, p.28-9.

[14] Panofsky, *Early Netherlandish Painting*; cf. Seidel, *Jan van Eyck's Arnolfini Portrait: Stories of an Icon*; Gombrich, *The Image and the Eye*, p.253.

[15] Brown, *Venetian Narrative Painting in the Age of Carpaccio*, p.5, 125.

munho preciso. Por exemplo, numa inscrição no verso do seu *Ride for Liberty* [Cavalgada pela liberdade], de 1862, mostrando três escravos a cavalo, homem, mulher e criança, o pintor americano Eastman Johnson (1824-1906) descreveu sua pintura como o registro de "um incidente verdadeiro durante a Guerra Civil, observado por mim mesmo". Termos tais como estilo "documentário" ou "etnográfico" também têm sido utilizados para caracterizar imagens equivalentes de períodos posteriores.[16]

É desnecessário dizer que o uso do testemunho de imagens levanta muitos problemas incômodos. Imagens são testemunhas mudas, e é difícil traduzir em palavras o seu testemunho. Elas podem ter sido criadas para comunicar uma mensagem própria, mas historiadores não raramente ignoram essa mensagem a fim de ler as pinturas nas "entrelinhas" e aprender algo que os artistas desconheciam estar ensinando. Há perigos evidentes nesse procedimento. Para utilizar a evidência de imagens de forma segura, e de modo eficaz, é necessário, como no caso de outros tipos de fonte, estar consciente das suas fragilidades. A "crítica da fonte" de documentos escritos há muito tempo tornou-se parte essencial da qualificação dos historiadores. Em comparação, a crítica de evidência visual permanece pouco desenvolvida, embora o testemunho de imagens, como o dos textos, suscite problemas de contexto, função, retórica, recordação (se exercida pouco, ou muito, tempo depois do acontecimento), testemunho de segunda mão etc. Daí porque certas imagens oferecem mais evidência confiável do que outras. Esboços, por exemplo, desenhados a partir de cenas reais da vida (Figuras 1, 2) e libertos dos constrangimentos do "grande estilo" (discutidos no Capítulo 8) são mais confiáveis como testemunhos do que o são pinturas trabalhadas posteriormente no estúdio do artista. No caso de Eugène Delacroix (1798-1863), esse aspecto pode ser ilustrado pelo contraste entre seu esboço, *Duas mulheres sentadas*, e sua pintura

---

[16] Ver adiante, p.32, 194, 206.

As mulheres de Argel, de 1834, que parece mais teatral e, ao contrário do esboço original, faz referência a outras imagens.

Figura 1. Eugène Delacroix, Esboço para *As mulheres de Argel*, c.1832, aquarela com vestígios de grafite. Museu do Louvre, Paris.

Em que medida e de que formas as imagens oferecem evidência confiável do passado? Seria insensato tentar produzir uma única resposta geral a tal questão. Um ícone da Virgem Maria datado do século XVI e um pôster de Stalin datado do século XX dizem aos historiadores algo sobre a cultura russa. No entanto, a despeito de algumas semelhanças intrigantes, existem, é claro, enormes diferenças tanto com relação ao que essas imagens deixam transparecer quanto ao que elas omitem. Nós ignoramos – e isto é um perigo – a variedade de imagens, artistas, usos de imagens e atitudes para com as mesmas em diferentes períodos da história.

Figura 2. Constantin Guys, Esboço em aquarela do sultão dirigindo-se à mesquita, 1854. Coleção particular.

Variedades de imagem

Este ensaio está mais voltado para "imagens" do que para "arte", um termo que só começou a ser utilizado no Ocidente ao longo do Renascimento e especialmente a partir do século XVIII, quando a função estética das imagens, ao menos nos círculos da elite, passou a dominar os muitos outros usos desses objetos. Independentemente de sua qualidade estética, qualquer imagem pode servir como evidência histórica. Mapas, pratos decorados, ex-votos (Figura 16), manequins e os soldados de cerâmica enterrados nas tumbas dos primeiros imperadores chineses têm todos alguma coisa a dizer aos estudantes de história.

Para complicar a situação, é necessário levar em conta mudanças no tipo de imagem disponível em lugares e épocas específicos, e especialmente duas revoluções na produção de imagens: o surgimento da imagem impressa (gravura em madeira, entalhe, gravura em água-forte etc.) durante os séculos XV e XVI, e o surgimento da imagem fotográfica (incluindo filme e televisão) nos séculos XIX e XX. Seria necessário um livro bastante extenso para analisar as consequências dessas duas revoluções da maneira detalhada que elas merecem, porém, algumas observações gerais podem ser úteis de qualquer maneira.

Por exemplo, a aparência das imagens mudou. Nos estágios iniciais, tanto da gravura em madeira quanto da fotografia, imagens em preto e branco substituíram pinturas a cores. Refletindo um pouco, pode ser sugerido, como tem sido feito no caso da transição das mensagens orais para as impressas, que a imagem em preto e branco é, usando a famosa expressão de Marshall McLuhan, uma forma mais "serena" de comunicação do que a colorida, que é mais ilusionista, e estimula um certo distanciamento por parte do observador. Retoma-se a ideia de que imagens impressas – da mesma forma que as fotografias, posteriormente – poderiam ser elaboradas e transportadas mais rapidamente do que as pinturas, de tal forma que imagens de eventos que estavam acontecendo poderiam chegar aos observadores enquanto os eventos ainda estivessem vivos na memória, um ponto que será desenvolvido no Capítulo 8.

Outro ponto importante a considerar, no caso de ambas as revoluções, é que elas possibilitaram um grande aumento no número de imagens disponíveis às pessoas comuns. De fato, tornou-se difícil até mesmo imaginar quão poucas imagens estavam em circulação geral durante a Idade Média, uma vez que os manuscritos ilustrados que hoje nos são familiares em museus ou em reproduções encontravam-se geralmente nas mãos de particulares, deixando apenas retábulos de altar ou afrescos em igrejas visíveis para o público em geral. Quais foram as consequências culturais desses dois avanços?

As consequências da imprensa têm comumente sido discutidas em termos da padronização e da fixação de textos em forma permanente, e pontos semelhantes podem ser levantados sobre imagens impressas. William M. Ivins Jr. (1881-1961), um curador de impressos em Nova York, levantou a questão da importância dos impressos do século XVI como "afirmações pictoriais possíveis de serem repetidas com exatidão". Ivins destacou que os antigos gregos, por exemplo, haviam abandonado a prática de ilustrar tratados botânicos devido à impossibilidade de produzir imagens idênticas da mesma planta em diferentes cópias de manuscritos do mesmo trabalho. A partir do final do século XV, por outro lado, ervas e plantas eram sistematicamente ilustradas com gravuras em madeira. Mapas, que começaram a ser impressos em 1472, oferecem outro exemplo da maneira pela qual a comunicação da informação através de imagens foi facilitada pela possibilidade da repetição associada com a impressão.[17]

A era da fotografia, de acordo com o crítico marxista alemão Walter Benjamin (1892-1940) num famoso ensaio da década de 1930, mudou o caráter da obra de arte. A máquina "substitui a única existência pela pluralidade de cópias" e produz um deslocamento do "valor *cult*" da imagem para seu "valor de exibição". "Aquilo que murcha na era da reprodução mecânica é a aura do trabalho de arte." Dúvidas podem existir e foram levantadas a respeito dessa tese. O dono de uma gravura em madeira, por exemplo, pode tratá-la com o respeito devido a uma imagem individual, em vez de considerá-la como uma cópia entre várias. Existe evidência visual de pinturas holandesas de casas e estalagens do século XVII, por exemplo, mostrando que gravuras em madeira e entalhes eram colocados em exposição nas paredes, da mesma forma que as pinturas. Mais recentemente, na era da fotografia, como Michael Camille apontou, a reprodução de uma imagem pode realmente aumentar a sua aura, da mesma forma que séries de fotografias aumentam o encanto de um astro de cinema em vez de diminuí-lo. Se nós consideramos imagens individuais com menos seriedade do que o fizeram nossos antepassados – um aspecto que ainda deve ser provado –, isto pode ser um

---

[17] Em relação a textos: McLuhan, *The Gutenberg Galaxy*; cf. Eisenstein, *The Printing Press as an Agent of Change*. Sobre as imagens: Ivins Jr., *Prints and Visual Communication*; cf. Landau, Parshall, *The Renaissance Print 1470-1550*, p.239.

resultado não da própria reprodução, mas sim da saturação da nossa experiência de mundo por uma quantidade crescente de imagens.[18]

Figura 3. John White, Esboço da aldeia de Secoton, Virgínia, c.1585-1587. British Museum, Londres.

---

[18] Benjamin, The Work of Art in the Age of Mechanical Reproduction (1936). In: *Illuminations*, p.219-44.; cf. Camille, The très Riches Heures: An Illuminated Manuscript in the Age of Mechanical Reproduction. *Critical Inquiry*, XVII, p.72-107, 1990-1991.

"Estude o historiador antes de começar a estudar os fatos", disse a seus leitores o autor do conhecido livro *What is History?* [O que é História?].[19] Da mesma forma, deve-se aconselhar alguém que planeje utilizar o testemunho de imagens para que inicie estudando os diferentes propósitos dos realizadores dessas imagens. Relativamente confiáveis, por exemplo, são trabalhos que foram realizados primeiramente como registros, documentando as ruínas de Roma antiga, ou a aparência e costumes de culturas exóticas. As imagens dos índios de Virgínia pelo artista elizabetano John White (fl.1584-1593), por exemplo (Figura 3), foram feitas no local, como as imagens de havaianos e taitianos feitas pelos desenhistas que acompanharam o capitão Cook e outros exploradores, justamente a fim de registrar o que havia sido descoberto. "Artistas de guerra", enviados a campo para retratar batalhas e a vida dos soldados em campanha (Capítulo 8), ativos desde a expedição do imperador Carlos V à Tunísia até a intervenção americana no Vietnã, se não mais tarde, são usualmente testemunhas mais confiáveis, especialmente no que se refere a detalhes, do que seus colegas que trabalham exclusivamente em casa. Podemos descrever os trabalhos relacionados neste parágrafo como "arte documentária".

Apesar disso, seria imprudente atribuir a esses artistas repórteres um "olhar inocente" no sentido de um olhar que fosse totalmente objetivo, livre de expectativas ou preconceitos de qualquer tipo. Tanto literalmente quanto metaforicamente, esses esboços e pinturas registram "um ponto de vista". No caso de White, por exemplo, precisamos ter em mente que ele estava pessoalmente envolvido na colonização da Virgínia e pode ter tentado passar uma boa impressão do local, omitindo cenas de nudez, sacrifício humano e qualquer outro aspecto que pudesse chocar colonizadores em potencial. Historiadores usando documentos desse tipo não podem dar-se ao luxo de ignorar a possibilidade da propaganda (Capítulo 4),

---

[19] Carr, *What is History?*, p.17.

ou a das visões estereotipadas do "outro" (Capítulo 7), ou esquecer a importância das convenções visuais aceitas como naturais numa determinada cultura ou num determinado gênero, tais como o quadro-batalha (Capítulo 8).

A fim de apoiar essa crítica do olho inocente, pode ser útil tomar alguns exemplos nos quais o testemunho histórico de imagens se situa, ou pelo menos parece situar-se, de forma relativamente clara e direta: fotografias e retratos.

1
Fotografias e retratos

> As fotografias não mentem, mas mentirosos podem fotografar.
>
> Lewis Hine

> Se você deseja compreender cabalmente a história da Itália, analise cuidadosamente os retratos. Há sempre no rosto das pessoas alguma coisa da história de sua época a ser lida, se soubermos como ler.
>
> Giovanni Morelli

As tentações do realismo, mais exatamente a de tomar uma imagem pela realidade, são particularmente sedutoras no que se refere a fotografias e retratos. Por essa razão, esses tipos de imagem serão agora analisados em particular.

Realismo fotográfico

Desde o início da história da fotografia, o novo meio de comunicação foi discutido como uma forma de auxílio à História. Numa conferência proferida em 1888, por exemplo, George Francis recomendou a coleção sistemática de fotografias como "a melhor forma possível de retratar nossas terras, prédios e maneiras de viver". O problema para os historiadores é saber se, e até que ponto, pode-se confiar nessas imagens. Tem sido dito com frequência que "a câmera nunca mente". Permanece ainda uma tentação na nossa "cultura do instantâneo" – na qual tantos de nós registramos nossas famílias e férias em filmes – tratar pinturas como o equivalente dessas fotografias e, assim, esperar representações realistas tanto da parte de historiadores quanto de artistas.

Com efeito, é possível que nosso senso de conhecimento histórico tenha sido transformado pela fotografia. Como sugerido pelo escritor francês Paul Valéry (1871-1945), nossos critérios de veracidade histórica passaram a incluir a pergunta: "Poderia tal e tal fato, como foi narrado, ter sido fotografado?". Há muito tempo os jornais utilizam fotografias como evidência de autenticidade. Da mesma forma que imagens de televisão, essas fotografias constituem uma contribuição poderosa ao que o crítico Roland Barthes (1915-1980) chamou o "efeito de realidade". No caso de antigas fotografias de cidades, por exemplo, especialmente quando elas são ampliadas para preencher uma parede, o espectador pode experimentar uma vívida sensação de que poderia entrar na fotografia e caminhar por aquelas ruas.[1]

O problema com a questão de Valéry é que ela implica um contraste entre narrativa subjetiva e fotografia "objetiva" ou "documental". Essa visão é, ou ao menos costumava ser, bastante aceita. A ideia de objetividade, apresentada pelos primeiros fotógrafos, era sustentada pelo argumento de que os próprios objetos deixam vestígios na chapa fotográfica quando ela é exposta à luz, de tal

---

[1] Francis apud Borchert, *Alley Life in Washington: Family, Community, Religion and Folklife in an American City*, p.271; Barthes, The Reality Effect (1968). In:______. *The Rustle of Language*, p.141-8.

forma que a imagem resultante não é o trabalho de mãos humanas, mas sim do "lápis da natureza". Quanto à expressão "fotografia documental", passou a ser utilizada na década de 1930 nos Estados Unidos (logo após a expressão "filme documentário"), para referir a cenas do cotidiano de pessoas comuns, especialmente os pobres; como, por exemplo, através das lentes de Jacob Riis (1849-1914), Dorothea Lange (1895-1965) e Lewis Hine (1874-1940), que estudou sociologia na Universidade de Colúmbia e denominava seu trabalho de "Fotografia Social".[2]

Entretanto, esses "documentos" (Figura 63, por exemplo) precisam ser contextualizados. Isso nem sempre é fácil no caso de fotografias, uma vez que a identidade dos fotografados e dos fotógrafos é muitas vezes desconhecida, e as próprias fotografias, originalmente – em muitos casos, ao menos – são oriundas de uma série e foram separadas do projeto ou do álbum no qual eram inicialmente mostradas, para acabarem em arquivos ou museus. Entretanto, em casos famosos como os "documentos" feitos por Riis, Lange e Hine, pode-se dizer alguma coisa sobre o contexto político e social das fotografias. Elas foram feitas como publicidade para campanhas de reforma social a serviço de instituições, tais como Charity Organisation Society, National Child Labour Committee e California State Emergency Relief Administration. Daí seu foco, por exemplo, no trabalho infantil, em acidentes de trabalho e na vida em cortiços. (Fotografias prestaram uma contribuição semelhante para campanhas de eliminação de cortiços na Inglaterra.) Essas imagens eram geralmente desenvolvidas para despertar a solidariedade dos espectadores.

---

[2] Stryker, Johnstone, Documentary Photographs. In: Ware (ed.), *The Cultural Approach to History*, p.324-30; Hurley, *Portrait of a Decade: Roy Stryker and the Development of Documentary Photography*; Stange, *Symbols of Social Life: Social Documentary Photography in America, 1890-1950*; Trachtenberg, *Reading American Photographs: Images as History, Mathew Brady to Walker Evans*, p.190-2.

De qualquer forma, a seleção de temas e até de poses das primeiras fotografias frequentemente seguiam o modelo das pinturas, gravuras em madeira e entalhes, ao passo que fotografias mais recentes aludiam às mais antigas. A textura da fotografia também transmite uma mensagem. Tomando o exemplo de Sarah Graham-Brown, "uma fotografia em sépia suave pode produzir uma calma aura de 'passado', ao passo que uma imagem em preto e branco pode 'transmitir um sentido de dura realidade'".[3]

O historiador de cinema Siegfried Kracauer (1899-1966) uma vez comparou Leopold von Ranke (1795-1866), por muito tempo o símbolo da história objetiva, com Louis Daguerre (1787-1851), que foi praticamente seu contemporâneo, a fim de levantar a questão de que historiadores, da mesma forma que fotógrafos, selecionam que aspectos do mundo real vão retratar. "Todos os grandes fotógrafos sentem-se livres para selecionar tema, moldura, lentes, filtro, emulsão e granulação de acordo com suas sensibilidades. A realidade era diferente com Ranke?" O fotógrafo Roy Stryker tinha levantado a mesma questão essencial em 1940. "No momento em que um fotógrafo seleciona um tema, afirmou Stryker, "ele está trabalhando na base de um viés paralelo ao viés expresso por um historiador".[4]

Ocasionalmente, os fotógrafos foram muito além da mera seleção. Antes da década de 1880, na era da câmera de tripé e exposições de 20 segundos, os fotógrafos compunham as cenas, dizendo às pessoas onde deveriam se posicionar e como se comportar (como até hoje nas fotografias de grupo), tanto no estúdio quanto em fotos ao ar livre. Algumas vezes, eles construíam as cenas da vida social

---

[3] Tagg, *The Burden of Representation: Essays on Photographies and Histories*, p.117-52; Stange, *Symbols of Social Life: Social Documentary Photography in America, 1890-1950*, p.2, 10, 14-5, 18-9; Graham-Brown, *Palestinians and their Society, 1880-1946: A Photographic Essay*, p.2.

[4] Kracauer, *History: The Last Things before the Last*, p.51-2; cf. Barnouw, *Critical Realism: History, Photography and the Work of Siegfried Kracauer*; Stryker, Johnstone, Documentary Photographs. In: Ware (ed.), *The Cultural Approach to History*.

de acordo com as convenções familiares da pintura do gênero, especialmente cenas holandesas de tavernas, camponeses, mercados etc. (Capítulo 6). Considerando a descoberta de fotografias por historiadores sociais britânicos na década de 1960, Raphael Samuel comentou de forma pesarosa sobre "nossa ignorância dos artifícios da fotografia vitoriana", apontando que "muito daquilo que reproduzimos com tanto amor e observamos (como acreditávamos) tão meticulosamente era falso – uma pintura na origem e intenção mesmo que fosse documentário na forma". Por exemplo, para criar a famosa imagem de um menino de rua tremendo de frio, feita por O. G. Rejlander, o fotógrafo "pagou a um menino de Wolverhampton cinco *shillings* para posar de modelo, vestiu-o com farrapos e sujou seu rosto com a fuligem apropriada".[5]

Alguns fotógrafos interferiam mais do que outros para arrumar os objetos e as pessoas. Por exemplo, nas imagens que fez da pobreza rural nos Estados Unidos na década de 1930, Margaret Bourke-White (1904-1971), que trabalhava para as revistas *Fortune* e *Life*, foi mais intervencionista do que Dorothea Lange. Alguns dos "cadáveres" que se podiam visualizar em fotografias da guerra civil americana (Figura 5) eram aparentemente soldados vivos que tiveram de posar para a câmera. A autenticidade da fotografia mais famosa da guerra civil espanhola, *Morte de um soldado*, de Robert Capa, inicialmente publicada numa revista francesa de 1936 (Figura 4), foi contestada por semelhantes razões. Por isso mesmo argumentou-se que "fotografias nunca são evidência da história: elas próprias são a história".[6]

---

5 Samuel, The Eye of History. In:______. *Theatres of Memory*, v.1, p.315-36.

6 Trachtenberg, *Reading American Photographs: Images as History, Mathew Brady to Walker Evans*, p.71-118, 164-230; Brothers, *War and Photography: A Cultural History*, p.178-85; Griffin, The Great War Photographs. In: Brennen, Hardt (eds.), *Picturing the Past*, p.122-57, 137-8; Tagg, *The Burden of Representation: Essays on Photographies and Histories*, p.65.

Essa é certamente uma avaliação bastante negativa: da mesma forma que outras formas de evidência, fotografias podem ser consideradas ambas as coisas: evidência da história e história. Elas são especialmente valiosas, por exemplo, como evidência da cultura material do passado (Capítulo 5). Com relação às fotografias eduardianas, como salientado pela introdução histórica de um livro de reproduções, podemos perceber como os ricos se vestiam, sua postura e comportamento, os constrangimentos dos códigos de vestimenta femininos da época, o materialismo elaborado de uma cultura que acreditava que riqueza, *status* e propriedade deviam ser "publicamente ostentados". A expressão "câmera inocente", cunhada na década de 1920, levanta um aspecto genuíno, embora a câmera tenha de ser empunhada por alguém e alguns fotógrafos sejam mais inocentes que outros.

Figura 4. Robert Capa, *Morte de um soldado*, 1936, fotografia.

É essencial haver uma crítica da fonte. Como o crítico de arte John Ruskin (1819-1900) inteligentemente observou, a evidência de fotografias "é de grande utilidade se você souber como interrogá-las". Um excelente exemplo desse tipo de interrogação cuidadosa é a utilização de fotografia aérea (originalmente desenvolvida como

Figura 5. Timothy O'Sullivan (negativo) e Alexander Gardner (positivo), *Uma colheita de morte*, Gettysburg, jul. 1863, figura 36 do *Photographic Sketch Book of the War de Gardner*, 2 v. (Washington, D.C., 1865-1866).

forma de reconhecimento de terreno durante a Primeira e a Segunda Guerras Mundiais) por historiadores, principalmente historiadores da agricultura medieval e dos monastérios. A fotografia aérea, que "combina os dados de uma fotografia com os de um plano" e registra variações na superfície da terra que são invisíveis às pessoas que se encontram em terra, revelou o arranjo das faixas de cultivo por diferentes famílias, a localização de vilarejos desertos e a planta de abadias. Ela torna possível o reconhecimento do passado.[7]

O retrato, espelho ou forma simbólica?

Como no caso das fotografias, muitos de nós possuímos um forte impulso para visualizar retratos como representações precisas,

[7] Thompson, Harkell, *The Edwardians in Photographs*, p.12; Ruskin, The Cestus of Aglaia (1865-1866). In: *Works*, v.19, p.150; Knowles, Air Photography and History. In: St. Joseph (ed.), *The Uses of Air Photography*, p.127-37.

instantâneos ou imagens de espelho de um determinado modelo como ele ou ela realmente eram num momento específico. É necessário resistirmos a esse impulso por diversas razões. Em primeiro lugar, o retrato pintado é um gênero artístico que, como outros gêneros, é composto de acordo com um sistema de convenções que muda lentamente com o tempo. As posturas e gestos dos modelos e os acessórios e objetos representados à sua volta seguem um padrão e estão frequentemente carregados de sentido simbólico. Nesse sentido, um retrato é uma forma simbólica.[8]

Figura 6. Thomas Gainsborough, *Sra. Philip Thicknesse, nascida Anne Ford*, 1760, óleo sobre tela. Museu de Arte de Cincinatti.

---

[8] Smith, Courtesy and its Discontents, *Oud Holland*, C, p.2-34, 1986; Burke, The Presentation of Self in the Renaissance Portrait. In:______. *Historical Anthropology of Early Modern Italy*, p.150-167; Brilliant, *Portraiture*.

Em segundo lugar, as convenções do gênero possuem um propósito: apresentar os modelos de uma forma especial, usualmente favorável – embora a possibilidade de que Goya estivesse satirizando os modelos em seu famoso *Carlos IV e família* (1800) não deva ser esquecida. O duque de Urbino, Federico de Montefeltro, do século XV, que havia perdido um olho num torneio, sempre era representado de perfil. A mandíbula protuberante do imperador Carlos V é conhecida pela posteridade apenas através dos relatos nada lisonjeiros de embaixadores estrangeiros, uma vez que pintores (incluindo Ticiano) disfarçavam a deformidade. Os modelos geralmente vestiam suas melhores roupas para serem pintados, de tal forma que os historiadores seriam desaconselhados a tratar retratos pintados como evidência do vestuário cotidiano.

É provável que os modelos também estivessem expressando o seu melhor comportamento, especialmente em retratos feitos antes de 1900, no sentido de elaborar gestos ou de se deixarem ser representados como se estivessem realizando gestos mais elegantes do que os habituais. Assim, o retrato não é exatamente um equivalente em pintura à "câmera inocente", mas, antes, um registro do que o sociólogo Erving Goffman descreveu como "a apresentação do eu", um processo no qual o artista e o modelo geralmente se faziam cúmplices. As convenções da autorrepresentação eram mais ou menos informais de acordo com o modelo ou também com o período. Na Inglaterra, no final do século XVIII, por exemplo, houve um momento que poderia ser denominado de "informalidade estilizada", ilustrado pela pintura de Sir Brooke Boothby deitado no chão numa floresta com um livro (Figura 51). Entretanto, essa informalidade tinha seus limites, alguns deles revelados pelas reações escandalizadas de contemporâneos ao retrato da sra. Thicknesse de Thomas Gainsborough, que foi representada cruzando as pernas sob a saia (Figura 6). Uma senhora observou: "Eu sentiria muito ao ver alguém que amo retratado de tal maneira". Por outro lado, no final do século XX, a mesma pose por parte da princesa Diana no famoso retrato de Bryan Organ poderia ser considerada normal.

Os acessórios representados junto com os modelos geralmente reforçam suas autorrepresentações. Esses acessórios podem ser considerados como "propriedades" no sentido teatral do termo. Colunas clássicas representam as glórias da Roma antiga, ao passo que cadeiras semelhantes a tronos conferem aos modelos uma aparência de realeza. Certos objetos simbólicos referem-se a papéis sociais específicos. Em um retrato ilusionista realizado por Joshua Reynolds, a imensa chave que o modelo segura lá se encontra para significar que aquela pessoa é o governador de Gibraltar (Figura 7). Acessórios vivos também costumam aparecer. Na arte italiana renascentista, por exemplo, um cão de grande porte num retrato masculino é geralmente associado à caça e assim à masculinidade aristocrática, enquanto um cãozinho pequeno num retrato de uma mulher ou casal provavelmente simboliza fidelidade (implicando que a mulher está para o marido assim como o cão para os humanos).[9]

Algumas dessas convenções sobreviveram e foram democratizadas na era do retrato de estúdio fotográfico, a partir da metade do século XIX. Camuflando as diferenças entre classes sociais, os fotógrafos ofereciam a seus clientes o que foi chamado de "imunidade temporária em relação à realidade".[10]

Sejam eles pintados ou fotografados, os retratos registram não tanto a realidade social, mas ilusões sociais, não a vida comum, mas performances especiais. Porém, exatamente por essa razão, eles fornecem evidência inestimável a qualquer um que se interesse pela história de esperanças, valores e mentalidades sempre em mutação.

---

[9] Goffman, *The Presentation of Self in Everyday Life*; os exemplos ingleses em: Shawe-Taylor, *The Georgians: Eighteenth Century Portraiture and Society*.

[10] Hirsch, *Family Photographs: Content, Meaning and Effect*, p.70.

Figura 7. Joshua Reynolds, *Lord Heathfield, Governador de Gibraltar,* 1787, óleo sobre tela. National Gallery, Londres.

Figura 8. Joseph-Siffréde Duplessis, *Luís XVI em trajes de coroação*, c.1770, óleo sobre tela. Museu Carnavalet, Paris.

Figura 9. François Girard, Água-tinta segundo o retrato de estado de Luís Felipe feito por Louis Hersent (originalmente exibido em 1831, destruído em 1848). Biblioteca Nacional da França, Paris.

Essa evidência é particularmente esclarecedora nos casos em que é possível estudar uma série de retratos ao longo do tempo e assim observar mudanças na maneira de representar os mesmos tipos de pessoa, reis, por exemplo. O enorme retrato de Ricardo II em Westminster é incomum em tamanho, porém a imagem frontal de um rei no trono, usando a coroa e segurando um cetro em uma mão e um globo na outra era bastante comum em moedas e selos medievais. Por mais sem vida que pareça hoje, o famoso retrato de Luís XIV nos seus trajes de coroação, realizado por Hyacinthe Rigaud (1659-1743), deu um passo consciente em direção à informalidade colocando a coroa numa almofada em vez de colocá-la na cabeça do rei e representando Luís apoiado no cetro como se o mesmo fosse uma bengala. Daí em diante, o retrato de Rigaud tornou-se exemplar. O que havia sido uma invenção tornou-se uma convenção. Assim, uma série de retratos de Estado franceses evocaram a imagem de Luís XIV, pintada por Rigaud, mostrando Luís XV, Luís XVI (Figura 8) e Carlos X todos apoiados nos cetros da mesma maneira, talvez a fim de enfatizar a continuidade da dinastia ou de sugerir que os reis que se seguiram eram merecidamente sucessores de Luís "O grande".

Por outro lado, após a revolução de 1830 e a substituição da monarquia absoluta pela constitucional, o novo monarca, Luís Felipe, foi representado de uma maneira deliberadamente modesta, usando o uniforme da Guarda Nacional e não trajes de coroação, e mais próximo do nível ocular do espectador do que havia sido costume, embora o rei ainda permaneça numa plataforma e o trono tradicional e ricas cortinas se mantenham (Figura 9).[11] O fato de que artistas, modelos e um certo número de espectadores tivessem consciência e conhecimento das pinturas anteriores na série aumenta o significado até mesmo de pequenas alterações do modelo tradicional.

No século XX, deixando de lado anacronismos deliberados como o retrato de Hitler como cavaleiro medieval (Figura 30), o retrato

[11] Marrinan, *Painting Politics for Louis Philippe*, p.3.

de Estado foi transformado. O retrato de Stalin pintado por Fyodor Shurpin, por exemplo, *The Morning of Our Motherland* [A manhã da mãe-pátria] (1946-1948), reproduzido na página 122 deste livro, associa o ditador com a modernidade, simbolizada pelo trator e pelas torres de transmissão elétrica ao fundo, bem como pelo nascer do sol. Ao mesmo tempo, o gênero "retrato de Estado" foi ultrapassado pelos acontecimentos, no sentido de tornar-se cada vez mais associado com o passado na era da fotografia oficial e autografada da imagem em movimento na tela.

Reflexões sobre reflexões[12]

Pinturas têm sido frequentemente comparadas a janelas e espelhos, e imagens são constantemente descritas como "refletindo" o mundo visível ou o mundo da sociedade. Alguém poderia dizer que elas são como fotografias, porém, como já vimos, mesmo as fotografias não são reflexos puros da realidade. Assim, como podem as imagens ser utilizadas como evidência histórica?

A resposta à pergunta, que será elaborada ao longo deste livro, pode ser sintetizada em três pontos.

1. A boa notícia para os historiadores é que a arte pode fornecer evidência para aspectos da realidade social que os textos passam por alto, pelo menos em alguns lugares e épocas, como no caso da caça no Egito antigo (Introdução).

2. A má notícia é que a arte da representação é quase sempre menos realista do que parece e distorce a realidade social mais do que a refletem, de tal forma que historiadores que não levem em consideração a variedade das intenções de pintores e fotógrafos (sem

[12] No original: *reflections on reflections*. Em inglês, há na expressão um trocadilho intraduzível. (N.T.)

falar nos patronos e clientes) podem chegar a uma interpretação seriamente equivocada.

3. Entretanto, voltando à boa notícia, o processo de distorção é, ele próprio, evidência de fenômenos que muitos historiadores desejam estudar, tais como mentalidades, ideologias e identidades. A imagem material ou literal é uma boa evidência da "imagem" mental ou metafórica do eu ou dos outros.

O primeiro ponto é bastante óbvio, mas o segundo e o terceiro demandam um pouco mais de elaboração. De modo bastante paradoxal, a virada dos historiadores para a imagem ocorreu num momento de debate, quando pressuposições triviais sobre a relação entre "realidade" e representações (sejam elas literárias ou visuais) foram desafiadas, um momento no qual o termo "realidade" está cada vez mais sendo usado entre aspas. Nesse debate, os inovadores levantaram alguns pontos importantes em detrimento dos "realistas" ou "positivistas". Por exemplo, eles enfatizaram a importância das convenções artísticas e observaram que mesmo o estilo artístico conhecido como "realismo" tem sua própria retórica. Eles apontaram para a importância do "ponto de vista" em fotografias e pinturas tanto no sentido literal quanto no metafórico da expressão, referindo-se ao ponto de vista físico e também ao que pode ser chamado "ponto de vista mental" do artista.

Então, em um determinado nível, imagens são fontes não confiáveis, distorcendo espelhos. Contudo, elas compensam essa desvantagem ao oferecer substancial evidência em outro nível, de tal forma que historiadores possam transformar um defeito numa qualidade. Por exemplo, imagens são ao mesmo tempo essenciais e traiçoeiras para os historiadores das mentalidades que se preocupam com pressuposições implícitas bem como com atitudes conscientes. Imagens são traiçoeiras porque a arte tem suas próprias convenções, segue uma curva tanto de desenvolvimento interno como de reação ao mundo exterior. Por outro lado, o testemunho de imagens é essencial para historiadores das mentalidades, porque uma imagem é necessariamente explícita em questões que podem ser mais facilmente evitadas em textos. Imagens podem testemunhar o que não pode ser colocado em palavras. As próprias distorções encontradas em antigas representações são evidência de pontos de vista passados ou "olhares" (Capítulo 7). Por exemplo, mapas medievais, tais como o famoso mapa de Hereford que mostra Jerusalém no centro do mundo, são evidências valiosas das visões de mundo medievais. Até mesmo a famosa gravação em madeira reproduzindo Veneza, datada do início do século XVI e realizada por Jacopo de' Barbari, aparentemente bastante realista, pode ser, e tem sido, interpretada como uma imagem simbólica, um exemplo de "geografia moralizada".[13]

Imagens de haréns de autoria de europeus do século XIX (aquelas pintadas por Ingres, por exemplo) nos dizem pouco ou nada sobre o mundo doméstico do Islã, mas revelam muito a respeito do mundo de fantasia dos europeus que criaram essas imagens, adquiriram-nas ou as puderam observar em exposições ou em livros (Capítulo 7).[14] Mais uma vez, imagens podem auxiliar a posteridade a se sintonizar com a sensibilidade coletiva de um período passado. Por exemplo, a imagem europeia do início do século XIX do líder derrotado simboliza a nobreza ou o romantismo do fracasso, que foi uma das maneiras como essa época via a si mesma, ou, mais exatamente, uma das maneiras como certos grupos proeminentes viam a si mesmos.

Como sugerido pela última observação sobre grupos, pode ser um profundo equívoco visualizar a arte como uma simples expressão do "espírito da época" ou *Zeitgeist*. Historiadores culturais têm sido tentados a tratar certas imagens, especialmente trabalhos de arte cé-

---

[13] Harley, Deconstructing the Map. In: ______. *Writing Worlds*, p.231-47. Cf. Schulz, Jacopo Barbari's View of Venice: Map Making, City Views and Moralized Geography, *Art Bulletin*, LX, p.425-74, 1978.

[14] Yeazell, *Harems of the Mind: Passages of Western Art and Literature*.

lebres, como representativos do período em que foram produzidos. Nem sempre devemos resistir às tentações, porém esta tem a desvantagem de assumir que períodos históricos são suficientemente homogêneos para serem representados dessa forma por uma única pintura. É certo que diferenças e conflitos culturais devem existir em qualquer momento histórico.

Certamente é possível enfocar esses conflitos, como o fez o húngaro marxista Arnold Hauser (1892-1978) em seu *História Social da Arte*, publicado em 1951. Hauser via as pinturas como múltiplos reflexos ou expressões de conflitos sociais entre a aristocracia e a burguesia, por exemplo, ou entre a burguesia e o proletariado. Como destacado por Ernst Gombrich resenhando o livro de Hauser, esse enfoque é ainda bastante simples, para não dizer cruamente reducionista. De qualquer forma, o enfoque se aplica mais a uma explicação das tendências gerais na produção artística do que a uma interpretação de imagens particulares.[15]

Existem, entretanto, formas alternativas de discutir a possível relação entre imagens e cultura (ou culturas, ou subculturas) na qual elas foram produzidas. No caso do testemunho de imagens, como em muitos outros casos, as testemunhas são mais confiáveis quando elas nos contam alguma coisa que elas – nesse caso, os artistas – não sabem que sabem. Na sua conhecida discussão sobre o papel dos animais nos primeiros tempos da sociedade inglesa moderna, Keith Thomas observou que "nos entalhes que retratam Cambridge datados do final do século XVII, realizados por David Loggan, há cães em toda a parte [...] O total é de 35". O que o entalhador e os espectadores da época consideravam como algo comum tornou-se um assunto de interesse para historiadores culturais.[16]

[15] Bialostocki, *The Image of the Defeated Leader in Romantic Art*, p.219-33; Hauser, *The Social History of Art*; cf. a crítica de: Gombrich, *The Social History of Art*, p.86-94.

[16] Thomas, *Man and the Natural World*, p.102.

As orelhas de Morelli

Esse último exemplo ilustra outro ponto relevante para historiadores e detetives: a importância de atentar para pequenos detalhes. Sherlock Holmes certa vez observou que ele solucionava seus casos prestando muita atenção a pequenas pistas, da mesma forma que um médico pode diagnosticar doenças, prestando atenção a sintomas aparentemente triviais (lembrando aos leitores que o criador de Holmes, Arthur Conan Doyle, havia sido estudante de medicina). Em um célebre ensaio, comparando o enfoque de Sherlock Holmes ao de Sigmund Freud no seu *Sobre a psicopatologia da vida cotidiana*, o historiador italiano Carlo Ginzburg descreveu a busca de pequenas pistas como um paradigma epistemológico, uma alternativa intuitiva para o raciocínio. Um colega de Ginzburg na Universidade de Bologna, Umberto Eco, parece estar se referindo a esse ensaio em seu livro *O nome da rosa*, de 1980, quando introduz seu monge-detetive, William de Baskerville, na ação de seguir a trilha de um animal. A linguagem dos "vestígios" (conforme abordado na Introdução) do historiador holandês Renier expressa uma ideia semelhante.[17]

Outro observador de detalhes significativos, como destacou Ginzburg, foi o perito italiano Giovanni Morelli (1816-1891). Morelli, que possuía treinamento médico, parece ter sido inspirado pelo trabalho de paleontólogos que tentam reconstituir animais a partir de fragmentos de ossos, realizando o clássico adágio *ex ungue leonem* ("da garra, o leão"). De forma similar, Morelli desenvolveu um método, que ele denominou "experimental", para identificar o autor de uma determinada pintura no caso de controvérsias na atribuição de autorias.

O método, descrito por Morelli como a leitura "da linguagem das formas", constituía em examinar com cuidado pequenos deta-

[17] Ginzburg, Clues: Roots of an Evidential Paradigm. In:______. *Myths, Emblems, Clues*, p.96-125.

lhes, tais como as formas de mãos e orelhas, que cada artista – consciente ou inconscientemente – representa de uma maneira distinta. Essa análise permitiu a Morelli identificar o que ele denominou de a "forma fundamental" (*Grundform*) da orelha ou da mão em Botticelli, por exemplo, ou Bellini. Essas formas podem ser descritas como sintomas de autoria, os quais Morelli considerava como evidências mais confiáveis do que documentos escritos. Talvez Conan Doyle conhecesse as ideias de Morelli, ao passo que o historiador cultural Jacob Burckhardt considerava esse método fascinante.

O famoso ensaio de Aby Warburg sobre a representação de Botticelli do cabelo e do movimento dos panos não menciona Morelli, porém, pode ser visto como uma adaptação do seu método aos propósitos da história cultural, uma adaptação que, conforme a citação de Morelli na epígrafe deste capítulo sugere, ele teria aprovado. Esse é o modelo que tentarei observar, tanto quanto puder, neste livro.[18]

Siegfried Kracauer pensava de forma semelhante quando afirmou que um estudo dos filmes alemães revelaria aspectos da vida alemã que outras fontes não poderiam proporcionar. "A completa dimensão da vida cotidiana com seus movimentos infinitesimais e sua profusão de ações momentâneas não poderia ser revelada de forma mais completa do que na tela do cinema; os filmes iluminam o reino das bagatelas, dos pequenos acontecimentos".[19]

A interpretação de imagens através de uma análise de detalhes tornou-se conhecida como "iconografia". As realizações e os problemas do método iconográfico serão examinados no próximo capítulo.

---

[18] Morelli, *Kunstkritische Studien über italienische Malerei*, v.1, p.95-9; cf. Hauser, *The Social History of Art*, p.109-10 e Ginzburg, Clues: Roots of an Evidential Paradigm. In:_____. *Myths, Emblems, Clues*, p.101-2; Warburg, *The Renewal of Pagan Antiquity*.

[19] Kracauer, History of the German Film. In:_____. *Briefwechsel*, p.15-8.

2
Iconografia e iconologia

> [Um] nativo australiano não poderia reconhecer o tema da Última Ceia; para ele, a cena apenas evocaria a ideia de um alegre jantar.
>
> Erwin Panofsky

Antes de tentar ler imagens "entre as linhas", e de usá-las como evidência histórica, é prudente começar a compreendê-las pelo seu sentido. Porém, pode o sentido de imagens ser traduzido em palavras? O leitor deve ter observado que o capítulo anterior descreveu imagens como nos "contando" alguma coisa. De uma certa maneira elas assim o fazem; imagens são feitas para comunicar. Em um outro sentido elas nada nos revelam. Imagens são irremediavelmente mudas. Como disse Michel Foucault, "o que vemos nunca está no que dizemos".

Como outras formas de evidência, imagens não foram criadas, pelo menos em sua grande maioria, tendo em mente os futuros historiadores. Seus criadores tinham suas próprias preocupações, suas próprias mensagens. A interpretação dessas mensagens é conhecida como "iconografia" ou "iconologia", termos algumas vezes utilizados como sinônimos, porém distintos, como veremos a seguir.

A ideia de iconografia

Os termos "iconografia" e "iconologia" foram lançados no mundo da História da Arte durante as décadas de 1920 e 1930. Mais precisamente, foram relançados: um famoso livro renascentista de imagens, publicado por Cesare Ripa em 1593, já era intitulado *Iconologia*, ao passo que o termo "iconografia" estava em uso no início do século XIX. Por volta da década de 1930, o uso desses termos tornou-se associado a uma reação contra uma análise predominantemente formal de pinturas em termos de composição ou cor, em detrimento do tema. A prática da iconografia também implica uma crítica do pressuposto do realismo fotográfico em nossa "cultura de instantâneos". Os "iconografistas", como seria conveniente denominar esses historiadores da arte, enfatizam o conteúdo intelectual dos trabalhos de arte, sua filosofia ou teologia implícitas. Alguns de seus mais famosos e controversos argumentos dizem respeito a pinturas feitas na Holanda entre os séculos XV e XVIII. Argumenta-se, por exemplo, que o celebrado realismo de Jan van Eyck ou de Pieter de Hooch (Figura 38) é apenas superficial, escondendo uma mensagem religiosa ou moral através do "simbolismo disfarçado" de objetos do cotidiano.[1]

Pode-se dizer que para os iconografistas, pinturas não são feitas simplesmente para serem observadas, mas também para serem "lidas". Hoje, essa ideia já se tornou lugar-comum. Uma introdução bastante conhecida para o estudo de filmes foi ganhou o título *How to read a film* [Como ler um filme], em 1977, enquanto o crítico

[1] Panofsky, *Early Netherlandish Painting*; Jongh, Realism and Seeming Realism in Seventeenth-Century Dutch Painting (1971). In: Franits (ed.), *Looking at Seventeenth-Century Dutch Art: Realism Reconsidered*, p.21-56; Jongh, The Iconological Approach to Seventeenth-Century Dutch Painting. In: Grijzenhout, Veen (eds.), *The Golden Age of Dutch Painting in Historical Perspective*, p.200-23.

Roland Barthes (1915-1980) certa vez declarou: "Eu leio textos, imagens, cidades, rostos, gestos, cenas etc.". De fato, a ideia da leitura de imagens remonta a um longo tempo. Na tradição cristã, era expressa pelos padres da igreja e principalmente pelo Papa Gregório, o Grande (Capítulo 3). O artista francês Nicolas Poussin (1594-1665) escreveu sobre seus quadros de israelitas colhendo maná: "leiam a história e a pintura" (*lisez l'histoire et le tableau*). De forma semelhante, o historiador de arte francês Émile Mâle (1862-1954) escreveu sobre a "leitura" de catedrais.

A escola de Warburg

O grupo mais famoso de iconografistas seria encontrado em Hamburgo nos anos que antecederam a ascensão de Hitler ao poder. Nesse grupo encontravam-se Aby Warburg (1866-1929), Fritz Saxl (1890-1948), Erwin Panofsky (1892-1968) e Edgar Wind (1900-1971), estudiosos com boa educação clássica e grande interesse por Literatura, História e Filosofia. O filósofo Ernst Cassirer (1874-1945) era outro membro desse círculo de Hamburgo e compartilhava o interesse por formas simbólicas. Depois de 1933, Panofsky emigrou para os Estados Unidos, enquanto Saxl, Wind e até mesmo o Instituto Warburg, como já vimos, refugiaram-se na Inglaterra, daí divulgando mais amplamente o conhecimento sobre o método iconográfico.

O enfoque de imagens do grupo de Hamburgo foi sintetizado num famoso ensaio de Panofsky, inicialmente publicado em 1939, distinguindo três níveis de interpretação correspondendo a três níveis de significado na própria obra.[2] O primeiro desses níveis era a descrição pré-iconográfica, voltada para o "significado natural",

---

[2] Panofsky, *Studies in Iconology*, p.3-31.

consistindo na identificação de objetos (tais como árvores, prédios, animais, pessoas) e eventos (refeições, batalhas, procissões etc.). O segundo nível era a análise iconográfica no sentido estrito, voltado para o "significado convencional" (reconhecer uma ceia como a Última Ceia ou uma batalha como a Batalha de Waterloo).

O terceiro e principal nível, o da interpretação iconológica, distinguia-se da iconografia pelo fato de se voltar para o "significado intrínseco", ou seja, "os princípios subjacentes que revelam a atitude básica de uma nação, um período, uma classe, uma crença religiosa ou filosófica". É nesse nível que as imagens oferecem evidência útil, e de fato indispensável, para os historiadores culturais. Panofsky estava especialmente interessado no nível iconológico em seu ensaio *Arquitetura gótica e escolástica*, de 1951, no qual explorava homologias entre os sistemas filosófico e arquitetônico dos séculos XII e XIII.

Esses níveis pictóricos de Panofsky correspondem aos três níveis literários distinguidos pelo estudioso clássico Friedrich Ast (1778-1841), pioneiro na arte da interpretação de textos ("hermenêutica"): o nível literal ou gramatical, o nível histórico (preocupado com o significado) e o nível cultural, voltado para a captação do "espírito" (*Geist*) da Antiguidade ou outros períodos. Em outras palavras, Panofsky e seus colegas estavam aplicando ou adaptando para as imagens uma tradição especificamente alemã de interpretação de textos.

Os leitores devem saber que, mais tarde, historiadores da arte que adotaram o termo "iconologia" empregaram-no de formas distintas de Panofsky. Para Ernst Gombrich, por exemplo, trata-se da reconstrução de um programa pictórico, um afunilamento significativo do projeto ligado à suspeita de Gombrich de que a iconologia de Panofsky era simplesmente outro nome para a tentativa de ler imagens como expressões do "espírito da época" (*Zeitgeist*). Para o estudioso holandês Eddy de Jongh, iconologia é uma "tentativa de explicar representações no seu contexto histórico, em sua relação com outros fenômenos culturais".[3]

Por seu lado, Panofsky insistia na ideia de que imagens são parte de toda uma cultura e não podem ser compreendidas sem um conhecimento daquela cultura, de tal forma que, citando seu próprio e expressivo exemplo, um nativo australiano "não poderia reconhecer o tema da Última Ceia; para ele essa cena apenas evocaria a ideia de um alegre jantar". A maioria dos leitores pode se deparar com a mesma situação ao se confrontar com imagens religiosas hindus ou budistas (Capítulo 3). Para interpretar a mensagem, é necessário familiarizar-se com os códigos culturais.

Da mesma forma, sem um conhecimento razoável da cultura clássica nós não conseguimos ler um grande número de pinturas ocidentais, reconhecer referências a incidentes da mitologia grega ou, digamos, da história romana. Se, por exemplo, não soubermos que o jovem de sandálias e chapéu pontudo no quadro *Primavera* (Figura 10) de Botticelli representa o deus Hermes (ou Mercúrio) ou que as três jovens dançando são as Três Graças, é bem provável que não consigamos decifrar o significado da pintura (mesmo com esse conhecimento, outras dificuldades permanecem). No mesmo sentido, se não percebemos que os protagonistas na cena de estupro ilustrada por Ticiano (Figura 11) são o rei Tarquínio e a matrona romana Lucrécia, perdemos o principal aspecto da história, narrada pelo historiador romano Tito Lívio com o objetivo de demostrar a virtude de Lucrécia (que se livrou da sua vergonha cometendo o suicídio), e explicar por que os romanos expulsaram o rei e fundaram a República.

---

[3] Gombrich, Aims and limits of Iconology. In:______. *Symbolic Images*, p.1-25, 6; Jongh, The Iconological Approach to Seventeenth-Century Dutch Painting. In: Grijzenhout, Veen (eds.), *The Golden Age of Dutch Painting in Historical Perspective*; cf. Klein, Considérations sur les fondements de l'iconographie. In:______, *La forme et l'intelligible*, p.353-74.

Figura 10. Detalhe mostrando Mercúrio e as Graças, da obra *Primavera,* de Botticelli, 1482, têmpera em madeira. Galeria degli Uffizi, Florença.

Figura 11. Ticiano, *O estupro de Lucrécia,* 1571, óleo sobre tela. Museu Fitzwilliam, Cambridge.

O método exemplificado

Algumas das realizações mais importantes da escola de Warburg concernem à interpretação de pinturas da Itália renascentista. Considere-se o caso da obra de Ticiano chamada *Amor sagrado e amor profano* (Figura 12). No nível da descrição pré-iconográfica, vemos duas mulheres (uma nua, outra vestida), uma criança e um túmulo, usado como fonte, todos situados em uma paisagem. Considerando a iconografia, para qualquer um que esteja familiarizado com arte renascentista é, por assim dizer, brincadeira de criança identificar o infante como Cupido, mesmo que decodificar o que expressa o resto do quadro não seja tão simples. Uma passagem no diálogo de Platão em *O banquete* fornece uma pista essencial para a identidade das duas mulheres: a fala de Pausânias sobre as duas Afrodites – a "celestial" e a "vulgar" – interpretadas pelo humanista Marsílio Ficino como símbolos do espírito e da matéria, amor intelectual e desejo físico.

No nível mais profundo, iconológico, a pintura constitui uma excelente ilustração do entusiasmo por Platão e seus discípulos no chamado movimento "neoplatônico" da Renascença italiana. Além disso, a pintura oferece substancial evidência para a importância daquele movimento no ambiente de Ticiano – norte da Itália no início do século XVI. A recepção à pintura também nos fornece alguma informação sobre a história das atitudes em relação ao corpo nu, notadamente a mudança de uma atitude de celebração para outra, de suspeita. Na Itália do início do século XVI (como na Grécia de Platão), era natural estabelecer uma ligação entre o amor celestial e a mulher nua, pois a nudez era vista com uma conotação positiva. No século XIX, mudanças nos conceitos sobre nudez, especialmente sobre a nudez feminina, tornaram claro aos espectadores; era parte do senso comum dizer que a Vênus coberta representava o amor sagrado, ao passo que a nudez passou a ser associada ao profano. A frequência de imagens do corpo nu na Itália renascentista, comparada com sua raridade na Idade Média, oferece outra pista importante a respeito das mudanças na maneira como os corpos eram percebidos naqueles séculos.

Para além das interpretações e focando no método que elas exemplificam, três pontos destacam-se. O primeiro é que, numa tentativa de reconstruir o que é frequentemente denominado "programa" iconográfico, os estudiosos têm aproximado imagens separadas ao longo do tempo pela maré dos acontecimentos, pinturas que foram originalmente realizadas para serem lidas em conjunto, mas que se encontram atualmente dispersas em museus e galerias de diferentes partes do mundo.

Figura 12. Ticiano, *Amor sagrado e amor profano*, 1514, óleo sobre tela. Galleria Borghese, Roma.

O segundo ponto está relacionado à necessidade dos iconografistas de prestar atenção aos detalhes, não apenas para identificar artistas, como argumentado por Morelli (Capítulo 1), mas também para identificar significados culturais. Morelli também estava consciente desse fato e, num diálogo escrito por ele para explicar seu método, criou a personagem de uma velha sábia florentina que diz ao herói que os rostos das pessoas nos retratos revelam alguma coisa sobre a história da sua época, "se soubermos ler esses rostos". No mesmo sentido, no caso de *Amor sagrado e amor profano*, Panofsky focou a atenção nos coelhos no fundo do quadro e explicou que eles eram símbolos de fertilidade, enquanto que Wind focalizou os relevos que decoravam a fonte, incluindo um homem sendo açoitado e um cavalo sem rédeas, interpretando-os como referências a "ritos pagãos de iniciação amorosa".[4]

O terceiro ponto relaciona-se à ideia de que os iconografistas geralmente justapõem textos e outras imagens à imagem que eles desejam interpretar. Alguns dos textos são encontrados nas próprias imagens, na forma de legendas ou inscrições, transformando a imagem no que o historiador de arte Peter Wagner chama de "iconotexto" que pode ser lido pelo espectador tanto de forma literal quanto metafórica. Outros textos são selecionados pelo historiador numa tentativa de clarear o significado da imagem. Warburg, por exemplo, em sua análise da obra *Primavera*, observou que o filósofo romano Sêneca havia associado Mercúrio com as Graças, que o humanista renascentista Leon Battista Alberti havia recomendado aos pintores para que representassem as Graças de mãos dadas e que várias medalhas exibindo tais figuras estavam em circulação em Florença na época de Botticelli.[5]

Como podemos ter certeza de que essas justaposições são apropriadas? Será que os artistas renascentistas tinham conhecimento da mitologia clássica? Nem Botticelli nem Ticiano tiveram muita instrução formal e é bem provável que eles nunca tenham lido Platão. Para enfrentar essa objeção, Warburg e Panofsky formularam a hipótese da existência de um conselheiro humanista, que formulava o programa iconográfico de imagens complexas a ser executado pelos artistas. É relativamente raro encontrarmos evidência documentária de tais programas. Por outro lado, os pintores da Renascença italiana frequentemente tinham oportunidade de conversar com humanistas, como Marsílio Ficino, no caso de Botticelli, e Pietro Bembo, no

[4] Panofsky, *Studies in Iconology*, p.150-5; Wind, *Pagan Mysteries in the Renaissance*, p.121-8.

[5] Warburg, *The Renewal of Pagan Antiquity*, p.112-5.

caso de Ticiano. Portanto, não seria implausível sugerir que uma variedade de alusões à antiga cultura grega e romana pode ser, de fato, encontrada em seus trabalhos.

O método criticado

O método iconográfico tem sido criticado por ser intuitivo em demasia, muito especulativo para que possamos confiar. Programas iconográficos estão ocasionalmente registrados em documentos que foram preservados, porém, em termos genéricos, temos de inferi-los a partir das próprias imagens – caso em que a sensação de diferentes peças de um quebra-cabeça se encaixando, embora vívida, é bastante subjetiva. Como ilustrado pela interminável saga das novas interpretações de *Primavera*, é mais fácil identificar os elementos de uma pintura do que compreender a lógica da sua combinação. A iconologia é ainda mais especulativa, e os iconologistas correm o risco de descobrir nas imagens exatamente aquilo que eles já sabiam que lá se encontrava, o *Zeitgeist*.

O enfoque iconográfico também pode ser condenado por sua falta de dimensão social, sua indiferença ao contexto social. O objetivo de Panofsky, conhecidamente indiferente, se não hostil, à história social da arte, era descobrir "o" significado da imagem, sem levantar a questão: significado para quem? Contudo, é possível que tanto o artista, quanto o mecenas que encomendou o trabalho e outros espectadores contemporâneos não compartilhassem a mesma visão de uma determinada imagem. Não se pode assumir que todos eles estavam tão interessados em ideias quanto os iconografistas e os humanistas. O rei Felipe II da Espanha, por exemplo, encomendou a Ticiano (c.1485-1576) cenas da mitologia clássica. Tem-se argumentado de forma plausível que Felipe interessava-se menos por alegorias neoplatônicas ou por representações de determinados mitos do que por pinturas de belas mulheres. Em cartas ao rei, o próprio Ticiano descrevia suas pinturas como "poemas", sem qualquer referência a ideias filosóficas.[6]

De fato, não seria pertinente assumir que as alusões clássicas que Panofsky, ele próprio um humanista, tanto apreciava reconhecer eram apreciadas pela maioria dos espectadores nos séculos XV e XVI. Algumas vezes, os textos nos oferecem preciosa evidência de interpretações errôneas, por exemplo, um deus ou uma deusa ser tomado por outro por espectadores contemporâneos, ou uma Vitória alada ser vista como um anjo por um espectador que soubesse mais sobre o cristianismo do que sobre a tradição clássica. Como sabido pelos próprios missionários, muitas vezes constrangidos, pessoas que haviam sido convertidas ao cristianismo mantinham uma propensão a visualizar imagens cristãs de acordo com as próprias tradições: ver a Virgem Maria como a deusa budista Kuan Yin, ou como a deusa mãe mexicana Tonantzin, ou ainda ver São Jorge como uma versão de Ogum, o deus da guerra africano.

Um outro problema do método iconográfico é que seus praticantes não têm prestado suficiente atenção à variedade de imagens. Panofsky e Wind possuíam olhares aguçados para alegorias em pinturas, porém imagens não são sempre alegóricas. Como veremos, a questão levantada a respeito de um provável significado oculto para as famosas cenas do cotidiano holandês do século XVII permanece controvertida (Capítulo 5). Whistler lançou um desafio ao enfoque iconográfico, denominando *Arranjo em preto* seu retrato de um proprietário de navios de Liverpool, como se seu objetivo não fosse representacional, mas puramente estético. No mesmo sentido, o método iconográfico pode ter de ser adaptado para lidar com pinturas surrealistas, uma vez que pintores como Salvador Dalí (1904-1989) rejeitavam a simples ideia de um programa coerente e tentavam, em vez disso, expressar as associações da mente incons-

---

[6] Hope, Artists, Patrons and Advisers in the Italian Renaissance. In: Lytle, Orgel (eds.), *Patronage in the Renaissance*, p.293-343.

ciente. Artistas como Whistler, Dalí e Monet (discutidos a seguir) podem ser descritos como resistentes à interpretação iconográfica.

Esse aspecto sobre resistência leva a uma última crítica do método, que o considera excessivamente literário, ou logocêntrico, no sentido de assumir que as imagens ilustram ideias, além de privilegiar o conteúdo sobre a forma e o conselheiro humanista sobre o verdadeiro pintor ou escultor. Essas suposições são problemáticas. Em primeiro lugar, a forma é certamente parte da mensagem. Em segundo, as imagens frequentemente despertam emoções bem como veiculam mensagens no sentido estrito do termo.

Quanto à iconologia, os perigos de assumir a ideia de que imagens expressam o "espírito da época" têm sido lembrados várias vezes, notadamente por Ernst Gombrich na sua crítica aos trabalhos de Arnold Hauser e Johan Huizinga bem como ao de Erwin Panofsky. Não é razoável adotar a ideia da homogeneidade cultural de uma época. Huizinga inferiu a existência de uma sensibilidade mórbida ou macabra nos flamengos do final da Idade Média, por intermédio da literatura e das pinturas da época. Entretanto, o trabalho de Hans Memling (c.1435-1494) tem sido citado como um contraexemplo: um pintor que era "bastante admirado" no século XV, sem ter, no entanto, a "preocupação mórbida" de seus colegas.[7]

Em resumo, o método específico para a interpretação de imagens que foi desenvolvido no início do século XX pode ser considerado falho por ser excessivamente preciso e estreito em alguns casos e muito vago em outros. Para discuti-lo em termos gerais, o método incorre no risco de subestimar a variedade de imagens, sem falar na diversidade de questões históricas para as quais as imagens podem auxiliar a encontrar respostas. Historiadores de tecnologia (digamos) e historiadores de mentalidades buscam imagens com diferentes necessidades e expectativas. Portanto, os capítulos seguintes abordarão sucessivamente diferentes domínios, tais como: religião, poder, estruturas sociais e acontecimentos. Se há uma

[7] Gombrich, *In Search of Cultural History*; McFarlane, *Hans Memling*.

conclusão geral a ser destacada neste capítulo, pode-se dizer que os historiadores precisam da iconografia, porém, devem ir além dela. É necessário que eles pratiquem a iconologia de uma forma mais sistemática, o que pode incluir o uso da psicanálise, do estruturalismo e, especialmente, da teoria da recepção, enfoques que serão mencionados ocasionalmente, bem como discutidos mais completa e explicitamente no capítulo final deste livro.

O problema da paisagem

Inicialmente, parece que o segundo e o terceiro níveis de interpretação de Panofsky são pouco relevantes para a análise da paisagem, mas, por essa mesma razão, paisagens nos permitem vislumbrar com especial clareza tanto os pontos fracos quanto os fortes dos enfoques iconográfico e iconológico. Estou empregando o termo "paisagem" de forma deliberadamente ambígua, para me referir não apenas a pinturas e desenhos, mas também à própria terra, que tem sido transformada em "paisagem de jardinagem" e outras formas de intervenção humana.

Um dos pontos fortes do enfoque iconográfico relaciona-se ao fato de inspirar tanto geógrafos quanto historiadores da arte a ler a paisagem física de novas formas. A iconografia da terra em si é particularmente óbvia no caso de jardins e parques. Existem também as paisagens típicas ou simbólicas que representam determinadas nações através da sua vegetação característica, de carvalhos a pinheiros e de palmeiras a eucaliptos. Pode-se medir a importância desse simbolismo pela indignação causada quando a Comissão Britânica de Florestas plantou pinheiros onde haviam crescido árvores sazonais e tradicionais inglesas.[8]

---

[8] Paulson, *Emblem and Expression*; Cosgrove, Daniels, (eds.), *The Iconography of Landscape*.

Se a paisagem física é uma imagem que pode ser lida, então a paisagem reproduzida numa pintura é a imagem de uma imagem. No caso das paisagens pintadas, o ponto fraco do enfoque iconográfico torna-se óbvio. Parece não ser mais do que senso comum sugerir que pintores de paisagens desejam oferecer aos espectadores fruição mais do que comunicação de uma mensagem. Alguns pintores de paisagens, como Claude Monet (1840-1926), rejeitavam o significado e concentravam-se nas sensações visuais. Quando Monet pintou uma vista de Le Havre em 1872, denominou-a simplesmente de *Impressão: nascer do sol*. Ainda assim, o que numa determinada cultura parece ser "senso comum" precisa ser analisado pelos historiadores e antropólogos como parte de um sistema cultural. No caso da paisagem, árvores e campos, rochas e rios, esses elementos comportam associações conscientes ou inconscientes para os espectadores.[9] Devemos enfatizar que nos referimos a observadores de determinados lugares e períodos da história. Em algumas culturas a natureza selvagem é detestada e até temida, enquanto em outras ela é um objeto de veneração. Pinturas revelam que uma variedade de valores – incluindo inocência, liberdade e a ideia do transcendental – foi toda projetada na terra.

O termo "paisagem pastoral", por exemplo, foi criado para descrever pinturas feitas por Giorgione (c.1478-1510), Claude Lorrain (1600-1682) e outros, porque elas expressam uma visão idealizada da vida rural, especialmente a vida de pastores e pastoras, da mesma forma que o faz a tradição ocidental da poesia pastoral a partir de Teócrito e Virgílio. Parece que essas paisagens pintadas acabaram influenciando a forma de percepção das paisagens reais. Na Inglaterra do final do século XVIII, "turistas" – como o poeta Wordsworth foi um dos primeiros a chamá-los – com guias de viagem na mão viam a região do Lake District, por exemplo, como se estivessem tratando de uma série de pinturas realizadas por Claude Lorrain,

---

[9] Schama, *Landscape and Memory*.

descrevendo-a como "pitoresca". A ideia de pitoresco ilustra um aspecto geral sobre a influência das imagens na nossa percepção do mundo. Desde 1900, turistas em Provence têm observado a paisagem local como se tivesse sido feita por Cézanne. Também a experiência religiosa, como veremos (Capítulo 3), é parcialmente configurada por imagens.

Considerando essas associações pastorais, é provável que a obra *O trem,* de Monet, pintada em 1871, com sua paisagem de enfumaçadas chaminés de fábricas, tenha chocado alguns de seus primeiros observadores, da mesma forma que mesmo os trens diminutos vistos a distância em certas paisagens americanas do século XIX devem ter provocado surpresa. Uma questão mais difícil de se responder é se a razão pela qual os artistas introduziram os trens na paisagem se devia ao fato de serem admiradores do progresso, como é o caso do pintor mexicano de murais Diego Rivera (1866-1957), cujos afrescos de 1926 celebravam o trator e a mecanização da agricultura.[10]

O último ponto a ser abordado implica que a paisagem evoca associações políticas, ou até mesmo que ela expressa uma ideologia, como o nacionalismo. O príncipe Eugênio da Suécia foi um dos numerosos artistas por volta de 1900 que escolheram pintar o que ele denominou "a natureza nórdica, com seu ar límpido, sólidos contornos e cores fortes". Podemos dizer que a natureza foi então nacionalizada, tornando-se um símbolo da pátria-mãe.[11] Na Inglaterra do século XX, a terra foi associada com a maneira inglesa de ser, junto à cidadania e à "sociedade orgânica" do povoado, ameaçadas pela modernidade, a indústria e a cidade.[12]

---

10 Novak, *Nature and Culture: American Landscape and Painting 1825-1875.*

11 Etlin (ed.), *Nationalism in the Visual Arts*; Frykman, Löfgren. *Culture Builders: A Historical Anthropology of Middle-Class Life*, p.57-8; Boîme, *The Unveiling of the National Icons.*

12 Matless, *Landscape and Englishness.*

Figura 13. Colin McCahon, *Takaka – Noite e dia*, 1948, óleo sobre tela aplicado na parede. Galeria de Arte Auckland Toi o Tamaki, Nova Zelândia.

No mesmo sentido, observou-se acuradamente que pintores de paisagens inglesas do século XVIII desconsideravam as inovações da agricultura e ignoravam os campos recentemente cercados, preferindo mostrar a terra como se supõe que tenha sido nos bons velhos tempos.[13] Da mesma forma, as paisagens de John Constable (1776-1837), pintadas durante a Revolução Industrial, têm sido interpretadas como uma expressão de atitudes anti-industriais pelo fato de que elas não retratam fábricas. As fábricas, certamente, não faziam parte da paisagem de Constable, retratando Essex ou Wiltshire. No entanto, a coincidência temporal entre o surgimento do gênero de pintura de paisagens e o aparecimento de fábricas na Inglaterra permanece um fato intrigante e perturbador.

O mesmo período viu o surgimento de um novo entusiasmo pela natureza selvagem, marcado pela crescente popularidade de excursões em busca de montanhas e florestas e pela publicação de um conjunto de livros sobre o assunto, tais como *Observações relativas à beleza pitoresca* (1786), do escritor William Gilpin (1724-1804). Parece que a destruição da natureza – ou, ao menos, a ameaça de

[13] Prince, Art and Agrarian Change, 1710-1815. In: Cosgrove, Daniels (eds.), *The Iconography of Landscape*, p.98-118.

destruição – era uma condição necessária para sua apreciação estética. A Inglaterra rural já estava adquirindo o aspecto de um paraíso perdido.[14]

De uma maneira mais geral, pelo menos no Ocidente, a natureza frequentemente simbolizou regimes políticos. O pensador conservador Edmund Burke (1729-1797) descreveu a aristocracia britânica como "grandes carvalhos" e contrastou a Constituição britânica, que crescia naturalmente como uma árvore, com a Constituição da França revolucionária artificial e "geométrica". Por outro lado, para os liberais, a natureza representava a liberdade, definida contra a ordem e a repressão associadas à monarquia absoluta e representadas pelos simétricos jardins de Versalhes e suas diversas imitações. As florestas e os fora-da-lei que nela habitavam, como Robin Hood, constituem um antigo símbolo de liberdade.[15]

As paisagens do império evocam um outro tema, o da desapropriação. Diz-se que a ausência de formas numa paisagem americana traz "um significado mais carregado do que na Europa". No caso da Nova Zelândia, tem sido sugerido que "a evocação de uma paisagem vazia não pode ser vista como uma afirmação puramente pictórica ou estética" (Figura 13). Consciente ou inconscientemente, o artista apagou os aborígines, como se estivesse ilustrando a ideia de um solo "virgem" ou a doutrina legal de que a Nova Zelândia, como a Austrália e a América do Norte, era uma "terra de ninguém"; dessa forma, a posição dos colonizadores brancos seria legitimada. Aquilo que é documentado pela pintura pode ser chamado de "olhar colonial" (Capítulo 7).[16]

---

[14] Thomas, *Man and the Natural World*; Bermingham, *Landscape and Ideology: The English Rustic Tradition, 1740-1860*.

[15] Daniels, The Political Iconography of Landscape. In: Cosgrove, Daniels (eds.), *The Iconography of Landscape*, p.43-82; Warnke, *Political Landscape: The Art History of Nature*, p.75-83; Schama, *Landscape and Memory*.

[16] Novak, *Nature and Culture: American Landscape and Painting 1825-1875*, p.189; Thomas, *Possessions: Indigenous Art and Colonial Culture*, p.20-3.

Portanto, mesmo no caso da paisagem, os enfoques iconográfico e iconológico assumem um papel, auxiliando os historiadores a reconstruir sensibilidades do passado. A função desses enfoques torna-se mais clara no caso de imagens religiosas, a serem discutidas no próximo capítulo.

3
O sagrado e o sobrenatural

Ab re non facimus, si per visibilia invisibilia demonstramus.
[Não nos enganaremos se mostrarmos as coisas invisíveis através das visíveis.]

Gregório, o Grande

Kunst gibt nicht das sichtbar, aber macht sichtbar.
[A arte não reproduz o visível, mas torna visível.]

Paul Klee

Em muitas religiões, imagens desempenham um papel crucial na criação da experiência do sagrado.[1] Elas expressam e formam (e assim também documentam) as diferentes visões do sobrenatural, assumidas em diferentes culturas e épocas; visões de deuses e demônios, santos e pecadores, céus e infernos. É no mínimo intrigante saber que imagens de fantasmas eram raras na cultura ociden-

1 Wirth, *L'image médiévale: naissance et développement*; Dunand, Spieser, Wirth (eds.), *L'image et la production du sacré.*

tal antes do século XIV, bem como aquelas representando o demônio antes do século XII – embora algumas possam ser encontradas a partir do século IX. A figura do diabo, cabeluda, com chifres, garras, cauda, asas como um morcego e um forcado em uma das mãos foi elaborada durante um longo período de tempo.[2]

Uma série cronológica de imagens representando um único tema é uma fonte particularmente valiosa para o historiador da religião. Por exemplo, na década de 1960, o historiador francês Michel Vovelle e sua esposa estudaram uma série de retábulos de altar da Provença, representando almas no purgatório, como fonte para a história das mentalidades e da sensibilidade, bem como para a história da devoção, descrevendo as imagens como "um dos mais importantes registros das atitudes humanas em relação à morte, na medida em que elas se transformam ao longo do tempo."

Nesse estudo, Michel e Gaby Vovelle analisaram a cronologia, a geografia e a sociologia das imagens observando, por exemplo, que a produção permaneceu mais ou menos constante entre 1610 e 1850, o que implica que a Revolução Francesa não foi um marco tão importante, no que se refere às mentalidades provençais. Eles também realizaram uma análise temática das imagens, notando o declínio de representações dos santos como intercessores e a mudança de ênfase: dos sofrimentos da alma no século XVII para as imagens de salvação no século XVIII. Os Vovelle também destacaram que as mudanças tendiam a ser iniciadas por ordens religiosas e depois assumidas pelas irmandades religiosas antes de atingir as camadas laicas em geral. Dessa forma, contribuíram para a história local da Contrarreforma.[3]

Imagens têm sido utilizadas com frequência como um meio de doutrinação, como objetos de cultos, como estímulos à meditação

---

[2] Schmitt, *Ghosts in the Middle Ages*, p.241; Link, *The Devil: A Mask without a Face*; Muchembled, *Une histoire du diable*.

[3] Vovelle, *Vision de la mort et de l'audelà en Provence*, p.61.

e como armas em controvérsias. Portanto, elas também são um meio através do qual historiadores podem recuperar experiências religiosas passadas, contanto que eles estejam aptos a interpretar a iconografia. A seguir, serão discutidas, uma a uma, as quatro funções que acabamos de mencionar.

Imagens e doutrinação

A necessidade de certos tipos de conhecimento como pré-condição para a compreensão do significado de imagens religiosas está suficientemente evidente para a maioria dos ocidentais, no caso de imagens de outras tradições religiosas. Decifrar o significado dos gestos da mão de Buda, por exemplo, como tocar o chão com a mão direita para conclamar a terra a testemunhar sua iluminação, requer algum conhecimento das escrituras budistas. Da mesma forma, é necessário algum conhecimento do hinduísmo para identificar certas serpentes como divindades; ou para perceber que uma figura humana com a cabeça de um elefante representa o deus Ganesha; ou ainda para saber que um jovem azul brincando com as leiteiras é o deus Krishna, sem falar na interpretação do significado religioso das brincadeiras que ele faz com as garotas. No século XVI, europeus que visitavam a Índia ocasionalmente percebiam as imagens de deuses indianos como demônios. A propensão para considerar religiões não cristãs como diabólicas era reforçada pelo fato de que esses "monstros" com vários braços ou cabeças de animal quebravam as regras ocidentais de representação do divino.

No mesmo sentido, espectadores ocidentais, confrontados com a imagem do deus Shiva dançando, um modelo conhecido como Shiva "Senhor da Dança" (*Nataraja*), podem não perceber que se trata de uma dança cósmica, simbolizando o ato de criar ou destruir o universo (embora as chamas comumente representadas ao redor do deus forneçam uma pista para a compreensão do simbolismo). É ainda menos provável que eles possam interpretar os gestos de Shiva, ou *mudras*, como, por exemplo, o gesto de proteção que pode ser traduzido como "não tenha medo".[4]

Entretanto, a tradição cristã é igualmente incompreensível para estrangeiros, como observou Panofsky no caso da *Última Ceia* (Capítulo 2). Sem conhecer as convenções da iconografia ou as lendas dos santos, não seria possível distinguir almas que queimam no inferno daquelas que queimam no purgatório, ou a mulher que leva seus olhos numa bandeja (Santa Lúcia) da mulher que leva seus seios numa bandeja (Santa Ágata).

A iconografia era importante na época porque imagens eram uma forma de "doutrinação" no sentido original do termo, a comunicação de doutrinas religiosas. As observações do Papa Gregório, o Grande, sobre o assunto (c.540-604) foram repetidamente citadas ao longo dos séculos. "Pinturas são colocadas nas igrejas para que os que não leem livros possam 'ler' olhando as paredes" (*in parietibus videndo legant quae legere in codicibus non valent*).[5]

A ideia de que pinturas eram uma espécie de Bíblia dos analfabetos tem sido criticada com base na consideração de que muitas imagens nas paredes de igrejas seriam excessivamente complexas para serem compreendidas por pessoas comuns. Entretanto, tanto a iconografia quanto as doutrinas que ela ilustrava poderiam ter sido explicadas oralmente pelo clero, e a imagem em si agiria como um lembrete e um reforço da mensagem falada, e não a única fonte de informação. Considerando a questão da evidência, as discrepân-

---

[4] Zimmer, *Myths and Symbols in Italian Art and Civilisation*, p.151-5; Mitter, *Much Maligned Monsters: History of European Reactions to Indian Art*.

[5] Duggan, Was Art Really the "Book of the Illiterate"?, *Word and Image*, V, p.227-51, 1989; Alexandre-Bidon, Images et objects de faire croire, *Annales: Histoire, Sciences Sociales*, LIII, p.1115-90, 1998.

cias entre as histórias contadas através das imagens e as histórias contadas na Bíblia são especialmente interessantes como indícios da forma como o cristianismo era visto a partir das camadas mais baixas. Assim, as breves referências no evangelho de São Mateus a alguns astrólogos e seus presentes, e no evangelho de São Lucas ao nascimento de Cristo numa manjedoura, foram ampliadas e tornadas mais vívidas em numerosas representações do boi e do burro, e dos três reis magos Gaspar, Baltasar e Melchior, especialmente a partir do século XIV.

Em um nível iconológico, mudanças no estilo de imagens sagradas também oferecem valiosa evidência para historiadores. Pinturas que foram realizadas para despertar emoções podem seguramente ser utilizadas como documentos para a história dessas emoções. Por exemplo, elas sugerem que havia uma preocupação especial com a dor na Idade Média. Esse foi o período em que o culto dos instrumentos da Paixão – os pregos, a lança e outros – atingiu o clímax. Foi também a época em que o Cristo sofredor, atormentado e patético, substituiu a imagem tradicional calma e digna de Cristo Rei nos crucifixos, "reinando da árvore onde se encontrava" como as pessoas costumavam dizer na Idade Média. O contraste entre o crucifixo dinamarquês do século XI, conhecido como o "crucifixo de Aaby", e um crucifixo alemão do século XIV que se encontra hoje na região de Colônia (Figuras 14 e 15) é realmente dramático.

No século XVII, por outro lado, parece ter havido uma grande preocupação com o êxtase, que atingiu sua mais famosa forma de expressão na escultura de Gian Lorenzo Bernini, representando *O Êxtase de Santa Teresa*, de 1651.[6]

---

[6] Mâle, *L'art religieux de la fin du Moyen Age en France*; Id., *L'art religieux de la fin du seizième siècle: etude sur l'iconographie après le concile de Trente*; Southern, *The Making of the Middle Ages*; Merback, *The Thief, the Cross and the Wheel: Pain and the Spectacle of Punishment in Medieval and Renaissance Europe*.

Figura 14. O "Crucifixo de Aaby", da segunda metade do século XI, retábulo de madeira entalhada revestida de cobre. Museu Nacional, Copenhague.

Figura 15. Crucifixo, 1304, madeira. S. Maria im Kapitol, Colônia.

Cultos de imagens

Imagens significavam muito mais do que um simples meio de disseminação do conhecimento religioso. Eram, por si mesmas, agentes, a que eram atribuídos milagres, e também objetos de cultos. Na cristandade oriental, por exemplo, os ícones ocupavam (como ainda o fazem) um lugar muito especial – tanto sendo exibidos sozinhos quanto como parte da iconóstase, a tela que esconde o altar dos laicos durante os serviços religiosos. Os ícones, seguindo convenções distantes do realismo fotográfico, demonstram o poder da imagem religiosa com especial clareza. A pose de Cristo, da Virgem ou dos santos é geralmente frontal, olhando diretamente para os espectadores e, assim, encorajando-os a tratar o objeto como uma pessoa. Lendas de ícones que caíram no mar e alcançaram a terra por si próprios reforçam a impressão dessas imagens como forças autônomas.

O culto de imagens também se encontra na cristandade ocidental, da Virgem de Guadalupe no México à Madona Negra de Czestochowa na Polônia ou a imagem de Santa Maria dell'Impruneta, abrigada numa igreja próxima a Florença. Uma água-forte datada de 1620, realizada pelo artista Jacques Callot de Lorraine (c.1592-1635), mostra a feira de Impruneta, uma instituição que havia se desenvolvido em torno das peregrinações de culto à imagem. A república veneziana foi colocada sob a proteção de outra imagem da Virgem, conhecida como a Madona de São Lucas, saqueada de Constantinopla no século XIII. A partir da Alta Idade Média, indulgências – remissão do tempo no purgatório, em outras palavras – eram oferecidas como recompensa às pessoas que oravam para determinadas imagens, incluindo a "Verônica" ou "imagem verdadeira" de Cristo exibida na igreja de São Pedro em Roma.

Fiéis faziam longas peregrinações para ver imagens, reverenciavam-nas, ajoelhavam-se diante delas, beijavam-nas e lhes pediam favores. A imagem de Santa Maria dell'Impruneta, por exemplo, era frequentemente levada em procissão a fim de trazer chuva ou de proteger os florentinos contra ameaças políticas.[7] Encomendar a artistas a produção de imagens também era uma forma de expressar agradecimento pelas graças recebidas, tais como escapar de um acidente ou curar-se de uma doença. Essas "imagens votivas", muitas das quais ainda hoje podem ser vistas em alguns altares na Itália ou na Provença, era realizadas, por exemplo, para cumprir uma promessa a um santo (Figura 16). Elas documentam as esperanças e temores de pessoas comuns e testemunham a íntima relação entre o doador e o santo.[8]

Figura 16. "Ex-voto" para o aprendiz de um açougueiro, 14 de março de 1853, óleo sobre tela. Notre-Dame de Consolation, Hyères.

[7] Trexler, Florentine Religious Experience: The Sacred Image, *Studies in the Renaissance*, XIX, p.7-41, 1972.

[8] Cousin, *Le miracle et le quotidien: Les ex-voto provençaux images d'une société*; Freedberg, *The Power of Images*, p.136-60.

As imagens votivas não são unicamente cristãs. Elas podem ser encontradas em altares japoneses, por exemplo, revelando preocupações semelhantes com doenças e naufrágios. Elas também eram elaboradas em épocas pré-cristãs. Em Agrigento, na Sicília, há uma igreja repleta de ex-votos (objetos que serviam como pagamentos de promessas): mãos, pernas e olhos de prata (ou de plástico, mais recentemente). Não muito distante, há um museu de antiguidades clássicas contendo objetos semelhantes em terracota, datados de época anterior a Cristo. Essas imagens atestam importantes continuidades entre o paganismo e o cristianismo, que podem ter deixado poucos vestígios em textos mas são de grande importância para historiadores da religião.

Imagens e devoção

Imagens parecem ter desempenhado um papel cada vez mais importante a partir da Alta Idade Média. Uma série de pinturas representando histórias da Bíblia circulou impressa a partir da década de 1460, ao passo que devoções particulares eram cada vez mais acompanhadas – por aqueles que podiam pagar – por pinturas de propriedade particular. Essas pinturas diferiam tanto na forma quanto na função dos ícones descritos acima. Elas enfocavam o que tem sido chamado "cena dramática", destacando um determinado momento em uma história sagrada.[9] Um efeito semelhante foi alcançado de forma ainda mais dramática em cenas do Novo Testamento representadas por figuras coloridas em tamanho natural em santuários como o Sacro Monte di Varallo, uma montanha sagrada e santuário repleto de estátuas do final do século XVI, localizada no norte da Itália e muito visitada por peregrinos. Na presença de

[9] Ringbom, *From Icon to Narrative*; Belting, *Likeness and Presence*, p.409-57. (Tradução inglesa).

tais imagens, é difícil resistir à sensação de que se está realmente, de corpo presente, na Terra Sagrada na época de Cristo.[10]

Imagens devocionais também tinham um papel importante no consolo aos doentes, aos moribundos e àqueles prestes a ser executados. Na Roma do século XVI, por exemplo, era o dever dos irmãos laicos da arquifraternidade de San Giovanni Decollato [São João decapitado] acompanhar criminosos ao local de execução, mostrando-lhes pequenas pinturas da Crucificação ou da retirada de Cristo da cruz (Figura 17).

A prática foi descrita "como uma espécie de narcótico visual para entorpecer o medo e a dor do criminoso condenado durante sua terrível caminhada ao cadafalso". Também é importante enfatizar que a imagem encorajava o condenado a identificar-se com Cristo e seus sofrimentos.[11]

As novas formas de imagem sagrada também estão ligadas à disseminação de determinadas práticas de meditação religiosa. A obra anônima *Meditações sobre a vida de Cristo*, datada do século XIII (atribuída ao frei franciscano St. Bonaventure) envolvia a intensa visualização de eventos sagrados por meio da ênfase em pequenos detalhes. No caso da Natividade, por exemplo, o texto encoraja os leitores a imaginar o boi, o burro e a Virgem ajoelhando-se ante seu filho. No caso da Última Ceia, ele explica: "você deve saber que a mesa estava próxima ao chão e eles sentavam-se no chão de acordo com o antigo costume". A razão para esse exercício era explicada por um pregador italiano do século XV: "nossos sentimentos são melhor despertados por coisas vistas do que por coisas ouvidas".[12]

---

[10] Freedberg, *The Power of Images*, p.192-201; cf. Merback, *The Thief, the Cross and the Wheel: Pain and the Spectacle of Punishment in Medieval and Renaissance Europe*, p.41-6.

[11] Edgerton, *Pictures and Punishment: Art and Criminal Prosecution during the Florentine Renaissance*.

[12] Mâle, *L'art religieux de la fin du Moyen Âge en France*, p.28-34; Baxandall, *Painting and Experience in Fifteenth-Century Italy*, p.41.

Figura 17. *Descida da cruz,* painel do século XVI. San Giovanni Decollato, Roma.

De forma semelhante, trezentos anos depois de St. Bonaventure, no manual devocional *Exercícios espirituais,* escrito por Santo Inácio de Loyola (1491-1556) e publicado em 1548, leitores ou ouvintes eram aconselhados a ver o inferno, a terra sagrada e outros locais com o olho do espírito – uma prática que Inácio descreveu como "composição de lugar". As pessoas eram encorajadas a produzir "um retrato vívido na imaginação do comprimento, largura e profundidade do inferno", bem como as "enormes fogueiras" e as almas "com corpos em fogo". O texto de Inácio não era originalmente ilustrado, porém, num comentário do século XVII feito por outro jesuíta espanhol, Sebastian Izquierdo (1601-1681), gravuras foram aduzidas ao texto a fim de auxiliar os leitores na tarefa da visualização.[13]

Entre a meditação consciente sobre uma imagem sagrada e as visões religiosas que aparentemente surgem por si próprias não há uma longa distância. Em qualquer caso, visões religiosas frequentemente refletem imagens materiais. O julgamento de Joana D'Arc (c.1412-1431) por heresia e bruxaria mostra que seus inquisidores ingleses acreditavam que suas visões de São Miguel e outros anjos haviam sido inspiradas por pinturas, embora Joana negasse essa ideia. Estudos sobre as santas Catarina de Siena e Bridget da Suécia, ambas do final do período medieval, trazem afirmações semelhantes.[14] A rica vida espiritual de Santa Teresa de Ávila (1515-1582) também era alimentada por imagens – sabe-se que uma determinada imagem de Cristo em sofrimento lhe causou forte impressão. Fica-se a conjecturar se uma imagem pode ter inspirado a famosa experiência mística que, por sua vez, foi representada por Bernini, na qual a santa vê um anjo que a trespassa com uma flecha.[15] Da mesma forma, na Rússia no século XVII, o patriarca Nikon tinha visões nas quais Cristo aparecia para ele da maneira em que se encontrava nos ícones.[16]

As imagens positivas dos santos no céu possuíam seus correspondentes negativos nas imagens do inferno e dos demônios, que também merecem ser estudadas. Nos dias de hoje, as paisagens

[13] Mâle, *L'art religieux de la fin du seizième siècle: Etude sur l'iconographie après le concile de Trente*; Freedberg, *The Power of Images*.

[14] Meiss, *Painting in Florence and Siena after the Black Death*, p.117, 121; Pickering, *Literature and Art in the Middle Ages*, p.280.

[15] Mâle, *L'art religieux de la fin du seizième siècle*, p.151-5, 161-2.

[16] Billington, *The Icon and the Axe*, p.158.

do inferno de Hieronymus Bosch (c.1450-1516) talvez sejam mais estranhas para nós do que imagens da Lua ou mesmo de Marte. É necessário um certo esforço para perceber que as pessoas da época acreditavam que poderiam um dia ver lugares do tipo representado por Bosch e que o artista não se baseou apenas na sua imaginação, mas também na literatura popular visual. Émile Mâle certa vez descreveu as grotescas imagens medievais como surgindo "das profundezas da consciência das pessoas". Tais imagens oferecem aos historiadores indícios preciosos – se eles conseguirem interpretá-los – das angústias dos indivíduos e grupos em diferentes culturas.[17]

Imagens mutantes do inferno e do demônio, por exemplo, podem ajudar os historiadores a construir a história do medo, na qual alguns deles têm recentemente se engajado – como é o caso, em particular, do estudioso francês Jean Delumeau.[18] Como vimos, imagens do demônio são raras antes do século XII. Por que razão essas imagens se tornaram comuns nessa época? Poderá a resposta a essa questão ser encontrada em novas convenções para o que pode ou deve ser representado visualmente? Ou o surgimento do demônio nos revela alguma coisa sobre mudanças na religião ou até mesmo nas emoções coletivas? Nos séculos XVI e XVII, o surgimento de imagens dos sabás e bruxas (Capítulo 7), combinando temas festivos com o que parecem cenas do inferno, nos mostram indícios da angústia subjacente ao aparecimento dos julgamentos de bruxas no período.

Os historiadores encontram-se num terreno um tanto mais seguro quando analisam não uma transformação da ausência em presença, mas mudanças graduais ou rápidas na maneira pela qual

---

[17] Abell, *The Collective Dream in Art*; Link, *The Devil: A Mask without a Face*, p.180.

[18] Ibid., p.121, 127, 130, 194; Delumeau, *La peur en Occident*; Naphy, Roberts (eds.), *Fear in early Modern Society*.

uma cena tradicional era representada. No século XVII, ilustrações dos *Exercícios espirituais* de Loyola mostram os tormentos do inferno de forma bem vívida, porém, como o texto que ilustram, omitem as formas monstruosas que povoam as pinturas de Bosch. Essa mudança específica seria um indício de outra, mais geral?

Imagens polêmicas

Os usos devocionais de imagens não agradavam a todos. O temor de que as pessoas pudessem estar adorando as imagens em si e não o que elas representavam gerou movimentos de iconoclastia em diferentes lugares e períodos.[19] As observações de Gregório, o Grande sobre as razões para se colocar quadros em igrejas foram escritas em reação à notícia de um incidente iconoclástico em Marselha. Em Bizâncio, houve uma grande explosão dessas ações no século VIII. Na Europa ocidental, houve grandes ondas de iconoclastia durante as décadas de 1520 e 1560. Nas últimas décadas, o crescente interesse dos historiadores por esses movimentos está muito relacionado com o surgimento da "história vista de baixo". Atos coletivos de destruição nos auxiliam a recuperar as atitudes de pessoas comuns que não deixaram evidência escrita de suas opiniões. Esse tipo de evidência para as reações dos espectadores será discutido mais detalhadamente no capítulo final deste livro.

Uma estratégia alternativa em relação ao culto e à destruição de imagens sagradas seria utilizar a mídia visual como arma na polêmica religiosa. Os protestantes fizeram largo uso de imagens nos primeiros anos da Reforma alemã – especialmente gravações em madeira que eram baratas e fáceis de transportar. Era uma espécie

[19] Freedberg, *The Power of Images*; Gruzinski, *La guerre des images*; Christin, *Une révolution symbolique: L'iconoclasme huguenot et la reconstruction catholique*.

de tentativa consciente de atingir a população, que era majoritariamente analfabeta ou semianalfabeta. Imagens eram feitas "com o objetivo de atingir crianças e pessoas simples", como foi dito por Martinho Lutero, "que estão mais facilmente inclinadas a recordar a história sagrada através de pinturas e imagens do que através de meras palavras ou doutrinas".[20] Portanto, essas fontes visuais registram a Reforma do ponto de vista de pessoas comuns, oferecendo uma perspectiva rara nas fontes impressas, estas produzidas por membros da elite letrada. Os protestantes que realizavam as gravuras baseavam-se num rico repertório do humor popular tradicional para compor imagens que podiam detratar a Igreja Católica, tornando-a um elemento de chacota. Esses trabalhos ilustram vivamente a teoria do crítico russo Mikhail Bakhtin sobre o poder subversivo do riso.[21]

Amigo de Lutero, o artista Lucas Cranach (1472-1553) e sua oficina em Wittenberg produziram muitas gravuras polêmicas, como o famoso *Cristo Passional e Anticristo*, que contrastava a vida simples de Cristo com a magnificência e o orgulho de seu "vigário", o Papa. Assim, um par de gravações em madeira mostra Cristo fugindo dos judeus porque eles estão tentando torná-lo seu rei, enquanto o Papa, por outro lado, defende com a espada a reivindicação do poder temporal sobre os Estados da Igreja (uma clara referência ao papa beligerante Júlio II, que morreu em 1513). Do mesmo modo, Cristo foi coroado com espinhos, o Papa com a coroa tripla ou tiara. Cristo lavou os pés de seus discípulos, mas o papa apresenta o pé para ser beijado pelos cristãos. Do mesmo modo, Cristo viaja a pé enquanto o Papa é carregado – e assim por diante (Figura 18).[22]

[20] Scribner, *For the Sake of Simple Folk*, p.244.

[21] Bakhtin, *The World of Rabelais*; Scribner, *For the Sake of Simple Folk*, p.62, 81.

[22] Scribner, *For the Sake of Simple Folk*, p.149-63.

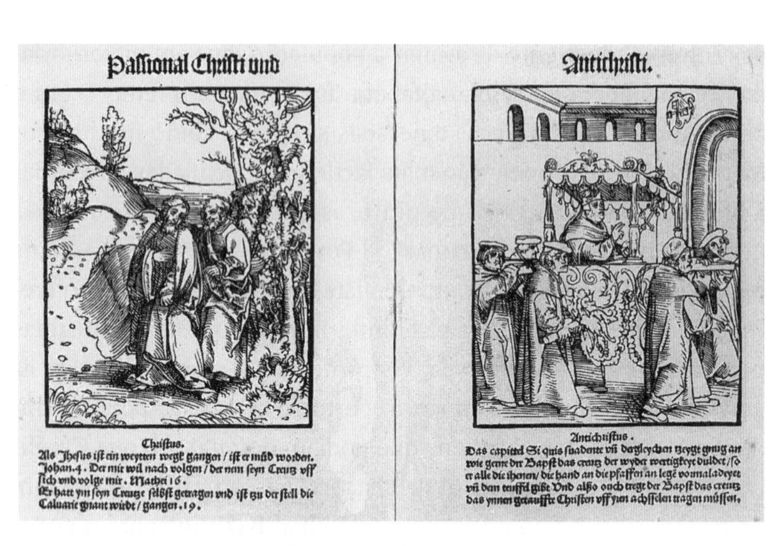

Figura 18. Lucas Cranach, Xilogravuras da obra *Cristo Passional e Anticristo* (Wittenberg: J. Grunenberg, 1521).

Figura 19. Hans Baldung Grien, Lutero como um monge com um halo e uma pomba. Detalhe de uma xilogravura em *Acta et res gestae... in comitis principum Wormaciae* (Estrasburgo: J. Schott, 1521). Biblioteca Britânica, Londres.

Assim, a imagem do papa era visualmente associada à ganância pelo dinheiro, ao orgulho do poder, ao demônio etc. Lutero, por outro lado, como Bob Scribner sublinhou, foi transformado em um herói ou até mesmo em um santo, usando um halo e acompanhado por uma pomba para mostrar que, da mesma forma que os autores dos Evangelhos, ele foi inspirado pelo Espírito Santo (Figura 19).[23] O uso de xilogravuras para disseminar mais amplamente a mensagem reformista teve algumas consequências inesperadas. Por volta da década de 1520, o crítico do culto aos santos estava, ele próprio, se tornando objeto de um culto semelhante. É possível que não seja alheio ao assunto falar de "folclorização" do protestantismo, o que seria sua assimilação no mundo imaginado dos iletrados. Numa cultura de alfabetização diminuta, as imagens oferecem uma evidência muita mais rica desse processo do que os textos.

A crise da imagem

Alguns historiadores, como Hans Belting, sugeriram que a Reforma foi um momento de "crise da imagem", uma mudança do que podemos chamar de "cultura visual" para uma "cultura textual".[24] O surgimento da iconoclastia na Europa do século XVI sustenta essa interpretação. Em alguns lugares, especialmente na Europa calvinistas do final desse século, há evidências não apenas de momentos de iconoclastia, mas também do que tem sido denominado "iconofobia", no sentido do "total repúdio a imagens".[25]

Entretanto, não seria razoável ampliar a tese de Belting para incluir toda a população da Europa do período. Iconoclastas e iconófobos eram provavelmente uma minoria. Outros estudiosos, como

---

23 Ibid., p.18-22.

24 Belting, *Likeness and Presence*, p.14, 458-90; Collinson, *From Iconoclasm to Iconophobia: The Cultural Impact of the Second Reformation*.

25 Ibid., p.8.

David Freedberg, argumentam que imagens sagradas retiveram muito do seu poder tanto na Europa protestante quanto na católica. O argumento é apoiado pelo fato de que, mesmo depois de 1520 – a grande década da polêmica visual alemã –, imagens religiosas continuavam a desempenhar um papel na cultura Luterana. Pinturas de cenas do Novo Testamento datadas dos séculos XVI e XVII ainda podem ser vistas em igrejas na Alemanha e na Escandinávia.

Testemunho ainda mais vívido da sobrevivência da imagem no mundo protestante vem das visões. Na década de 1620, um luterano alemão, Johan Engelbrecht, tinha visões do céu e do inferno: "os anjos sagrados como uma grande quantidade de chamas, e as almas escolhidas como muitas fagulhas brilhantes ou iluminadas". Poucos anos mais tarde, outra protestante de origem polonesa, Kristina Poniatowa, tinha visões nas quais vislumbrava leões vermelhos e azuis, um cavalo branco e uma águia com duas cabeças. Essas visões heráldicas sugerem que os luteranos estavam desenvolvendo sua própria cultura visual. Uma impressão semelhante é passada por pinturas e impressos dos séculos XVIII e XIX.

A cultura visual católica também mudou, frequentemente acentuando os aspectos que os protestantes haviam criticado. O Concílio de Trento (1545-1563), que tanto fez para redefinir os primórdios do catolicismo moderno, solenemente reafirmou a importância de imagens sagradas da mesma forma que o fez com as peregrinações e o culto a relíquias sagradas. As próprias imagens passaram a reafirmar, cada vez mais, doutrinas que os protestantes haviam desafiado. O êxtase e a apoteose dos santos, por exemplo, parecem ser projetados para esmagar o espectador e salientar a diferença entre pessoas santas e mortais comuns. O aumento das representações de São Pedro e Santa Maria Madalena vertendo lágrimas de arrependimento tem sido interpretada como uma resposta visual aos ataques dos protestantes ao sacramento da confissão.[26]

---

[26] Mâle, *L'art religieux de la fin du seizième siècle: étude sur l'iconographie après le concile de Trente*.

O crescente estilo teatral de imagens na época do barroco era certamente parte da mensagem. Entre outras coisas, o estilo teatral ou retórico expressava a consciência da necessidade de persuadir o espectador, uma preocupação que era menos aguda antes de Lutero, se é que de alguma forma existia. Assim, complementando o clássico enfoque iconográfico com ideias da psicanálise, podemos descrever essas imagens como respostas aos argumentos dos protestantes em um nível emocional, subconsciente, ou, poderíamos ainda dizer, subliminar. Elas também podem ser descritas como "propaganda" para a Igreja Católica. A ideia de propaganda e o uso político de imagens serão o assunto do próximo capítulo.

4
Poder e protesto

Ceux qui ont gouverné les peuples dans tous les temps ont toujours fait usage des peintures et statues pour leur mieux inspirer des sentiments qu'ils vouloient leur donner.

[Em todas as épocas, aqueles que governaram os povos sempre utilizaram pinturas e estátuas, para melhor inspirar as pessoas com os sentimentos que lhes desejavam dar.]

Chevalier Jaucourt

A arte religiosa discutida no capítulo anterior desenvolveu-se nos primeiros séculos da cristandade por meio da apropriação de elementos da arte imperial romana. A pose frontal de imperadores e cônsules nos tronos foi adaptada para representar Cristo ou a Virgem "em pose de majestade", enquanto que os halos imperiais foram transferidos para os santos.[1]

Da Idade Média até o presente, por outro lado, tem havido uma guinada na direção oposta: um longo processo de "secularização"

[1] Grabar, *Christian Iconography: A Study of its Origins*, p.78-9; Elsner, *Imperial Rome and Christian Triumph: The Art of the Roman Empire, AD 100-450*.

no sentido de apropriação das formas religiosas e sua adaptação para propósitos mundanos. Assim, a pintura de Ricardo II entronado no saguão de Westminster é modelada na imagem de Cristo em Majestade, completando a rota circular de utilizações de imagens com propósitos mundanos a religiosos e vice-versa. Como um exemplo ainda mais vívido de secularização, pode-se citar um impresso de um francês realista, intitulado *O novo calvário* (1792), mostrando o rei Luís XVI recém guilhotinado pendurado na cruz.

Há outros exemplos mais sutis. A mostra de imagens de governantes em público, cada vez mais frequente a partir do final da Idade Média, parece ter sido inspirada pelo culto de imagens de santos. Retratos de Elizabeth I como a Rainha Virgem, produzidos em massa com o auxílio de matrizes no final do século XVI, substituíram retratos da Virgem Maria e podem ter desempenhado algumas de suas funções, preenchendo o vácuo psicológico criado pela Reforma.[2] De acordo com um guia contemporâneo de etiqueta, os retratos do rei Luís XIV da França expostos no palácio de Versalhes deveriam ser tratados com o mesmo respeito que se mostraria ao rei, se ele próprio estivesse na sala onde se encontravam as representações. Os espectadores sequer tinham permissão para ficar de costas para essas imagens.[3]

Estudos de propaganda imagética estão geralmente voltados para a Revolução Francesa ou para o século XX, enfocando principalmente a Rússia Soviética, a Alemanha nazista, a Itália fascista ou as imagens polêmicas das duas guerras mundiais.[4] A seguir, irei me basear nesses estudos, mas tentando inseri-los dentro da história das imagens na política por um período muito mais longo, de Augusto a Luís XIV. Alguns historiadores têm dúvidas sobre a pertinência do uso de conceitos modernos tais como "propaganda" para se referir

---

2 Yates, *Astraea: The Imperial Theme in the Sixteenth Century*, p.78, 101, 109-10.

3 Burke, *The Fabrication of Louis XIV*, p.9.

4 Clark, *Art and Propaganda in the 20th Century: The Political Image in the Age of Mass Culture*; Zeman, *Selling the War: Art and Propaganda in World War II*; Taylor, *Film Propaganda*; Welch, *Propaganda and the German Cinema, 1933-1945*; Golomstock, *Totalitarian Art: In the Soviet Union, the Third Reich, Fascist Italy and the People's Republic of China*.

ao período anterior a 1789. Contudo, quer as pinturas e estátuas tenham fornecido uma importante contribuição para a manutenção de determinados regimes ou não, acreditava-se largamente que elas assim o fizeram. Não foi apenas em nossa época que governantes sentiram a necessidade de uma boa "imagem pública". Como o cavalheiro Jaucourt escreveu no artigo "pintura" na *Encyclopédie*, "em todas as épocas, aqueles que governaram sempre utilizaram pinturas e estátuas para melhor inspirar as pessoas com os sentimentos que lhes desejavam dar" (ver p.216). Deve-se acrescentar que tanto a quantidade de imagens utilizadas pelos governantes quanto as formas como o fazem variam consideravelmente em períodos diferentes, como tentaremos demonstrar neste capítulo.

Como no caso do sagrado, o capítulo irá distinguir e tentará fazer a leitura de diferentes tipos de imagens, sejam de ideias ou indivíduos, projetadas para manter ou subverter uma dada ordem política. Imagens que contam a história de acontecimentos políticos serão deixadas de lado até o Capítulo 8.

Imagens de ideias

Um enfoque possível para a leitura de imagens é ver "o artista como um filósofo político", citando o título de um artigo de Quentin Skinner, no qual reinterpreta um famoso afresco do pintor Ambrogio Lorenzetti no Palazzo Pubblico em Siena. É claro que o problema de tornar visíveis os conceitos abstratos, de torná-los concretos, não é um problema apenas dos artistas. A metáfora e o símbolo há muito desempenham um papel importante na própria política.[5] A imagem de Jânio Quadros, recém-eleito presidente do Brasil em

[5] Skinner, Ambrogio Lorenzetti: The Artist as Political Philosopher, *Proceedings of the British Academy*, LXXII, p.1-56, 1986; Walzer, On the Role of Symbolism in Political Thought, *Political Science Quarterly*, LXXXII, p.191-204, 1967; Edelman, *Politics as Symbolic Action*; González García, *Metáforas del Poder*.

1961, segurando uma vassoura para simbolizar o desejo de varrer a corrupção não foi apenas o aproveitamento oportuno de uma imagem televisiva, mas o reviver de uma velha tradição.

Uma metáfora tradicional é a do navio do Estado, com o governante ou seu primeiro-ministro como piloto, uma figura de linguagem tornada visível no cortejo fúnebre do imperador Carlos V em 1558, por exemplo, quando um navio de tamanho real foi puxado pelas ruas de Bruxelas. A metáfora foi claramente adaptada numa caricatura de março de 1890, feita por Sir John Tenniel (1820-1914) mostrando o Kaiser Wilhem demitindo seu chanceler Otto von Bismarck, com a legenda "deixando cair o piloto".

Outra metáfora antiga para simbolizar domínio é a do cavalo e do cavaleiro, uma comparação implícita nas estátuas equestres de governantes – discutidas abaixo – e tornada mais explícita nas pinturas realizadas por Velázquez de Don Baltasar Carlos, filho e herdeiro de Felipe IV da Espanha, na escola de equitação.

Pode ser esclarecedor justapor essa pintura com um tratado espanhol de 1640 sobre o pensamento político, *Ideia de um príncipe cristão*, de Diego de Saavedra Fajardo, que desenvolve a metáfora, recomendando ao príncipe "domar o potro do poder", por meio de "um tanto de vontade [...] do freio da razão, das rédeas da política, da chibata da justiça e da espora da coragem", e, acima de tudo, "dos estribos da prudência". Na época da Revolução Americana, um cartunista britânico deu à velha metáfora uma nova versão através da produção de uma imagem do "cavalo América derrubando seu senhor".

Conceitos abstratos têm sido representados por meio da personificação desde a época da Grécia antiga, se não antes. As figuras da Justiça, da Vitória, da Liberdade etc., são usualmente femininas. Em um famoso dicionário renascentista de imagens escrito por Cesare Ripa, *Iconologia*, de 1593, até mesmo a "Virilidade" era representada por uma mulher. Na tradição ocidental, o número dessas personificações tem crescido gradualmente. A Britannia,[6] assim como seu

[6] Grã-Bretanha personificada. (N.T.)

equivalente masculino, John Bull,[7] datam do século XVIII. A partir da Revolução Francesa, foram feitas várias tentativas de traduzir em linguagem visual os ideais de liberdade, igualdade e fraternidade. Liberdade, por exemplo, era simbolizada pelo barrete vermelho, uma nova versão do barrete frígio associado na época clássica com a libertação dos escravos. A Igualdade era mostrada em gravuras revolucionárias como uma mulher segurando duas balanças, como a imagem tradicional da Justiça, porém sem a venda nos olhos.[8]

A Liberdade, em especial, teve uma iconografia característica, baseando-se na tradição clássica, porém transformando-se de acordo com as circunstâncias políticas em mutação, bem como com os talentos individuais dos artistas. Os três exemplos seguintes ilustram o que pode ser denominado "três conceitos de liberdade", ampliando a expressão de Sir Isaiah Berlin.

O quadro *Liberdade guiando o povo* (Figura 20) de Eugène Delacroix, apresenta, sem sombra de dúvida, a mais famosa das muitas imagens de liberdade que já apareceram em pintura, gesso e bronze no período que sucedeu à insurreição parisiense de 27 a 29 de julho, mais tarde conhecida como a Revolução de 1830, que depôs o rei Carlos X. Delacroix mostra a Liberdade deusa (modelada numa estátua grega da Vitória), metade mulher do povo, a bandeira tricolor numa mão e um mosquetão na outra, os seios descobertos e o barrete frígio (uma referência clássica) simbolizando a liberdade em nome da qual a revolução foi feita. Quanto ao "povo", o homem usando cartola algumas vezes é interpretado como um burguês devido ao uso do chapéu. De fato, cartolas eram usadas por alguns franceses da classe trabalhadora da época. De qualquer forma, um exame mais detalhado de sua vestimenta, especialmente o cinto e as calças, revela tratar-se de um trabalhador manual – outro exemplo

---

[7] A personificação do povo inglês típico. (N.T.)

[8] Gombrich, Personification. In: Bolgar (ed.), *Classical Influences on European Culture*, p.247-57: Warner, *Monuments and Maidens: The Allegory of the Female Form*; Colley, *Britons: Forging the Nation, 1707-1837*.

da importância de pequenos detalhes. A pintura nos oferece uma interpretação contemporânea dos eventos de 1830, associando-os com os ideais da revolução de 1789, aos quais o novo "rei-cidadão" Luís Felipe prestou homenagem quando restaurou o uso da bandeira tricolor como símbolo da França. Em 1831, *Liberdade guiando o povo* foi adquirido pelo governo francês, como se sua interpretação dos acontecimentos recentes tivesse sido oficialmente aceita. Sua história posterior será discutida mais adiante (Capítulo 11).[9]

Figura 20. Eugène Delacroix, *Liberdade guiando o povo*, 1830-1831, óleo sobre tela. Museu do Louvre, Paris.

[9] Agulhon, *Marianne into Battle: Republican Imagery and Symbolism in France, 1789-1880*, p.38-61; quanto ao barrete: Epstein, Understanding the Cap of Liberty: Symbolic Practice and Social Conflict in Early Nineteenth-Century England, *Past and Present*, CXXII, p.75-118, 1989.

Figura 21. Frédéric Auguste Bartholdi, *A liberdade iluminando o mundo*, Nova York, 1884-1886.

A Estátua da Liberdade (Figura 21), projetada pelo escultor francês Frédéric Auguste Bartholdi (1834-1904) e apresentada ao público em 1886, é ainda mais celebrada, combinando a imagem de um moderno Colosso de Rhodes guardando o porto de Nova York com uma mensagem ideológica. Ainda assim, Marina Warner está seguramente certa ao contrastar a figura "grave e matronal", como ela a denomina, à mulher obviamente mais libertária pintada por Delacroix. Mais uma vez, alguns dos detalhes iconográficos reforçam a mensagem da estátua. As correntes quebradas a seus pés – atributo tradicional de Liberdade – revelam sua identidade, ao passo que a tocha na mão se refere à concepção original do escultor de *A Liberdade iluminando o mundo*. A mensagem política da estátua torna-se explícita, para aqueles que conseguem lê-la, pela tabuleta que ela segura, onde está escrito "4 de julho de 1776". Quaisquer que tenham sido as ideias do escultor francês, os indícios iconográficos levam à conclusão de que a Revolução Americana está sendo publicamente celebrada, antes que a Francesa. O halo, substituindo o barrete frígio, confere à Liberdade a feição de uma santa, de tal forma que é tentador especular se imigrantes italianos ou poloneses aproximando-se da ilha de Ellis, onde eram "processados" antes de entrarem nos Estados Unidos, não podem ter pensado que estavam observando a Virgem Maria, patrona dos marinheiros, "a Estrela do mar".[10]

Ecoando a Estátua da Liberdade em alguns aspectos, mas divergindo dela em outros, a deusa da democracia, de 10 metros de altura (ou, de acordo com outras fontes, 8 metros), apresentada publicamente na praça Tian'anmen em Pequim no dia 30 de maio de 1989 por estudantes da Academia Central de Arte (Figura 22), é uma testemunha reveladora da criatividade da recepção, bem como dos ideais políticos dos manifestantes. A figura, feita de gesso, arame e espuma de estireno, era conhecida na época como a deusa da democracia, da liberdade ou da nação. Alguns observadores ocidentais foram rápidos – talvez muito rápidos – em assimilar a estátua ao protótipo americano, revelando não apenas seu etnocentrismo, mas também, mais uma vez, o caráter esquivo da iconografia e a necessidade de análise contextual. Os meios de comunicação oficiais na China ofereceram uma interpretação semelhante por razões opostas, uma vez que a analogia com a estátua americana permitia-lhes denunciar a imagem dos estudantes como estrangeira, uma invasão do exterior em relação à cultura chinesa. Contudo, o estilo socialista-realista da estátua, seguindo a tradição estabelecida durante os anos de Mao Tsé-Tung, de certa forma solapa essa interpretação. Pode-se dizer que a deusa está aludindo ao culto americano da liberdade sem, no entanto, identificar-se com ele.[11]

---

[10] Trachtenberg, *The Statue of Liberty*; Warner, *Monuments and Maidens: The Allegory of the Female Form*, p.3-17.

[11] Mitchell, *The Violence of Public Art: Do the Right Thing*, p.29-48; Zhang, *Mighty Opposites*, p.161-72.

Figura 22. Uma estátua chinesa da Deusa da Democracia, 1989, gesso. Praça Tien'anmen.

O nacionalismo é relativamente fácil de ser expresso em imagens, tanto caricaturando estrangeiros (como no caso do avarento de Hogarth) quanto celebrando os maiores eventos da história de uma nação. Contudo, outra maneira de expressar sentimentos nacionais ou nacionalistas é evocar a história da arte folclórica da região, como no chamado "estilo regional" (*Heimatstil*) dos pintores alemães e suíços do início do século XX. Outra, ainda, é retratar a paisagem característica da região, como no caso da "natureza nórdica" mencionado anteriormente (Capítulo 2).

Figura 23. Diego Rivera, *A refinaria de açúcar* (1923) do ciclo de afrescos *Uma cosmografia do México moderno*, 1923-1928. Ministério da Educação (Tribunal do Trabalho), Cidade do México.

O socialismo também foi traduzido em forma visual por artistas na URSS e em outros lugares, seguindo o modelo do "Realismo Socialista" – celebrando o trabalho em fábricas e em fazendas coletivas (Capítulo 6). Do mesmo modo, os murais de Diego Rivera e seus companheiros, encomendados pelo governo mexicano pós-revolucionário a partir da década de 1920, foram descritos pelos próprios artistas como "uma arte educativa, de luta", uma arte para o povo, que traz mensagens tais como a dignidade dos índios, os males do capitalismo e a importância do trabalho (Figura 23).

Como foi o caso na Rússia, as imagens visuais eram algumas vezes reforçadas com textos didáticos ou exortativos, tais como "aquele que deseja comer precisa trabalhar" (*el que quiera comer, que trabaja*). Mais uma vez, um iconotexto era considerado como mais efetivo do que apenas uma imagem.[12]

Imagens de indivíduos

Uma das soluções comuns para o problema de tornar concreto o abstrato é mostrar indivíduos como encarnações de ideias ou valores. Na tradição ocidental, um conjunto de convenções para a representação do governante como heroico, uma espécie de super-homem, foi estabelecida já na Antiguidade clássica. Desviando sua atenção dos monumentos individuais para "a totalidade de imagens que uma pessoa da época teria experimentado", o historiador da Antiguidade Paul Zanker argumentou que o surgimento do Império Romano na época de Augusto (que reinou de 27 a.C. a 14 d.C.) requereu uma nova linguagem visual padronizada correspondendo aos objetivos centralizadores do novo império. Augusto, antes chamado de Otávio, foi retratado de forma idealizada a partir de 27 a.C. A mais conhecida de suas imagens é a estátua de mármore em tamanho maior do que o natural, que atualmente se encontra no Museu Gregoriano Profano (Figura 24).

---

12 Rochfort, *Mexican Muralists: Orozco, Rivera, Siqueiros*, p.39 et seq.

Figura 24. Estátua do imperador Augusto (63 a.C.-14 d.C.), pedra. Museu Gregoriano Profano, Roma.

Nessa imagem memorável, Augusto é representado usando uma armadura, segurando uma lança ou um estandarte e levantando a mão como se estivesse proclamando vitória. Os pequenos detalhes da cena representada em sua armadura reforçam a mensagem, para espectadores que se encontrem perto o suficiente para vê-los, mostrando os partas derrotados devolvendo os estandartes romanos que eles haviam capturado anteriormente. Os pés descalços do soberano não são um sinal de humildade, como pode pensar o espectador moderno, mas um meio de assimilar Augusto a um deus. Durante seu longo reinado, a imagem oficial de Augusto permaneceu a mesma, como se o imperador tivesse descoberto o segredo da eterna juventude.[13]

Imagens de governantes são frequentemente em estilo triunfante. A clássica iconografia do triunfo expressada em ritual, bem como em escultura e arquitetura, incluía arcos, tal como o Arco de Constantino em Roma, e também um número de detalhes decorativos, como coroas de louro, troféus, desfiles e personificações da vitória (uma mulher alada) e da fama (uma figura com uma trombeta). O tamanho das estátuas, algumas vezes colossal, era parte da formulação que faziam, como no caso da cabeça do imperador Constantino, que ainda pode ser vista no Palazzo dei Conservatori em Roma, ou da estátua de Luís XIV construída na antiga praça Louis-le-Grand, em Paris, tão grande que durante a fase de construção os trabalhadores podiam almoçar dentro da barriga do cavalo.[14]

Estátuas equestres como a do imperador Marco Aurélio (que reinou de 121 a 180 d.C.) de manto e cabelos encaracolados, por longo tempo exibida no Capitólio em Roma, e agora substituída por uma cópia, tornaram visível e palpável a metáfora de governar como cavalgar (Figura 25). O monumento equestre foi revivido na Itália durante a Renascença, afirmando autoridade sobre a praça na qual se encontrava da mesma forma que o príncipe o fazia em relação a seus domínios. A partir do século XVI, esses "cavaleiros de bronze", como os denominava Alexander Pushkin, espalharam-se por toda a Europa – Grão-duque Cosimo de Medici na Piazza della Signoria em Florença; Henrique IV, Luís XIII e Luís XIV em Paris; Felipe III e Felipe IV em Madri; o "Grande Eleitor" Frederick William de Brandenburg (que governou entre 1640 e 1688), em Berlim, e assim por diante. Esse reviver da tradição clássica era também uma alusão à própria tradição clássica, tal como o hábito de chamar até mesmo

[13] Zanker, *Augustus and the Power of Images*, p.3, 98; Elsner, *Imperial Rome and Christian Triumph: The Art of the Roman Empire, AD 100-450*, p.161-72.

[14] Elsner, *Art and the Roman Viewer*, p.159; Burke, *The Fabrication of Louis XIV*, p.16.

os jovens príncipes de novos Alexandres ou segundos Augustos. A maioria dos governantes se contentava com uma dessas estátuas, mas os conselheiros de Luís XIV organizaram o que se chamou de uma "campanha de estátuas", na qual figuras do rei foram erigidas não apenas em Paris, mas também em Arles Caen, Dijon, Grenoble, Lyon e em outros lugares.[15] Uma das mais memoráveis da longa série de estátuas equestres é o original "cavaleiro de bronze" – da expressão de Pushkin –, estátua de Pedro, o Grande, encomendada pela imperatriz Catarina ao escultor francês Etienne-Maurice Falconet e apresentada ao público em 1782.

Figura 25. Estátua do Imperador Marco Aurélio (121-180 d.C.), bronze. Museu Capitolino, Roma.

[15] Martin, *Les monuments équestres de Louis XIV*.

Os próprios governantes eram vistos como imagens, como ícones. O traje, a postura e as propriedades que os rodeavam transmitiam um senso de majestade e poder, como no caso dos retratos pintados e esculpidos. A analogia foi feita por alguns observadores modernos, como o embaixador inglês Christopher Tunstall, que declarou ser o imperador Carlos V "tão imóvel quanto um ídolo", ou o teórico político italiano Trajano Boccalini que descreveu o vice-rei de Nápoles como tão sério e estático "que eu nunca saberia se se tratava de um homem ou de uma figura de madeira".

Essas observações oferecem pistas aos espectadores modernos. Devemos olhar para estátuas reais ou "retratos de Estado" não como imagens ilusionistas de indivíduos como pareciam na época, mas como teatro, como representações públicas de um eu idealizado. Os governantes geralmente não são representados em suas roupas normais, mas em trajes romanos antigos, em armaduras, ou em vestes de coroação, o que lhes confere um caráter de maior dignidade. A figura equestre frequentemente esmaga os inimigos, sejam eles estrangeiros ou internos, personificações de rebelião e desordem bem como de países rivais. Um famoso exemplo é a estátua em tamanho natural de Carlos V, realizada pelo escultor italiano Leone Leoni, na qual o imperador empunha uma lança e encontra-se de pé sobre uma figura acorrentada, legendada de "Fúria". Outro exemplo é a figura de Luís XIV, em pé, recebendo uma coroa de louros de uma figura alada (representando a Vitória), pisando num cão de três cabeças (que representa a Tripla Aliança dos inimigos de Luís: o Império, a Inglaterra e a Holanda), e acompanhado de cativos agrilhoados. Essa estátua antigamente podia ser vista na Place de Victoires, em Paris. Destruída em 1792, foi registrada em uma gravura da década de 1680 (Figura 26).

Os exemplos até aqui citados foram retirados da época da monarquia individual, da crença no "direito divino" dos reis para governar, e do "absolutismo" – em outras palavras, a teoria de que o governante estava acima da lei. O que aconteceu com as imagens quando o sistema político mudou, especialmente após 1789? Como poderiam as convenções do retratismo real adaptar-se à ideologia do progresso, à modernidade, à liberdade, à igualdade e à fraternidade? Várias soluções foram propostas para esse problema durante os séculos XIX e XX. O traje e o olhar de Luís Felipe (discutidos no Capítulo 1) evocam o apelido familiar de "Igualdade" (*Egalité*). Alguns anos antes, o quadro de Napoleão em seu escritório (Figura 27), pintado por Jacques-Louis David (1748-1825), apresentou um aspecto relativamente novo do poder, o governante como burocrata, preso à mesa mesmo nas primeiras horas da manhã (há uma vela acesa e o relógio mostra 4 horas e 15 minutos). O quadro de David tornou-se um modelo para representações de governantes tão diversos quanto *Luís XVIII em seu gabinete*, de Gérard, pintado em 1824, e *Stalin em seu escritório*, de Reshetnikov.

Figura 26. Nicolas Arnoult, gravura de uma estátua de Luís XIV (já destruída). A estátua foi feita por Martin Desjardins, c.1686, e anteriormente encontrava-se na Place des Victoires, Paris.

Figura 27. *O Imperador Napoleão em seu escritório no palácio das Tulherias*, 1812. Quadro de Jacques-Louis David, óleo sobre tela. Galeria Nacional de Arte, Washington, D.C.

Figura 28. Mussolini correndo na praia em Riccione, década de 1930, fotografia.

Outra forma de adaptação à época da democracia foi a de enfatizar a virilidade, a juventude e o caráter atlético do líder. Mussolini, por exemplo, gostava de ser fotografado correndo, em uniforme militar, ou com o torso desnudo (Figura 28). Alguns presidentes americanos foram fotografados jogando golfe. Tais imagens fazem parte do que pode ser chamado um estilo "demótico" de governo. Esse estilo também pode ser ilustrado por fotografias de visitas a fábricas nas quais o chefe de Estado conversa com trabalhadores comuns e lhes aperta a mão, ou imagens de passeatas em que políticos beijam bebês, ou ainda pinturas demonstrando quão acessível é o governante, como em *Camponeses reivindicam em visita a Lenin*, de Vladimir Serov (Figura 29), um quadro que mostra o homem mais poderoso na Rússia ouvindo atentamente três camponeses, dois deles sentados à sua mesa, e anotando cuidadosamente suas demandas.

Os novos meios de comunicação também deram sua contribuição à formação de mitos sobre governantes. As imagens de Hitler, Mussolini e Stalin são tão inseparáveis dos muitos pôsteres que os representavam em estilo heroico quanto do rádio que amplificava suas vozes. O cinema (Capítulo 8) também fez sua contribuição; o filme de 1935, *Triunfo da vontade*, de Leni Riefenstahl, feito com o incentivo pessoal de Hitler, mostrava o Fuhrer sendo idolatrado por seus fiéis seguidores.[16] Hoje, os fotógrafos da imprensa e as equipes de televisão produzem imagens de líderes políticos que são tão influentes quanto efêmeras. A sua iconografia seria uma garantia de sucesso para estudos detalhados. Por exemplo, fotografias de candidatos em campanha para a presidência dos Estados Unidos poderiam ser colocadas em série a fim de tornar mais claras mudanças como a crescente importância da esposa do candidato – especialmente no período que vai de Jackie Kennedy a Hillary Clinton.

Deve-se enfatizar a importância do que pode ser chamado "organização da imagem". Em *Triunfo da vontade*, Hitler foi fotografado de baixo para cima e mostrado contra o céu, para que sua imagem parecesse mais alta e mais heroica. O mesmo expediente foi adotado no retrato de Stalin feito por Fyodor Shurpin. Mussolini, outro ditador de baixa estatura, costumava ficar em pé num escabelo quando passava em revista as tropas e recebia a saudação fascista. Da mesma forma, os retratos fotográficos de Nicolae Ceausescu sofreram processo de retoque e remoção das rugas antes de poderem ser publicados no Scînteia, o jornal do partido comunista romeno. Ceausescu também era de baixa estatura, e grandes esforços eram feitos para conseguir esconder o fato. De acordo com seu intérprete inglês, "as fotos de Ceausescu em aeroportos junto a dignitários estrangeiros sempre eram tiradas de um ângulo próximo para certificar-se de que ele parecesse do mesmo tamanho ou maior do

---

[16] Welch, *Propaganda and the German Cinema, 1933-1945*, p.147-64.

que a outra pessoa".[17] Citando um exemplo mais doméstico, uma comparação entre as fotografias da família real na Inglaterra e em jornais estrangeiros deveriam ser suficientes para evidenciar a importância da autocensura.

Figura 29. *Camponeses reivindicam em visita a Lenin*, de Vladimir Serov, 1950, óleo sobre tela. Galeria Estatal Tretyakov, Moscou.

---

[17] Sergiu Celac apud Sweeney, *The Life and Evil Times of Nicolae Ceausescu*, p.125.

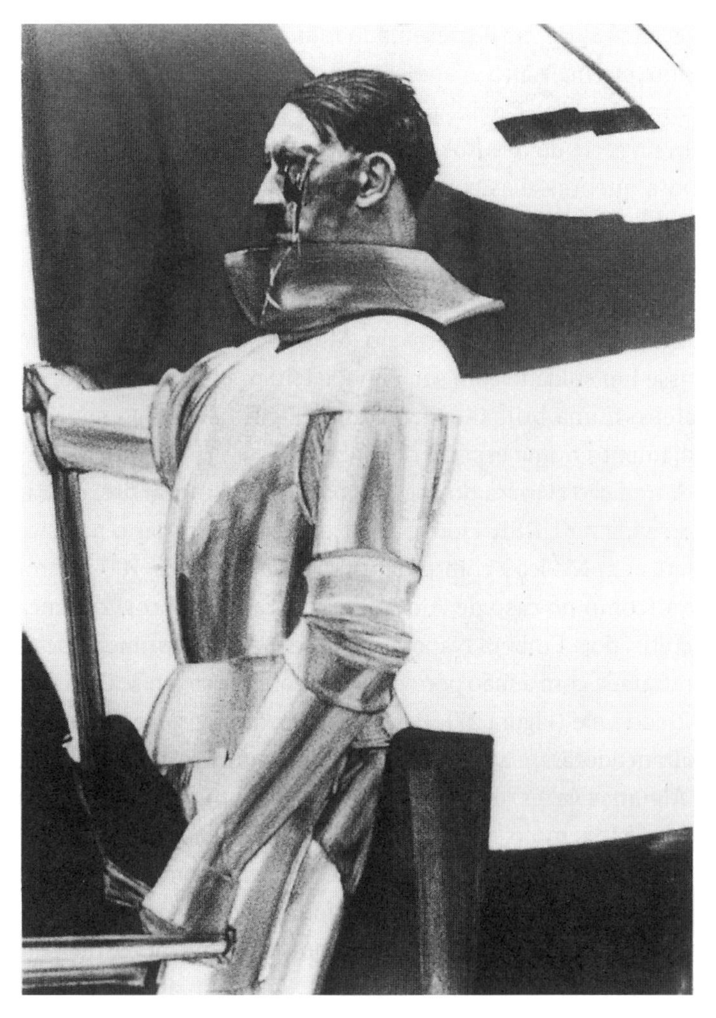

Figura 30. Hubert Lanziger, *Hitler como porta-bandeira*, c.1930, óleo sobre tela. Coleção de Arte do Exército Americano, Washington, D.C.

As continuidades entre os Estados modernos e os antigos regimes são tão importantes quanto as mudanças que ocorreram desde 1789. "Organização da imagem" pode ser uma nova expressão, porém não se trata de uma nova ideia. Luís XIV, por exemplo, usava saltos altos e não era representado muito próximo de seu filho, pois o delfim era mais alto. Napoleão fez-se pintado três vezes em trajes de coroação (por David, por Ingres e por Gérard), colocando-se assim na série de retratos de Estado descrita no primeiro capítulo, embora quebrasse as convenções pelo fato de usar uma coroa de louros no lugar de uma coroa real e segurar um cetro do tamanho de uma lança. No século XX o grande líder foi frequentemente representado em uniforme (o equivalente moderno de uma armadura) e, algumas vezes, também a cavalo. Mussolini foi representado como se fosse um soldado com seu elmo, e Hitler, literalmente, como um cavaleiro numa brilhante armadura (Figura 30), para sugerir seu engajamento numa espécie de cruzada.

A tradição clássica do colosso, associada a Alexandre, o Grande, foi revivida na URSS. Houve um plano para encimar o palácio dos sovietes em Moscou com uma estátua de Lenin de 100 metros de altura (como no caso de Alexandre, o Grande, o projeto nunca foi concretizado). Embora Napoleão não tenha sido a primeira pessoa a ser retratada com a mão por dentro do colete, o gesto acabou ficando associado a ele (Figura 27). Por essa razão, muitos governantes que se seguiram adotaram a pose, entre eles Mussolini e Stalin (Figura 31).

Algumas vezes, o líder é representado como se fosse um santo. David, por exemplo, representou Marat, líder revolucionário assassinado, como um mártir, ou mais precisamente como Cristo: o corpo sem vida na banheira na pose tradicional da descida da cruz. Alguns anos antes, Benjamin West havia representado a morte do General Wolfe de maneira similar. No século XX, Lenin algumas vezes foi mostrado como um santo, fazendo um gesto eloquente contra um fundo de nuvens, como na obra *Lenin na Tribuna*, de Aleksandr Gerasimov (1930), ou como estátua em um nicho, no caso de *O líder, professor e camarada*, de Grigory Stregal (1937). Enormes retratos de Lenin, Stalin (Figura 31), Hitler, Mussolini, Mao, Ceausescu e muitos outros líderes foram frequentemente carregados pelas ruas durante desfiles como tantos outros ícones. Essas representações foram algumas vezes descritas como "arte totalitária".[18] As semelhanças entre as imagens políticas comunistas e fascistas em meados do século XX são impressionantes, embora certamente valha a pena acrescentar que, como nos lembra a imagem de Augusto (Figura 24), nem a adulação nem a idealização são invenções do século XX.

Figura 31. Boris Karpov, *O retrato de Stalin*, 1949, óleo sobre tela. Localização desconhecida.

---

[18] Golomstock, *Totalitarian Art: In the Soviet Union, the Third Reich, Fascist Italy and the People's Republic of China.*

Os regimes democráticos dão preferência a retratos de primeiros-ministros; os regimes socialistas, em geral, às imagens idealizadas de trabalhadores. Estes são usualmente trabalhadores típicos de fábricas ou de fazendas, mas algumas vezes um indivíduo modelar pode ser escolhido – Gregor Stakhanov, por exemplo, um mineiro de carvão cuja enorme capacidade para o trabalho tornou-o "Stakhanovista original". Seu retrato foi pintado por Leonid Kotlyanov em 1938. Muitos heróis menores são celebrados com estátuas em locais públicos, de tal forma que um censo da população de estátuas de uma determinada cidade como Londres ou Paris – observado o balanço entre generais, políticos, poetas e outros tipos sociais – pode revelar algo de importância a respeito da cultura política local (mediado, certamente, pelos comitês que encomendaram as estátuas aos escultores). Por exemplo, em Paris, o "panteão ao ar livre" do Boulevard St. Germain, como foi chamado, exibe intelectuais como Voltaire, Diderot e Rousseau. Em Antuérpia, Rubens tornou-se proeminente desde que sua estátua foi erigida em 1840, seguida pela de Rembrandt em Amsterdã, em 1852. Por outro lado, é provável que em Londres se pense, em primeiro lugar, em Nelson e sua coluna em Trafalgar Square (1843), ou talvez em Wellington no Hyde Park Corner (1846), embora exista também um grande número de outros generais. O fato de que os políticos radicais também têm o seu lugar nas praças de Londres pode nos revelar algo significativo sobre a cultura política britânica: de Charles James Fox (Figura 32) em Bloomsbury (1816), a primeira estátua de um estadista contemporâneo, ao Major Cartwright nos Jardins Cartwright (1831) e Oliver Cromwell do lado de fora do Parlamento (uma estátua erigida em 1899, para celebrar o terceiro centenário de seu nascimento). Heróis da literatura e da arte, tais como Shakespeare na Leicester Square (1874) e Joshua Reynolds do lado de fora da Academia Real Inglesa (1931), surgiram um pouco mais tarde e permanecem bastante menos visíveis do que soldados e estadistas. A população de estátuas é, sem dúvida, predominantemente masculina, sendo exceções notáveis a Rainha Vitória, Florence Nightingale na estação de Waterloo (1915) e Edith Cavell na praça de St. Martin (1920). As duas últimas mulheres conquistaram seu lugar no clube das estátuas pelo fato de terem sido enfermeiras que participaram de guerras importantes. A enfermeira Cavell é celebrada porque foi alvejada por alemães enquanto ajudava soldados britânicos a escapar da Bélgica.[19]

Figura 32. Richard Westmacott, *Charles James Fox*, 1810-1814, bronze. Bloomsbury Square, Londres.

---

[19] Yarrington, *The Commemoration of the Hero, 1800-1864: Monuments to the British Victors of the Napoleonic Wars*, p.79-149, 277-325; Blackwood, *London's Immortals*.

A forma como essas figuras são representadas transmite várias mensagens. A sobrevivência do monumento equestre ao longo do século XX – como no caso do marechal de campo Haig em Whitehall, de 1937 – revela algo sobre os valores tradicionais das elites inglesas, mesmo depois da Primeira Guerra Mundial. O mesmo se aplica à sobrevivência dos trajes romanos no século XIX. Por exemplo, o escultor Richard Westmacott (1775-1856) mostrou Charles James Fox (Figura 32) numa toga romana. Como seus contemporâneos, o artista ficou relutante em retratar um estadista vestindo calças (em 1770, o pintor americano Benjamin West havia chocado alguns espectadores quando representou a cena da morte do general Wolfe vestindo o uniforme militar que, de fato, estava usando quando foi morto). A organização da imagem de Westmacott também foi observada: Fox é representado sentado porque era "muito corpulento para parecer dignificado em pé"; a mensagem política do monumento é revelada pelo pergaminho na mão de Fox representando a liberdade na forma da Magna Carta. O local onde o monumento foi erigido, próximo ao British Museum, também merece ser enfatizado. A estátua foi erigida em "território Whig" em Bloomsbury, uma vez que nessa época, como destacado por Nicholas Penny, Fox tinha se tornado o objeto de um culto Whig.[20]

Imagens subversivas

A iconoclastia não é simplesmente um fenômeno religioso. Há também iconoclastia política ou "vandalismo". O último termo foi cunhado pelo abade Henri Grégoire (1750-1831), um partidário da Revolução Francesa, ainda que oposto ao que ele considerava seus excessos. Grégoire reconheceu o ponto fundamental levantado

[20] Penny, The Whig Cult of Fox in Early Nineteenth-Century Sculpture, *Past and Present*, LXX, p.94, 100, 1976.

pelos iconoclastas – já citado neste capítulo –, que é a ideia de que imagens propagam valores. Ele descreveu os monumentos do Antigo Regime como "contaminados pela mitologia", portando "a marca do regalismo e do feudalismo". Apoiou a remoção dos monumentos, mas desejava que fossem colocados em museus em vez de serem destruídos. De fato, alguns monumentos foram destruídos em 1792, entre eles as duas estátuas de Luís XIV mencionadas anteriormente, uma na Place Luis-le-Grand, cujo nome foi modificado para Place Vendôme, e a outra na Place des Victoires .[21]

Muitas outras revoluções destruíram monumentos associados ao regime anterior. Durante a comuna de Paris de 1871, o pintor Gustave Courbet foi responsável pela demolição da coluna e da estátua de Napoleão na Place Vendôme, que havia substituído a de Luís XIV. A Revolução Russa foi acompanhada pela destruição de estátuas dos czares, parcialmente registrada em filme na época, e a Revolução Húngara de 1956, por sua vez, pela destruição do monumento de Stalin em Budapeste. A queda do muro de Berlim foi marcada pela queda de muitas estátuas a partir de 1989, incluindo as do chefe da polícia secreta Félix Dzerzhinsky (em Varsóvia e Moscou) e de Lenin (em Berlim, Bucareste e em muitos outros locais). Na China, por outro lado, embora algumas estátuas de Mao Tsé-Tung que se encontravam em *campi* universitários fossem tombadas em 1988, o ato de iconoclastia mais conhecido foi mais conservador do que radical: um trabalho do exército que destruiu a deusa da democracia erigida na Praça Tian'anmen em 1989 apenas alguns dias após sua exibição.[22]

---

[21] Sprigath, Sur le vandalisme révolutionnaire (1792-94), *Annales Historiques de la Révolution Française*, LII, p.510-35, 1980; Wagner, Outrages. Sculpture and Kingship in France after 1789. In: Bermingham, Brewer (ed.), *The Consumption of Culture*, p.294-318.

[22] Gamboni, *The Destruction of Art: Iconoclasm and Vandalism since the French Revolution*, p.51-90.

Alternativamente, o trabalho de subversão pode ser realizado pelas próprias imagens; até mesmo um monumento público pode ocasionalmente ser subversivo. Nos dias de hoje, turistas que frequentam o Campo dei Fiori em Roma podem considerar a estátua de Giordano Bruno no centro da praça algo normal, se é que eles vão realmente notá-la. Na época, porém, a edificação da estátua em 1889, após décadas de controvérsia, foi um gesto dramático. Essa imagem de um líder herege foi deliberadamente colocada no local onde ele havia sido queimado em 1600, e foi erigida desafiando o Papa quando o Primeiro-ministro era deísta e maçom. De certa maneira, era um monumento ao anticlericalismo.[23]

Mais recentemente, tem havido uma reação contra formas monumentais. O estilo minimalista anti-heroico de certos monumentos públicos ou "contramonumentos" tanto expressa quanto encoraja o ceticismo no que tange a visões heroicas de história e política. Um famoso exemplo da nova tendência é o *Monumento contra o Fascismo*, de 1986, em Hamburgo, projetado por Jochen e Esther Gerz. Sua coluna mal apoiada, como se estivesse em queda, foi planejada deliberadamente para ser efêmera e para desaparecer da vista por volta de 1990. Pareceria que a época dos "heróis a cavalo" tivesse finalmente chegado a termo.[24]

Ainda como mais um exemplo de secularização, o arsenal de técnicas desenvolvido para a polêmica religiosa durante a Reforma (Capítulo 3) foi apropriado para usos políticos. A campanha de imagem contra Luís XIV conduzida por artistas holandeses após a invasão de seu país por tropas francesas em 1672 foi uma continuação da guerra por outros meios, parodiando as medalhas oficiais e

---

[23] Manzi, *Cronistoria di un monumento: Giordano Bruno in Campo de' Fiori*; Berggren, Sjöstedt, *L'ombra dei grandi: Monumenti e politica monumentale a Roma (1870-1895)*, p.29-35, 123-36, 161-82.

[24] Young, The Counter-Monument: Memory against Itself in Germany Today. In: Mitchell (ed.), *Art and the Public Sphere*, p.49-78.

mostrando o "Rei sol" como Faetonte, um condutor incompetente cuja carruagem celestial espatifou-se.[25]

Na Inglaterra, o surgimento de impressos políticos na década de 1730 tem sido associado ao aparecimento de uma oposição oficial ao governo. Na França, eles estavam ligados à Revolução de 1789, outra guerra de imagens (Capítulo 8), na qual mais de 6 mil impressos foram produzidos, ampliando assim a esfera pública e estendendo o debate político às classes não letradas. Após 1789, não é mais anacrônico falar em "propaganda". O jornalista revolucionário Camille Desmoulins (1760-1794), por exemplo, comparou "a propaganda do patriotismo" com a do cristianismo, ao passo que os realistas no exílio denunciavam a "propaganda" da Revolução. Desde 1789, a propaganda visual ocupou um grande espaço na história política moderna.[26]

Não obstante, o uso político de imagens não deve ser reduzido a tentativas de manipulação da opinião pública. Entre a invenção do jornal e a invenção da televisão, caricaturas e desenhos, por exemplo, ofereceram uma contribuição fundamental ao debate político, desmistificando o poder e incentivando o envolvimento de pessoas comuns nos assuntos de Estado. Realizaram tais tarefas mostrando assuntos controversos de uma maneira simples, concreta e notável e representando os principais atores no palco político como mortais não heroicos e passíveis de cometer erros. Daí o trabalho do cartunista James Gillray (1756-1815), por exemplo: oferecer aos historiadores de hoje preciosos ângulos da política inglesa do século XVIII, vista a partir de baixo. Honoré Daumier (1808-1979), crítico feroz do rei Luís Felipe, oferece ângulos semelhantes das atitudes

[25] Burke, *The Fabrication of Louis XIV*, p.143.

[26] George, *English Political Caricature: A Study of Opinion and Propaganda*; Atherton, *Political Prints in the Age of Hogarth: A Study of the Ideographic Representation of Politics*; Jouve, Naissance de la caricature politique moderne en Angleterre (1760- 1800). In: Retát (ed.), *Le journalisme d'Ancien Régime*, p.167-82; Vovelle (ed.), *Les images de la Révolution Francaise*; Leith, *The Idea of Art as Propaganda in France, 1750-1799*.

francesas do século XIX, e David Low (1892-1963), o criador do Coronel Blimp, faz o mesmo em relação ao povo inglês na primeira metade do século XX. A popularidade dessas caricaturas quando foram publicadas pela primeira vez sugere que elas alcançaram grande repercussão. Por essa razão podem ser usadas com alguma segurança para auxiliar a reconstruir mentalidades ou atitudes políticas que já desapareceram.

* Fyodor Shurpin, *A manhã da mãe-pátria,* 1946-1948. Galeria Estatal Tretyakov, Moscou.

* Imagem retirada da capa original do livro *Eyewitnessing – The Uses of Images as Historical Evidence,* de Peter Burke, editora Reaktion Books.

5
Cultura material através de imagens

> Jamais consigo fazer com que você perceba a importância das mangas... ou das grandes questões que podem depender de um cadarço de bota.
>
> Holmes para Watson
> em *Um caso de identidade*,
> de Arthur Conan Doyle

Os dois últimos capítulos concentraram-se no que as imagens revelam ou implicam a respeito de ideias, atitudes e mentalidades em diferentes períodos. Aqui, em contraste, a ênfase recairá na evidência em um sentido mais literal do termo, ou seja, o uso de imagens no processo da reconstrução da cultura material do passado, tanto em museus quanto na historiografia. Imagens são especialmente valiosas na reconstrução da cultura cotidiana de pessoas comuns; suas formas de habitação, por exemplo, eram algumas vezes construídas com materiais não destinados a durar. Para esse propósito, o quadro de John White retratando uma aldeia indígena na Virgínia na década de 1850 (Figura 3), por exemplo, é indispensável.

O valor de imagens como evidência para a história do vestuário é inquestionável. Alguns itens da vestimenta sobreviveram por milênios. No entanto, para mudarmos o foco do item isolado para o conjunto, e entender o que se usava com o que, é necessário recorrer a pinturas e gravuras, assim como a alguns manequins de moda remanescentes, principalmente do século XVIII em diante. Assim, o historiador francês Fernand Braudel (1902-1985) baseou-se em pinturas como evidência para a disseminação da moda espanhola e francesa na Inglaterra, Itália e Polônia nos séculos XVII e XVIII. Outro historiador francês, Daniel Roche, utilizou não apenas inventários, mas também pinturas, como a famosa *A refeição dos camponeses* (Figura 61), de 1642, para a reconstituição da história da vestimenta na França. A rica série do que restou dos ex-votos de Provença, que representa cenas do cotidiano, discutida no Capítulo 3, permite ao historiador estudar a continuidade e a mudança nas roupas de diferentes grupos sociais naquela região. Aquele de Hyères em 1853, por exemplo, mostra como os açougueiros vestiam-se para o trabalho (Figura 16).[1]

Do mesmo modo, a história da tecnologia ficaria muito empobrecida se os historiadores fossem obrigados a se basear apenas em textos. Por exemplo, as carruagens usadas milhares de anos antes de Cristo na China, no Egito e na Grécia podem ser reconstruídas por meio de modelos que sobreviveram ao tempo e que foram pintados em túmulos, por exemplo. O aparelho para ver estrelas construído para o astrônomo dinamarquês Tycho Brahe (1546-1601) em seu observatório de Uraniborg foi retirado de uma gravura reproduzida várias vezes em histórias da ciência, justamente pela falta de outras fontes. O aparelho usado para extrair o suco da cana-de açúcar nas plantações do Brasil, pelo mesmo princípio utilizado pelas calandras que se encontravam nas copas das cozinhas, está claramente ilustrado numa água-tinta do artista francês Jean-Baptiste Debret, no qual dois homens sentados alimentam a máquina enquanto outros dois fornecem a energia que mantém a máquina em movimento (Figura 33).

[1] Braudel, *The Structures of Everyday Life*, p.318; Roche, *The Culture of Clothes*; Cousin, *Le miracle et le quotidien: Les ex-voto provençaux, images d'une société*, p.17-8.

Historiadores da agricultura, da tecelagem, da impressão de papéis, da guerra, da mineração, da navegação e de outras atividades práticas – a lista é virtualmente infinita – têm-se baseado intensamente no testemunho de imagens para reconstruir as maneiras pelas quais arados, teares, máquinas impressoras, arcos, armas de fogo, e assim por diante, eram utilizados, bem como para mapear as mudanças súbitas ou graduais por que passaram as concepções desses instrumentos. Assim, um pequeno detalhe na pintura de *A Batalha de São Romano*, de Paolo Uccello (1397-1475), é um dos testemunhos da forma como um soldado segurava sua "besta" enquanto recolocava munição nela. Pinturas japonesas em forma de rolo, datadas do século XVIII, não apenas fornecem as medidas precisas de diferentes tipos de juncos chineses, mas também permitem aos historiadores observar o equipamento em detalhe, das âncoras ao canhão e das lanternas aos fogões de cozinha.[2] Quando a Associação Nacional de Registro Fotográfico foi fundada na Inglaterra em 1897, para fazer fotografias e colecioná-las no Museu Britânico, os fundadores da instituição pensavam especialmente em registros de prédios e outras formas tradicionais da cultura material.[3]

Uma vantagem particular do testemunho de imagens é a de que elas comunicam rápida e claramente os detalhes de um processo complexo que um texto levaria muito mais tempo para descrever, e de forma mais vaga, como no caso da impressão, por exemplo. Daí os vários volumes de gravuras na famosa *Encyclopédie* francesa (1751-1765), um livro de referência que deliberadamente colocava o conhecimento de artesãos no mesmo nível que o de estudiosos. Uma dessas gravuras mostrava aos leitores como os livros eram impressos, retratando a oficina de uma gráfica durante quatro diferentes estágios do processo (Figura 34).

---

[2] Paret, *Imagined Battles: Reflections of War in Europen Art*, p.24; Oba, Scroll Paintings of Chinese Junks, *The Mariner's Mirror*, LX, p.351-62, 1974.

[3] Gower, Jast, Topley, *The Camera as Historian*.

Figura 33. Jean-Baptiste Debret, "Pequeno moinho de açúcar portátil" (máquina para extrair suco de cana-de-açúcar), água-tinta de *Viagem pitoresca e histórica ao Brasil* (Paris, 1836-1839).

Figura 34. Gravura da sala de composição de uma gráfica (*Imprimerie*), de *Antologia de Pranchas* [*Recueil des planches*, 1762] da *Encyclopédie* (Paris, 1751-1765).

É seguramente perigoso tratar ilustrações desse tipo como uma reflexão não problemática do estado da tecnologia em um determinado lugar e época sem empreender uma crítica das fontes, identificando os artistas (no caso desse exemplo, L.-J. Goussier) e, ainda mais importante, as fontes nas quais os artistas se basearam. Nesse caso, várias gravuras contidas na *Encyclopédie* não foram baseadas em observações diretas. Elas são versões revisadas de ilustrações anteriores, da *Cyclopedia* de Chambers, por exemplo, ou da obra ilustrada *Descrição das Artes*, publicada pela Academia Francesa de Ciências.[4] Como sempre, é necessária a crítica das fontes, mas a justaposição e comparação de gravuras de gráficas entre 1500 e 1800 fornecem ao espectador a impressão nítida da mudança tecnológica.

Dois tipos de imagem ilustrarão esses pontos mais detalhadamente: vistas externas de cidades e vistas de interiores.

"Paisagens" de cidades[5]

Historiadores do urbanismo há muito tempo se dedicam ao que eles chamam de "a cidade como artefato".[6] A evidência visual é particularmente importante para esse enfoque de história urbana. Por exemplo, existem pistas valiosas sobre a aparência de Veneza no século XV como pano de fundo de pinturas ao "estilo testemunha ocular" (ver Introdução), como em *Milagre em Rialto*, de Carpaccio (Figura 35), que mostra não apenas a ponte de madeira que antecedeu a atual, feita de pedra (construída no final do século XVI), mas também detalhes tais como um tipo raro de chaminé em forma de funil, que desapareceu até mesmo de palácios remanescentes da época e que em certo tempo dominaram o horizonte veneziano.

---

4 Proust (ed.), *L'Encyclopédie*, p.16.

5 O autor empregou no original *townscapes*, trocadilho intraduzível. Recorremos então ao termo paisagens colocando as aspas. (N.T.)

6 Handlin, Burchardt (eds.), *The Historian and the City*, p.165-215; De Seta (ed.), *Città d'Europa: Iconografia e vedutismo dal XV al XVIII secolo*.

Figura 35. Vittore Carpaccio, *Milagre no Rialto*, c.1496, óleo sobre tela. Galeria dell'Accademia, Veneza.

Em meados século XVII, "paisagens" de cidades, como as paisagens propriamente ditas, tornaram-se um gênero pictórico independente. Surgiram na Holanda, com vistas de Amsterdã, Delft e Haarlem e disseminou-se amplamente no século XVIII.[7] Giovanni Antonio Canaletto (1697-1768), um dos mais conhecidos expoentes do gênero, conhecido na Itália como "vistas" (*vedute*), trabalhou em Veneza e por alguns anos em Londres. Seu sobrinho Bernardo Bellotto (1721-1780) trabalhou em Veneza, Dresde, Viena e Varsóvia. Impressos da vida citadina também eram populares na época, bem como gravuras ou água-tintas de determinados prédios ou tipos de prédios, como as vistas das faculdades de Oxford e Cambridge publicadas pelo artista David Loggan em 1675 e 1690 e por Rudolph Ackerman (também, como Loggan, um imigrante da Europa

[7] Lawrence, *Gerrit Berckheyde Gerrit Berckheyde*.

Central), em 1816. A ascensão desses gêneros nessa época em particular já nos revela, por si só, algo sobre atitudes urbanas; por exemplo, o orgulho cívico.

O fato de que os artistas da República Holandesa estivessem entre os primeiros a pintar vistas externas de cidades e interiores domésticos, para não mencionar natureza morta, é uma valiosa pista para a natureza da cultura holandesa no período. Nessa cultura, dominada por cidades e mercadores, a observação do detalhe "microscópico" era altamente valorizada. Foi, de fato, um holandês – Cornelis Drebbel (c.1572-1633) – quem inventou o microscópio e outro holandês – Jan Swammerdam (1637-1633) – quem primeiro utilizou um microscópio para descobrir e descrever um novo mundo de insetos. Como sugeriu a historiadora da arte americana Svetlana Alpers, a cultura holandesa do século XVII era uma cultura que encorajava uma "arte de descrever".[8]

No caso de vistas externas de cidades, os detalhes de determinadas imagens algumas vezes possuem especial valor como evidência. A velha cidade de Varsóvia, literalmente arrasada em 1944, foi reconstruída após a Segunda Guerra Mundial com base no testemunho de materiais impressos e também de pinturas de Bernardo Bellotto. Historiadores da arquitetura fazem uso regular de imagens a fim de reconstruir a aparência de prédios antes de sua demolição, ampliação ou restauração: a velha Catedral de São Paulo em Londres (antes de 1665), a antiga prefeitura em Amsterdã (antes de 1648) etc.

Por sua vez, historiadores da cidade frequentemente utilizam pinturas, impressos e fotografias para imaginar e possibilitar que seus leitores imaginem antigas aparências urbanas – não apenas os prédios, mas também os porcos, cães e cavalos que vagueavam pelas ruas ou as árvores que se enfileiravam num lado de um dos maiores canais de Amsterdã no século XVII, o Herengracht, como no desenho de Gerrit Berckheyde (1638-1698) (Figura 36). Fotogra-

[8] Alpers, *The Art of Describing: Dutch Art in the Seventeenth Century*.

fias antigas são especialmente valiosas para a reconstrução histórica de cortiços que foram destruídos, revelando a importância da vida de ruelas e becos em cidades como Washington e detalhes específicos tais como a localização das cozinhas.[9]

Figura 36. Gerrit Adriaensz Berkheyde, *Uma curva no Herengracht*, Amsterdã, antes de 1685(?), aquarela e tinta nanquim. Gemeentearchief, Amsterdã.

Como se poderia esperar, o emprego de imagens como evidência dessa forma não deixa de ter seus perigos. Pintores e tipógrafos não trabalhavam tendo em mente futuros historiadores; o que interessava a eles e a seus clientes podia não ser a exata representação da rua de uma cidade. Artistas como Canaletto algumas vezes pintavam fantasias arquitetônicas ou *capricci* – construções esplendorosas que nunca foram além do esboço. Eles se permitiam, ainda, rearranjar uma determinada cidade de acordo com a imaginação, como no caso de várias composições de imagens que combinavam as principais vistas de Veneza.

[9] De Seta (ed.), Città d'Europa: Iconografia e vedutismo dal XV al XVIII secolo; Borchert. *Alley Life in Washington: Family, Community, Religion and Folklife in an American City*; Id., Historical Photo-Analysis: A Research Method, *Historical Methods*, XV, p.35-44, 1982.

Figura 37. Claude-Joseph Vernet, *O porto de La Rochelle*, 1763, óleo sobre tela. Museu do Louvre, Paris.

Mesmo que os prédios fossem apresentados com aparente realismo, como nos trabalhos de Berckheyde, as cidades podem ter sido limpas pelos artistas – o equivalente às adaptações realizadas pelos pintores de retratos que tentavam mostrar seus modelos da melhor forma possível. Esses problemas de interpretação da evidência estendem-se à fotografia. As primeiras fotografias de cidades mostram com frequência ruas implausivelmente desertas – para assim evitar os borrões nas imagens causados pelo movimento rápido – ou representam pessoas em poses estereotipadas, como se os fotógrafos tivessem sido inspirados por pintores antigos (Capítulo 1). De acordo com suas atitudes políticas, certos fotógrafos escolhiam representar as casas mais deterioradas, a fim de apoiar a campanha pela extinção dos cortiços, já outros, escolhiam as de melhor aparência, para se opor a esse projeto.

Como um exemplo nítido da importância de recolocar as imagens nos contextos originais para que não se faça uma interpretação errônea das suas mensagens, podemos considerar a pintura do porto de La Rochelle (Figura 37), de Claude-Joseph Vernet (1714-1789), parte de uma série de quinze trabalhos dedicados aos portos da França, série que atraiu considerável interesse – testemunhado pela ótima venda das reproduções em gravura. A cena portuária com a floresta de mastros ao longo do rio e os homens trabalhando em primeiro plano tem alguma coisa do imediatismo de um instantâneo. Entretanto, o artista mostrou o porto bastante movimentado em uma época (meados do século XVIII) em que, segundo outras fontes sugerem, o comércio no porto de La Rochelle estava de fato em declínio. Qual seria a razão?

A questão pode ser respondida se inserirmos a pintura no seu contexto político. Como outros trabalhos da série, ele foi pintado por Vernet por encomenda do marquês de Marigny, em nome do rei Luís XV. Até o itinerário do pintor foi oficialmente planejado. Marigny escreveu a Vernet criticando uma das vistas, do porto de Sète, pelo fato de a beleza haver sido alcançada à custa da "verossimilhança" (*ressemblance*), lembrando ao pintor que a intenção do rei era "ver os portos do reino representados de maneira realista" (*au naturel*). Por outro lado, Vernet não podia se dar ao luxo de ser excessivamente realista. Suas pinturas deveriam ser exibidas como uma forma de propaganda do poder marítimo francês.[10] Se as cartas e outros documentos que esclarecem a situação não tivessem sido conservados, historiadores econômicos poderiam acabar usado essa pintura como base para conclusões excessivamente otimistas a respeito das condições do comércio francês.

Interiores e suas mobílias

No caso de imagens de interiores de casas, o "efeito de realidade" é ainda mais forte do que nas de vistas. Recordo-me nitidamente da

---

[10] Lagrange, *Les Vernet et la peinture au XVIIIe siècle*, p.69-70, 85-7, 104, 115; cf. Held, *Monument und Volk: Vorrevolutionäre Wahrnehmung in Bildern des ausgehenden Ancien Regime*.

minha própria reação, ainda menino, visitanto a National Gallery em Londres, diante das pinturas de Pieter de Hooch (1629-1694), que se especializou em interiores e pátios de casas holandesas, repletos de mães, criados, crianças, homens bebendo e fumando cachimbos, baldes, barris, arcas de roupa de cama etc. (Figura 38). Na presença de tais pinturas, os três séculos separando o espectador do pintor parecem evaporar por um momento, e o passado quase pode ser sentido e tocado, bem como visualizado.

Figura 38. Pieter de Hooch, *Pátio de uma casa em Delft*, 1658, óleo sobre tela. National Gallery, Londres.

A porta de entrada, a fronteira entre as áreas pública e privada, é o centro de interesse de várias pinturas holandesas do século XVII. Um artista, Jacob Ochtervelt (1634-1682), especializou-se nessas cenas: músicos de rua tocando à porta (Figura 81) ou pessoas vendendo cerejas, uvas, peixe ou aves. Olhando para pinturas como essas, torna-se mais uma vez difícil reprimir a impressão de se estar vendo um instantâneo, ou mesmo de se estar entrando numa casa do século XVII.[11] De forma semelhante, casas bem preservadas como a Ham House em Surrey, ou os chalés preservados e exibidos em museus ao ar livre, como Skansen, próximo a Estocolmo, repletos de mobília da época em que foram construídos, oferecem ao espectador uma impressão de contato direto com a vida no passado.

Precisamos fazer um esforço para lembrarmos que esse imediatismo é uma ilusão. Não podemos entrar numa casa do século XVII. Aquilo que vemos quando visitamos um prédio assim, seja a cabana de um camponês ou o palácio de Versalhes, é inevitavelmente uma reconstituição na qual uma equipe de museólogos agiu como historiadores. Eles se baseiam na evidência de inventários, pinturas e materiais impressos para descobrir que tipo de mobília pode ter sido apropriada numa casa desse tipo e como ela teria sido arrumada. Quando o prédio é modificado em séculos posteriores, como no caso do palácio de Versalhes, os restauradores têm de decidir se sacrificam detalhes do século XVII em favor do XVIII ou vice-versa. De qualquer forma, o que vemos hoje é em grande parte uma reconstituição. A diferença entre um prédio "autêntico" e um "falso" do século XVII – no qual uma parte substancial da madeira e pedra foi substituída por moderna carpintaria e tijolos – é seguramente uma diferença de grau, mais do que uma diferença de tipo.[12]

---

[11] Kuretsky, *The Paintings of Jacob Ochtervelt*; Schama, *The Embarrassment of Riches: An Interpretation of Dutch Culture in the Golden Age*, p.570-96.

[12] Thornton, *Seventeenth-Century Interior Decoration in England, France and Holland*.

Figura 39. Jan Steen, *O lar em desordem*, 1668, óleo sobre tela. Apsley House (Museu Wellington), Londres.

Com relação às pinturas de interiores domésticos, estas devem ser vistas como um gênero artístico com regras próprias em relação ao que deve ou não ser mostrado. Na Itália do século XV, tais interiores aparecem como pano de fundo para cenas religiosas, como no caso das vistas externas das cidades. Assim, Anunciação (1486), de Carlo Crivelli, que ainda pode ser visto na National Gallery de Londres, mostra a Virgem Maria lendo numa mesa de madeira, com livros, castiçais e garrafas em uma prateleira às suas costas, enquanto em um plano superior vemos um tapete oriental pendurado em um parapeito.[13]

[13] Jardine, *Worldly Goods: A New History of the Renaissance*, p.6-8.

Na Holanda no século XVII, imagens dos interiores de casas tornaram-se um gênero distinto com suas próprias convenções. Frequentemente consideradas simples celebrações da vida cotidiana, vários desses interiores têm sido interpretados por um expoente historiador de arte holandês, Eddy de Jongh (Capítulo 2), como alegorias morais nas quais o que estava sendo celebrado era a virtude da limpeza ou do trabalho árduo.[14] O lar em desordem de Jan Steen (1626-1679) (Figura 39), por exemplo, com cartas de baralho, conchas de ostras, pedaços de pão e até mesmo um chapéu engenhosamente jogado no chão, traz uma clara mensagem sobre as ligações entre ordem e virtude, desordem e pecado. A pintura também pode servir para advertir espectadores do século XXI que um artista não é uma câmera, mas um comunicador ou comunicadora, com sua própria pauta. Mesmo na cultura da descrição, as pessoas, ou pelo menos algumas pessoas, continuavam a se preocupar com o que estava debaixo da superfície, tanto da superfície das imagens quanto daquela do mundo material que as imagens representavam.[15]

Entretanto, tendo em mente esses problemas, muito ainda pode ser aprendido por meio do estudo cuidadoso de pequenos detalhes em imagens de interiores – casas, tavernas, cafés, salas de aula, lojas, igrejas, bibliotecas, teatros etc. O rápido esboço dos espaços interiores do teatro The Swan em Southwark durante a apresentação de uma peça, feito por um visitante estrangeiro em Londres por volta de 1596 (Figura 40), mostrando uma casa de dois andares situada ao fundo de um palco aberto e a plateia rodeando os atores,

---

[14] Jongh, Realism and Seeming Realism in Seventeenth-Century Dutch Painting. In: Franits (ed.), *Looking at Seventeenth-Century Dutch Art: Realism Reconsidered*, p.21-56; Schama, *The Embarrassment of Riches: An Interpretation of Dutch Culture in the Golden Age*, p.375-97.

[15] Honig, The Space of Gender in Seventeenth-Century Dutch Painting. In: Franits (ed.), *Looking at Seventeenth-Century Dutch Art: Realism Reconsidered*, p.187-201.

é uma preciosa fonte na qual historiadores do teatro na época de Shakespeare têm frequentemente se apoiado. Eles estão certos ao fazer assim, uma vez que um conhecimento da planta do teatro é essencial para a reconstituição das antigas representações, o que por sua vez é necessário para a compreensão do texto. Visualizar a organização de objetos, cientistas e assistentes em um laboratório (Figura 41) é aprender algo a respeito da organização da ciência, assunto sobre o qual os textos são silenciosos. Representar cavalheiros usando cartolas no laboratório desafia a concepção de uma atitude de "mão na massa" em relação à pesquisa.

Figura 40. Johannes De Witt, Esboço do interior do teatro Swan, Londres, c.1596. Biblioteca da Universidade de Utrecht.

Figura 41. I. P. Hofmann, Gravura mostrando o laboratório de química de Justus von Liebig em Giessen, da obra *Das Chemiche Laboratorium der Ludwigs-Universität zu Giessen* (Heidelberg, 1842).

No mesmo sentido, a Tapeçaria Bayeux tem sido descrita como "uma esplêndida fonte para compreensão da cultura material do século XI". A cama com dossel mostrada na cena da morte do rei Eduardo, o confessor oferece um testemunho que não pode ser igualado a nenhum outro documento da época.[16] Mesmo no caso do século XIX, melhor documentado, imagens capturam aspectos da cultura material que seriam muito difíceis de serem reconstituídos de outra forma. Os montes de palha e as camas de relva onde dormiam alguns dos habitantes de cabanas irlandesas, já desaparecidos mesmo àquela época, ainda podem ser visualizados graças às aquarelas pintadas por artistas desse período, principalmente

[16] Wilson, *The Bayeux Tapestry*, p.218.

visitantes estrangeiros que ficavam impressionados – negativamente na maior parte – pelas condições que artistas locais provavelmente consideravam normais.[17]

Figura 42. Vittore Carpaccio, *Santo Agostinho em seu escritório*, 1502-1508, óleo e têmpera sobre tela. Scuola di S. Giorgio degli Schiavoni, Veneza.

Pinturas renascentistas, esboços e gravações em madeira de estudiosos em seus escritórios, especialmente os santos eruditos, Jerônimo e Agostinho, têm sido utilizados como evidência para o equipamento dos escritórios dos humanistas, suas mesas de trabalho, prateleiras de livros e estantes. No caso da obra *Santo Agostinho em seu escritório*, de Carpaccio (Figura 42), por exemplo, a chamada "cadeira giratória" tem atraído especial atenção, embora mereça ser observada a presença de estatuetas, de uma concha, um astrolábio e

[17] Kinmonth, Irish Vernacular Furniture: Inventories and Illustrations in Interdisciplinary Methodology, *Regional Furniture*, X, p.1-26, 1996.

um sino (para chamar os criados), bem como livros e material para escrita. Outras representações italianas de escritórios – do São Jerônimo de Antonello da Messina ao esboço de um jovem cardeal feito por Lorenzo Lotto – confirmam a precisão de alguns dos detalhes de Carpaccio, bem como acrescentam outros.[18]

Também poderia ser elucidativo comparar o Agostinho de Carpaccio com imagens de escritórios em outras culturas ou períodos. Para uma comparação distanciada e contrastante, poderíamos nos voltar para os escritórios de eruditos chineses, por exemplo, que são frequentemente representados em pinturas e xilogravuras em uma forma padronizada que presumivelmente representa o ideal cultural. O escritório típico fica voltado para um jardim. A mobília incluía um sofá, prateleiras de livros, uma mesa na qual ficavam os "quatro amigos" do erudito (pincel para escrita, suporte para o pincel, recipiente de tinta e conta-gotas para a água) e talvez alguns bronzes antigos ou também exemplos de bela caligrafia. O escritório era mais um símbolo de *status* na China do que na Europa, uma vez que era domínio da chamada "elite rural letrada", na qual os governantes do país eram recrutados.

Para uma comparação mais próxima, poderíamos justapor a imagem de Carpaccio à igualmente famosa xilogravura de São Jerônimo em seu escritório (1514), de Albrecht Dürer (Figura 43), para saber se o que aparece é a diferença entre pintores individuais ou um contraste mais geral entre escritórios na Itália e na Alemanha. Dürer mostra uma sala que pode nos parecer um pouco vazia, mas que era em alguns aspectos luxuosa para o período, com almofadas macias na cadeira e nos bancos, a despeito do bem conhecido ascetismo de Jerônimo. Por outro lado, como apontou Panofsky, a mesa está vazia, e "sobre ela nada se encontra, a não ser um tinteiro e um crucifixo", além da tábua inclinada na qual o santo está

---

[18] Giedion, *Mechanization Takes Command: A Contribution to Anonymous History*, p.288; Thornton, *The Italian Renaissance Interior*; Thornton, *The Scholar in his Study*.

escrevendo.[19] A presença de livros é pequena, e, no caso de um bem conhecido estudioso, essa ausência é certamente expressiva. Pode-se cogitar se um pintor, que viveu em uma época em que a imprensa era uma invenção nova e excitante, não estaria destacando um aspecto histórico sobre a pobreza da cultura do manuscrito na época de Jerônimo. Por contraste, uma xilogravura de Erasmo e seu secretário Gilbert Cousin trabalhando juntos mostra uma estante repleta de livros atrás do secretário.

Figura 43. Albrecht Dürer, *São Jerônimo em seu escritório*, 1514, gravura.

[19] Bray, *Technology and Gender: Fabrics of Power in Late Imperial China*, p.136-9; Panofsky, *Albrecht Dürer*, p.155; Giedion, *Mechanization Takes Command: A Contribution to Anonymous History*, p.303.

Publicidade

As imagens usadas em publicidade, por sua vez, podem auxiliar historiadores do futuro a reconstituir elementos perdidos de cultura material do século XX, de automóveis a vidros de perfume. Atualmente, elas são fontes úteis para o estudo de atitudes passadas em relação a mercadorias. O Japão foi de modo bem pertinente um dos pioneiros nesse aspecto; a prova está nas referências a produtos de marca, como o saquê, em certos impressos de Utamaro (1753-1806). Na Europa, o final do século XVIII testemunhou o aparecimento da publicidade através de imagens tais como o novo tipo de espreguiçadeira (*chaise longue*) ilustrado num periódico alemão especialmente dedicado a inovações no mundo do consumo, o *Journal des Luxus und der Moden* (Figura 44).

Um segundo estágio na história da publicidade foi alcançado no final do século XIX com o surgimento do pôster, uma litografia colorida em tamanho grande a ser exposta nas ruas. Jules Chéret (1836-1932) e Alphonse Mucha (1860-1939), ambos trabalhando em Paris durante a *belle époque*, produziram uma série de pôsteres fazendo propaganda de peças, salões de dança, bicicletas, sabão, perfume, creme dental, cerveja, cigarros, máquinas de costura Singer, champanhe Moët et Chandon, querosene Saxoleine para lampeões etc. Lindas mulheres eram mostradas junto a todos esses produtos como forma de persuadir os espectadores a comprar.

Entretanto, foi no século XX que os publicitários se voltaram para a psicologia "profunda" a fim de apelar ao inconsciente dos consumidores, fazendo uso das chamadas técnicas subliminares de persuasão por associação. Na década de 1950, por exemplo, flashes de duração de segundos de publicidade de sorvete eram mostrados durante a apresentação de filmes nos Estados Unidos. A plateia não se dava conta de que havia visto essas imagens, mas, apesar disso, o consumo de sorvete aumentava.

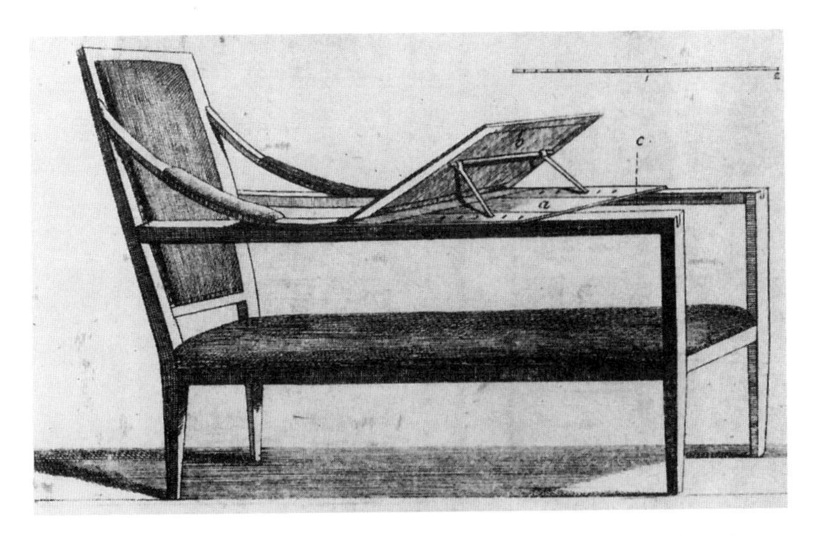

Figura 44. G.M. Kraus (?), gravura de uma espreguiçadeira (*chaise longue*) com uma mesa de leitura acoplada, publicada no *Journal des Luxus und der Moden* (1799).

Pode ser interessante empregar o termo "subliminar" num sentido mais amplo para referir a maneira pela qual a imagem mental de um determinado produto é construída associando vários objetos com sua imagem visual. Este é um processo de manipulação consciente por parte das agências de publicidade, seus fotógrafos e seus "analistas motivacionais", no entanto é largamente inconsciente para os espectadores. Dessa maneira, o carro esporte, por exemplo, há tempos tem sido associado com poder, agressividade e virilidade, qualidades simbolizadas por nomes como "Jaguar". Propagandas de cigarro costumavam mostrar imagens de *cowboys* a fim de explorar uma gama semelhante de associações masculinas. Essas imagens testemunham os valores que são projetados em objetos inanimados na nossa cultura de consumo, o equivalente, talvez, aos valores projetados em paisagens nos séculos XVIII e XX (Capítulo 2).

Figura 45. Publicidade de um sabonete italiano da década de 1950.

Consideremos o caso da publicidade de perfume das décadas de 1950 e 1970 respectivamente, décadas que estão agora suficientemente distantes para serem vistas com certo grau de distanciamento. A propaganda da marca Camay (Figura 45) representa o interior de uma elegante sala de leilão (o nome "Sotheby's" está visível no catálogo) na qual um homem de boa aparência e bem vestido desvia a atenção dos trabalhos de arte que está admirando pela visão – ou será o perfume? – da moça que usa o produto (Capítulo 10).[20]

---

[20] Eco, *La struttura assente: Introduzione alla ricerca semiologica*, p.174-7.

A garota Camay é bonita, porém anônima. Ao contrário, algumas publicidades do perfume Chanel nº 5 associavam o perfume à atriz Catherine Deneuve. Seu encanto faz praticamente desaparecer o produto, encorajando espectadoras do sexo feminino a identificar-se com ela e seguir o seu exemplo. Ou talvez, numa elaboração mais ambiciosa, "o que o rosto de Catherine Deneuve significa para nós no mundo de revistas e filmes, o perfume Chanel nº 5 tenta significar no mundo dos bens de consumo". Como no caso de certas publicidades analisadas por Roland Barthes, a interpretação da imagem da Camay por Umberto Eco e da imagem de Chanel por Judith Williamson segue as linhas de um enfoque estruturalista ou semiótico (a ser discutido mais detalhadamente a seguir, no Capítulo 10), no lugar de um enfoque iconográfico, concentrando-se na relação entre diferentes elementos na imagem e considerando-a em termos de oposições binárias.[21]

Problemas e soluções

Os exemplos discutidos nas duas seções anteriores levantam problemas com os quais o leitor já estará familiarizado, como o da fórmula visual. As representações de mobília na Tapeçaria Bayeux, por exemplo, têm sido descritas como "formulaicas". Mais uma vez, há o problema das intenções do artista, seja para representar o mundo visível de forma fiel, para idealizá-lo ou até mesmo fazer uma alegoria. Um terceiro problema é o da imagem que se refere a ou "cita" outra imagem, o equivalente visual da intertextualidade. *O casamento barato*, de David Wilkie (1818), que é repleto de detalhes de cultura material, foi certamente baseado nas observações

[21] Williamson, *Decoding Advertisements: Ideology and Meaning in Advertising*, p.25; cf. Goffman, *Gender Advertisements*.

da sua cidade natal Fife, porém também se percebem empréstimos ou alusões a pinturas ou materiais impressos holandeses do século XVII. Assim, até que ponto e de que maneiras as pinturas podem ser usadas por historiadores sociais da Escócia do século XIX? Ainda outro problema refere-se à possível distorção. Como observado anteriormente, artistas podem arrumar as salas e limpar as ruas nas suas pinturas. Outras imagens divergem ainda mais do cotidiano. Usando a evidência de publicidades, de pôsteres a comerciais de TV, historiadores do ano 2500 podem ser tentados a assumir que o padrão de vida de pessoas comuns na Inglaterra no ano 2000 era consideravelmente mais elevado do que ocorria de fato. Para usar a evidência com segurança, eles precisariam se familiarizar com a convenção da televisão vigente na época, de representar as pessoas em casas melhores e rodeadas de itens mais caros do que aqueles que na prática elas poderiam possuir.

Em outras ocasiões, a desordem e a miséria dos quartos podem ser exageradas pelos artistas, seja conscientemente – como Jan Steen, a fim de salientar uma determinada retórica ou aspecto moral – ou inconscientemente – porque eles estão representando uma cultura cujas regras não conhecem por dentro. Interiores de cabanas na Suécia no século XIX, como na Irlanda, eram geralmente esboçados por pessoas de fora, que poderiam ser estrangeiras ou oriundas da classe média irlandesa. Um desenho representando um sítio sueco no início do dia, às 5 horas da manhã (Figura 46), ilustra notavelmente a falta de privacidade dos fazendeiros, em nichos nas paredes no lugar de quartos de dormir. Mais especificamente, o que se mostra é a falta de privacidade tal como era percebida pelos olhos da classe média, incluindo os do artista Fritz von Dardel.[22]

---

[22] Frykman, Löfgren, *Culture Builders: A Historical Anthropology of Middle-Class Life*, p.127-9.

Temos então o problema do *capriccio*, discutido anteriormente. Pintores de vistas algumas vezes gostavam de criar fantasias arquitetônicas, como o fez Carpaccio em suas famosas pinturas da vida de Santa Úrsula. No caso de seu *Agostinho em seu escritório*, chamou atenção a "estranha cadeira com apoio para leitura e a não menos curiosa mesa de escrever", das quais nada de análogo sobreviveu.[23] Teria sido esse um caso de mobília criada na imaginação, ou podemos acreditar que esses objetos um dia existiram?

Um exemplo mais complexo dos problemas envolvidos na leitura de imagens de interiores advém das séries de interiores de igrejas pintados por um artista holandês do século XVII, Pieter Saenredam (1597-1665). Poderíamos pensar que não haveria problemas na representação dessas igrejas, porém um exame cuidadoso suscita algumas questões difíceis. Na época, essas igrejas estavam sendo usadas para o culto calvinista; entretanto, algumas imagens católicas são visíveis nas pinturas e até mesmo, ocasionalmente, pessoas envolvidas no que parece ser um ritual católico – tal qual a representação de um batismo tendo lugar na ala sul da igreja de São Bavão de Haarlem (Figura 47). Um exame dos pequenos detalhes mostra que o celebrante não é um pastor protestante, mas um padre católico vestindo pálio e estola. Sabe-se que Saenredam era amigo dos católicos em Haarlem (havia muitos católicos na República Holandesa no século XVII). Nas pinturas o artista "restaurou" as igrejas no seu antigo aspecto católico. As imagens de Saenredam oferecem melhor evidência da persistência do catolicismo holandês do que a aparência contemporânea das igrejas holandesas. Elas não são simples observações, mas "estão carregadas de sugestões históricas e religiosas".[24]

---

[23] Thornton, *Interior*, figura 317.

[24] Schwartz, Bok, *Pieter Saenredam, the Painter and his Time*, p.74-6.

Figura 46. Fritz von Dardel, *O despertar da manhã em Orsa*, 1893, aquarela, Museu Nordiska, Estocolmo.

Figura 47. Pieter Jansz Saenredam, *Interior da Igreja de São Bavão de Haarlem*, 1648, óleo sobre painel. Galeria Nacional da Escócia, Edimburgo.

Em uma perspectiva otimista, imagens frequentemente revelam detalhes da cultura material que as pessoas na época teriam considerado como algo óbvio e deixado de mencionar em textos. Os cães em igrejas, bibliotecas holandesas ou nas gráficas Loggan das faculdades de Oxford e Cambridge dificilmente teriam sido representados se não fossem comumente encontrados nesses locais; assim, foram usados para apoiar a tese sobre a onipresença de animais na vida cotidiana da época.[25] O testemunho de imagens é ainda mais valioso porque elas revelam não apenas artefatos do passado (que em alguns casos foram preservados e podem ser diretamente examinados) mas também sua organização; por exemplo, os livros nas prateleiras de bibliotecas e livrarias (Figura 48), os objetos exóticos arrumados em museus, ou os "cabinetes de curiosidades" como eram descritos no século XVII (Figura 49), com animais empalhados e peixes pendurados no teto, vasos antigos no chão, uma estatueta num plinto, objetos menores organizados nas prateleiras e outros ainda menores em gavetas.[26]

Imagens também revelam como os objetos eram usados, a exemplo da besta em *A batalha de San Romano*, mencionada anteriormente, ou as lanças representadas na Tapeçaria Bayeux (Figura 78). Nesse último caso, pode ter faltado a necessária perícia militar às bordadeiras, porém, elas presumivelmente receberam de homens a informação sobre como se seguravam essas armas. Um exemplo análogo quase mil anos mais tarde advém de filmes da Primeira Guerra Mundial, que atraem a atenção do espectador para as limitações técnicas dos primeiros tanques mostrando-os em movimento.[27]

---

[25] Thomas, *Man and the Natural World*.

[26] Pomian, *Collectors and Curiosities*, p.49-53; Findlen, *Possessing Nature: Museums, Collecting and Scientific Culture in Early Modern Italy*.

[27] Roads, Film as Historical Evidence, *Journal of the Society of Archivists*, III, p.187, 1965-9.

Figura 48. Vista interior da nova e espaçosa livraria de John P. Jewett & Co., rua Washington, nº 117, Boston, gravuras do *Gleason's Pictorial*, 2 de dezembro 1854.

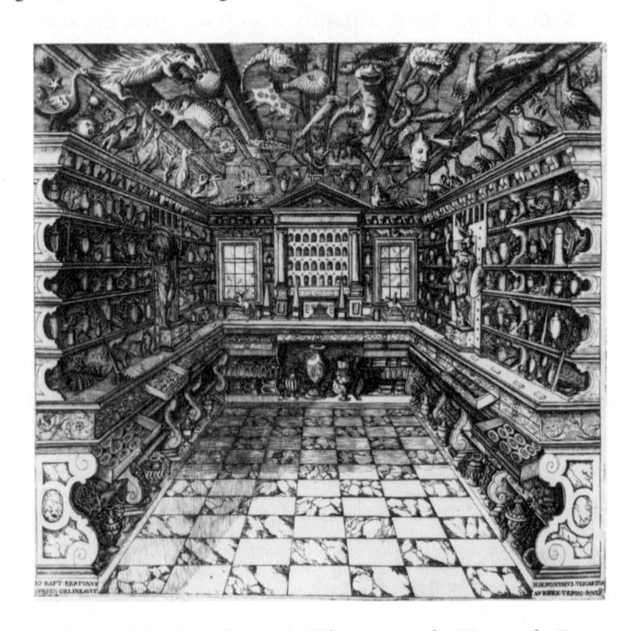

Figura 49. Giovanni Battista Bertoni, Xilogravura do Museu de Francesco Calzori, de Benedetto Cerutti e Andrea Chiocco. *Musaeum Francesci Calceolari Iunioris Veronensis* (Verona, 1622).

Para um estudo de caso sobre o emprego de imagens como testemunho para os usos de outros objetos, podemos considerar a história do livro ou, como é agora conhecida, a história da leitura. Imagens romanas antigas nos revelam como segurar um rolo de papel enquanto o lemos, uma arte que foi perdida após a invenção dos volumes manuscritos. Gravuras francesas do século XVII mostram homens lendo em voz alta em frente à lareira ou para um grupo de homens e mulheres reunidos para o serão (*veillée*), transformando o trabalho noturno numa atividade social. Imagens dos séculos XVIII e XIX preferem mostrar a leitura no círculo familiar, e o leitor é ocasionalmente uma mulher.

Um historiador alemão de literatura, Erich Schön, fez um uso considerável de pinturas e impressos e até mesmo de posturas para apoiar e também ilustrar seu argumento sobre mudanças nos hábitos de leitura na Alemanha por volta de 1800. Sua tese sobre uma "revolução da leitura" no período, o surgimento de uma forma de leitura mais "sentimental" ou "empática", fundamenta-se no aparecimento de imagens de pessoas lendo ao ar livre ou em poses mais informais, reclinadas numa espreguiçadeira (*chaise longue*), deitadas no chão ou, como no esboço de Goethe feito por Tischbein, equilibrando-se numa cadeira com um livro no colo e as pernas afastadas do chão (Figura 50).

Outra imagem famosa é a da pintura de Sir Brooke Boothby, feita por Joseph Wright. Sir Boothby está deitado numa floresta com um livro intitulado *Rousseau* – a antecessora de tantas outras imagens posteriores de leitores estirados no chão (Figura 51). Boothby está excessivamente bem vestido para o ambiente rural, o que sugere que a imagem (ao contrário de muitas das que se seguiram) deve ser lida de forma mais simbólica do que literal.[28] Ela é a translação em termos visuais do ideal de Rousseau de integrar-se à natureza.

---

[28] Schön, *Die Verlust der Sinnlichkeit oder die Verwandlungen des Lesers*, p.63-72.

Figura 50. J. H. W. Tischbein, Esboço de J. W. von Goethe lendo próximo à janela da sua residência em Roma, na sua primeira viagem à Itália. c.1787. Goethe-Nationalmuseum, Weimar.

Figura 51. Joseph Wright ("de Derby"), *Sir Brooke Boothby lendo Rousseau*, 1781, óleo sobre tela, Tate Britain, Londres.

No que diz respeito à história da cultura material, o testemunho de imagens parece ser mais confiável nos pequenos detalhes. Ele é particularmente valioso como evidência da arrumação dos objetos e de seus usos sociais, não tanto a lança, ou garfo, ou livro em si, mas a maneira como empunhá-los. Em outras palavras, imagens nos permitem reinserir velhos artefatos no contexto social original. Esse trabalho de reinserção também exige que os historiadores estudem as pessoas representadas nessas imagens, que será o tema central do capítulo a seguir.

6
Visões de sociedade

> [...] assegurar [...] que nossas características sociais e políticas exibidas diária e anualmente não serão perdidas no lapso do tempo por falta de um registro de arte que lhes faça inteira justiça.
>
> George Bingham em
> seus *Objetivos como pintor*

A ambição do fotógrafo alemão August Sander, cuja coleção "Espelho dos alemães" (*Deutschenspiegel*) foi publicada em 1929, era retratar a sociedade através de fotografias de indivíduos típicos. Da mesma forma, o fotógrafo americano Roy Stryker apresentou a historiadores o que ele denominou de fotografias "documentárias", como uma nova forma de "capturar itens importantes porém fugazes na cena social". Stryker convidou os historiadores a examinarem "quase toda a história social considerando os adjetivos e as passagens descritivas", descrevendo essas técnicas literárias como "uma tentativa de evocar imagens gráficas que as fotografias podem oferecer diretamente e de forma muito mais precisa". Por semelhantes razões, George Caleb Bingham, o pintor americano de cenas do cotidiano do século XIX, foi descrito como um "historiador social" do seu tempo.[1]

A comparação pode obviamente ser ampliada. Muitos pintores poderiam ser descritos como historiadores sociais pelo fato de que suas imagens registram formas de comportamento social, cotidianas ou de eventos festivos: limpar a casa; sentar para uma refeição; participar de procissões religiosas; visitar mercados e feiras; caçar; patinar; descansar à beira mar; ir ao teatro, ao hipódromo, ao concerto ou à ópera; participar de eleições, comparecer a bailes e jogos de críquete. Historiadores da dança, do esporte, do teatro e outros especialistas, todos estudaram a evidência dessas imagens com cuidado e atenção para cada detalhe. Sem elas, a reconstituição da prática do futebol na Florença renascentista, por exemplo, seria de fato impossível.[2]

Os artistas holandeses do século XVII eram mestres desse gênero. Séculos mais tarde, o fotógrafo William Henry Fox Talbot (1800-1877) referiu-se ao trabalho deles como um precedente: "Nós temos autoridade suficiente na escola artística holandesa para tomar como temas de representação cenas do cotidiano e fatos familiares".[3] De modo semelhante, Thomas Hardy considerou seu romance *Under the Greenwood Tree* [Sob a árvore verdejante], de 1872, uma tentativa de retratar os costumes de uma geração anterior, "uma pintura rural da escola holandesa".

Desconhecemos a razão pela qual alguns artistas holandeses escolheram esses temas e decidiram pintá-los dessa forma, porém

---

[1] Stryker, Johnstone, Documentary Photographs. In: Ware (ed.), *The Cultural Approach to History*, p.324-30, esp. p.327; Demos, George Caleb Bingham: The Artist as Social Historian, *American Quarterly*, XVII, p.218-28, 1965.

[2] Bredekamp, *Florentiner Fussball: Renaissance der Spiele*.

[3] Talbot, *The Pencil of Nature*.

George Bingham afirmava ter produzido documentos históricos, um "registro de arte", como costumava dizer, da vida social e política dos seus dias que ele via em termos pictoriais "exibidos" diária e anualmente. A pintura, de acordo com Bingham, tinha o poder de "perpetuar um registro de acontecimentos com uma clareza que é sobrepujada apenas por aquela da observação direta".[4]

Os próprios trabalhos de Bingham retrataram a vida da sua região, Missouri: os comerciantes de pele, os condutores de chatas e a vida das pequenas cidades especialmente por ocasião dos festejos que ocorriam durante as eleições políticas. Como no caso de David Wilkie (Capítulo 5), as pinturas de Bingham eram baseadas em observações de primeira mão, mas não apenas em observações. Suas cenas de eleição, por exemplo, são reminiscências de imagens de Hogarth, as quais Bingham provavelmente conheceu através de materiais impressos. Ele deveria ser visto como alguém que adaptou uma tradição pictórica a uma situação local, em vez de simplesmente registrar ou refletir a vida do seu ambiente e da sua época. Também August Sander tinha visões sobre a sociedade alemã de sua época, e sua coleção de fotografias foi descrita como capaz de oferecer não apenas um arquivo, mas "uma resolução imaginária" da crise social da classe média de sua época.[5]

Para testar a visão de Bingham a respeito da pintura como um anjo registrador – ou como um repórter –, podem-se examinar algumas imagens de crianças e mulheres mais detalhadamente, em *close-up*.

---

[4] Apud Demos, George Caleb Bingham: The Artist as Social Historian, *American Quarterly*, XVII, p.218, 1965

[5] Johns, *American Genre Painting*, p.92; Jones, Reading August Sander's Archive, *Oxford Art Journal*, XXIII, p.1-22, 2000.

Crianças

Fotografias de crianças têm ocasionalmente sido analisadas por historiadores sociais, um dos quais observou, por exemplo, que crianças de rua em Washington estavam relativamente bem vestidas, porém pareciam ter poucos brinquedos.[6] Entretanto, o uso de imagens de crianças por historiadores tem como principal objetivo documentar a história da infância, ou seja, as mudanças na visão que os adultos têm das crianças.

Philippe Ariès, cujo trabalho já foi mencionado na Introdução, foi um pioneiro da história da infância, bem como no uso de imagens como evidência.[7] Esse fato não é acidental. Como as crianças não aparecem com muita frequência nos documentos preservados em arquivos, para escrever sua história foi necessário encontrar novas fontes – diários, cartas, romances, pinturas e outras imagens. Ariès estava especialmente impressionado por essa lacuna, pela escassez de representações de crianças nos primórdios da arte medieval, bem como pelo fato de que as imagens medievais de crianças mostram-nas como adultos em miniatura. Entretanto, a partir dos séculos XVI ou XVII na França e em outros lugares, o surgimento de retratos e túmulos para crianças torna-se perceptível, junto com a crescente atenção dada aos sinais do que poderíamos chamar de "infantilidade" e à separação entre os mundos sociais da criança e do adulto. De acordo com Ariès, todas essas mudanças são preciosos sinais para os historiadores, em consonância com as evidências literais e sugerindo, assim, que os adultos estavam desenvolvendo uma percepção mais aguda da infância como uma forma de vida diferente da deles.

---

[6] Borchert, *Alley Life in Washington: Family, Community, Religion and Folklife in an American City*, p.293-4.

[7] Ariès, *Centuries of Childhood*.

Figura 52. William Hogarth, *As crianças Graham*, 1742, óleo sobre tela. National Gallery, Londres.

A primeira edição do livro que ele publicou em 1960, conhecido na Inglaterra como *Centuries of Childhood* [Séculos de infância], apresentava 26 pinturas, incluindo retratos feitos por Hans Holbein e Philippe de Champaigne e pinturas de gênero de Jan Steen e dos irmãos Le Nain, embora muitas outras imagens fossem discutidas no texto, as quais os editores não se sentiram em condições de incluir na obra. Entre os argumentos de Ariès em relação a essas fontes visuais, está o da falta de segregação por idade no Antigo Regime, ilustrado por uma cena de uma taverna no século XVII, na qual crianças e adultos se misturam.

Muitos quadros dos séculos XVII e XVIII, incluindo alguns não mencionados por Ariès, parecem confirmar seus argumentos.

Como observado por Simon Schama, a imagem de *A criança doente*, do pintor holandês Gabriël Metsu (1629-1669), obra que se encontra hoje no Rijksmuseum em Amsterdã, mostra uma preocupação por crianças, que se espera ser compartilhada pelo espectador. No mínimo, é improvável que o quadro tenha sido pintado para celebrar a história de uma família. O retrato de William Hogarth, *As crianças Graham* (Figura 52), pintado em 1742, tem sido descrito como "um dos preciosos relatos da infância no século XVIII", oferecendo informações sobre as brincadeiras infantis e mostrando também as diferenças de personalidade dos quatro jovens irmãos; a menina mais velha, por exemplo, retratada com "uma espécie de autoconsciência maternal marcada por uma expressão solene".[8]

Contudo, *Centuries of Childhood* tem sido frequentemente criticado durante os quarenta e tantos anos desde sua publicação. Por exemplo, o argumento de que as crianças costumavam ser vistas como adultos em miniatura, apoiado pelo testemunho de imagens de crianças vestindo versões em miniatura de roupas de adultos (um argumento que já havia aparecido antes de Ariès, mas que é central em seu trabalho), revela indiferença em relação ao contexto, mais precisamente uma falha no sentido de levar em conta o fato de que nem crianças nem adultos vestiam suas roupas do cotidiano quando posavam para retratos.

Duas críticas de caráter geral sobre o trabalho de Ariès são particularmente importantes. Em primeiro lugar, ele é acusado de negligenciar a história das mudanças nas convenções de representação, um aspecto a ser discutido mais amplamente a seguir (Capítulo 8). Esse aspecto talvez seja mais óbvio no caso do início da Idade Média. Ariès ficou impressionado pela ausência de crianças nos princípios da arte medieval e explicou essa ausência em termos de uma falta de interesse geral por crianças, ou, mais precisamente, pela infância. Uma investigação posterior e mais detalhada do assunto,

[8] Bindman, *Hogarth*, p.143-4.

por outro lado, argumenta que as primeiras imagens medievais mostraram, de fato, "um real interesse pela infância como tal", com sua inocência e vulnerabilidade, embora esse interesse possa ter passado sem ser percebido por espectadores não habituados à "maneira linear da primeira arte medieval, conceitualista e de certo modo abstrata". Em outras palavras, Ariès não conseguiu efetuar a leitura das convenções visuais do início da época medieval – uma linguagem artística extremamente distante da nossa – e nem avaliar que temas eram considerados apropriados para representação visual naquela época, como por exemplo a primazia de assuntos religiosos, nos quais crianças, com exceção de Cristo menino, não se encaixavam facilmente. Na Renascença, por outro lado, houve uma ampliação de temas em relação ao que se considerava interessante a ser pintado, incluindo crianças (que de qualquer forma haviam sido representadas de uma maneira "moderna" na antiga arte grega e romana), mas de forma alguma limitando-se a elas.

Ariès também tem sido criticado por subestimar as funções ou os usos das imagens. Crianças eram geralmente representadas de duas maneiras. Primeiramente, como parte de grupos familiares: mesmo retratos de crianças por elas mesmas, como *As crianças Graham*, seriam provavelmente pendurados junto com outros retratos da família. Nesse caso, as imagens testemunhariam mais a história de um sentido de família mais do que de um sentido de infância. Em segundo lugar, nos séculos XVII e XVIII, crianças eram cada vez mais consideradas símbolos de inocência, e certas pinturas de crianças eram alegóricas, ou quase alegóricas.[9]

A despeito das críticas, o exemplo dado por Ariès estimulou um conjunto de pesquisas sobre imagens de crianças, por historiadores

[9] Garnier, L'iconographie de l'enfant au Moyen Âge, *Annales de Démographie Historique*, p.135-6, 1973, apoia o ponto de vista de Ariès; Forsyth, Children in Early Medieval Art: Ninth through Twelfth Centuries, *Journal of Psychohistory*, IV, p.31-70, 1976, os critica; Cf. Burton, Looking Forward from Ariès?, *Continuity and Change*, IV , p.203-29, 1989.

sociais e também por pesquisadores em galerias e museus, como no Museu da Infância em Bethnal Green, Londres.[10] A evidência de retratos e imagens não foi totalmente desconsiderada, mas reinterpretada. No longo capítulo sobre crianças em seu *Embarrassment of riches* [Desconforto das riquezas], Simon Schama, por exemplo, apoiou-se na rica evidência visual remanescente da República Holandesa do século XVII sem assumir que as imagens eram realistas. Ao contrário, como De Jongh no caso dos interiores holandeses discutidos no capítulo anterior, ele descreveu as imagens como "carregadas de todos os tipos de preconcepções morais e preconceitos".[11]

Um estudo de crianças no retratismo da família americana entre 1670 e 1810 adotou em enfoque serial (mais sistemático do que o proposto por Ariès), examinando 334 retratos representando 476 crianças e observando o aumento de brinquedos e outros sinais de infância nas representações. O autor concluiu que a infância estava começando a ser mais claramente distinguida da idade adulta, bem como mostrada de uma forma mais positiva.[12] Em outras palavras, a memorável imagem de Hogarth, *As crianças Graham*, é parte de uma tendência mais ampla. Essa tendência positiva prosseguiu ainda ao longo do século XIX, tanto que um bem conhecido historiador das ideias dedicou um livro ao que denominou "culto da infância" nessa época. O culto pode ser ilustrado através de imagens tais como *Bolhas*, do ano de 1886, de Sir John Millais (1829-1896): uma imagem que se tornou ainda mais popular depois de ter sido adaptada como um pôster para publicidade do sabonete Pears.[13]

---

[10] Durantini, *The Child in Seventeenth-Century Dutch Painting*; Schama, *The Embarrassment of Riches: An Interpretation of Dutch Culture in the Golden Age*, p.481-561; Burton, Looking Forward from Ariès?, *Continuity and Change*, IV , p.203-29, 1989.

[11] Schama, *The Embarrassment of Riches*, p.483.

[12] Calvert, Children in American Family Portraiture, 1670 to 1810, *William and Mary Quarterly*, XXXIX, p.87-113, 1982.

[13] Boas, *The Cult of Childhood*; Higonnet, *Pictures of Innocence: The History and Crisis of Ideal Childhood*.

Mulheres na vida cotidiana

É um lugar-comum da história das mulheres – como a história da infância – frequentemente ter sido escrita a contrapelo das fontes, especialmente das fontes de arquivo, criadas pelos homens e expressando os interesses masculinos. Como no caso de historiadores do Egito antigo ou dos primórdios da Idade Média, o silêncio dos documentos oficiais estimulou historiadores das mulheres a voltarem-se para imagens que representam atividades às quais as mulheres se dedicaram em diferentes lugares e épocas.

Alguns exemplos da China, Japão e Índia podem servir para ilustrar esse ponto. Cenas de rua, por exemplo, mostram que tipos de pessoas se espera encontrar publicamente em um determinado período e cultura. Assim, um rolo de papel pintado representando uma rua na cidade de Kaifeng na China por volta do ano 1100 mostra uma população de rua predominantemente masculina, embora uma mulher de posses sentada em uma liteira possa ser vista passando no primeiro plano (Figura 53). Um historiador da China da época Song conclui que "homens podiam ser vistos em todos os lugares nas zonas comerciais da capital; mulheres eram raramente vistas". Em contraste, um impresso japonês da década de 1780 representando uma rua em Edo (atual Tóquio) à noite mostra mulheres numa multidão de "atores, espectadores, passantes e comerciantes". O material gráfico, de Utagawa Toyoharu, deve certamente ser contextualizado. Os pôsteres em exibição identificam a rua como parte da zona teatral, e as mulheres, incluindo uma que se encontra no primeiro plano com um sofisticado corte de cabelo, provavelmente eram cortesãs.[14]

[14] Ebrey, *The Inner Quarters: Marriage and the Lives of Chinese Women in the Sung Period*, p.21-2; Lane, *Masters of the Japanese Print*, p.237-40.

Figura 53. Zhang Zeduan, detalhe de uma cena de rua em Kaifeng, de *Festival de primavera no rio*, rolo de papel feito à mão, início do século XII, tinta e cor sobre seda. Museu do Palácio, Pequim.

Para conhecer o lugar de diferentes tipos de mulheres na vida da cidade no Ocidente, poder-se-ia atentar para as 132 cenas de Viena gravadas pelo artista alemão Salomon Kleiner entre 1724 e 1737. Elas mostram muitas mulheres na rua, a maioria delas a pé, algumas bem vestidas e representadas cumprimentando-se mutuamente. Como observou um historiador urbano, "Senhoras com leques encontram-se em elegante conversação", enquanto "transeuntes observam com interesse duas feirantes arrancarem os cabelos uma da outra".[15] Qualquer que tenha sido o caso na Europa mediterrânea da época, a participação das mulheres de Viena, Amsterdã ou Londres na vida de rua (como ilustrado nas gravuras de Hogarth, por exemplo) representa um contraste com a China tradicional e até mesmo com o Japão.

---

[15] Olsen, *The City as a Work of Art*, p.246-7.

Figura 54. Torii Kiyomasu, *Mulher vendedora de livros*, c.1717, gravura, colorida à mão.

Imagens oferecem evidência particularmente valiosa dos tipos de trabalho que se esperava que as mulheres realizassem, muitos deles na economia informal que escapa frequentemente à documentação oficial. Um rolo de pergaminho chinês do século X mostra homens em um banquete ouvindo uma mulher (provavelmente uma cortesã) tocando um instrumento de cordas. Um pergaminho chinês do século XIII mostra mulheres bobinando seda. Uma impressão japonesa do século XVIII mostra uma mulher em pé do lado de fora de um restaurante, tentando atrair um transeunte para seu estabelecimento. Outra (Figura 54) mostra uma mulher mascateando livros, um pacote de volumes amarrados a suas costas, e um maço de materiais impressos numa das mãos. Pinturas da Índia durante a dinastia Mughal mostram mulheres trabalhando em canteiros de obras, quebrando pedras, peneirando areia (Figura 55) ou subindo ao telhado com cargas pesadas na cabeça. Antigas fotografias do

Oriente Médio apresentam mulheres capinando nos campos e debulhando trigo, ao passo que em cenas urbanas, por contraste, elas estão ausentes das ruas e cafés.[16]

Figura 55. Pinturas em miniatura de *Akbarnama*, mostrando a construção de Fathpur Sikri, século XVI. Victoria & Albert Museum, Londres.

[16] Qaisar, *Building Construction in Mughal India: The Evidence from Painting*; Graham-Brown, *Palestinians and their Society, 1880-1946: A Photographic Essay*, p.49, 52, 132.

Figura 56. Relevo em mármore mostrando uma mulher vendendo legumes, final do século II e início do século III d.C. Museo Ostiense, Roma.

Em relação à Europa, historiadores sociais poderiam se basear em testemunhos semelhantes se assim o desejarem, tomando as precauções usuais. Como um lembrete da necessidade de precaução poderíamos tomar uma imagem inglesa do século XIV, que representa três mulheres trabalhando na colheita. Essa representação estaria em conflito com uma impressão – formada com base em outros tipos de evidência – de que as mulheres normalmente não se engajavam nessa atividade à época. Porém, a presença de mulheres na iluminura foi explicada por Michael Camille, ao argumentar que, por se tratar da ilustração de um texto de *Os Salmos*, a colheita em questão seria espiritual.[17]

---

[17] Camille, *Mirror in Parchment: The Luttrell Psalter and the Making of Medieval England*, p.196.

Existem inúmeras cenas de rua e cenas de gênero que mereceriam um estudo cuidadoso, por olhos atentos, de representações de espaços e papéis femininos. A tradição remonta há muito tempo: um relevo em mármore da Roma antiga procedente de Ostia, há mais ou menos mil e oitocentos anos, representa uma mulher vendendo legumes numa barraca (Figura 56). Pinturas holandesas do século XVII, por sua vez, têm muito a nos dizer sobre esse aspecto da vida cotidiana. Emmanuel de Witte especializou-se em cenas desse tipo, tais como uma barraca de venda de aves na qual clientes em potencial e a vendedora são mulheres (Figura 57).

Figura 57. Emmanuel de Witte, *Mulher vendendo aves no mercado de Amsterdã*, óleo em painel. Museu Nacional, Estocolmo.

Especialmente valiosas para um historiador social são as várias cenas de gravuras ou águas-fortes que ofereciam inventários pictóricos das ocupações exercidas na cidade; por exemplo, *Os gritos de*

Londres, ou as sessenta águas-fortes de *Os comércios ambulantes de rua na cidade de Veneza*, publicado por Gaetano Zompini em 1785 – sete das quais mostram mulheres trabalhadoras, vendendo leite, água, frituras e roupas de segunda mão, lendo a sorte e oferecendo criados ou assentos no teatro ou na ópera. A crescente popularidade desse gênero no século XVIII sugere que aspectos da vida da classe trabalhadora estavam começando a ser percebidos como "pitorescos" pelos olhos da classe média.

É graças ao crescimento desse gênero europeu que informações sobre a vida urbana na China foram registradas na forma de imagens. Algumas pinturas e desenhos chineses produzidos em Cantão para o mercado europeu representam uma ampla gama de atividades urbanas. Aí se incluem a centena de pinturas a guache do final do século XVIII de Puqua e os 360 desenhos a tinta da década de 1830 de Tinqua que se encontram hoje no Peabody Essex Museum, nos Estados Unidos. Entre as ocupações femininas mostradas nessas pinturas e desenhos estão: costura, cerzido de tecido, tecelagem da seda, conserto de sapatos, arranjos de flores e transporte de baldes de excrementos para fertilizar a terra.

Alguns problemas ainda permanecem. O historiador não pode se dar ao luxo de esquecer que essas imagens foram produzidas em um determinado contexto, por artistas locais trabalhando para estrangeiros. É bem possível que esses artistas tivessem tomado conhecimento de materiais impressos europeus na tradição de *Os gritos de Londres*. Mesmo que eles não copiassem cegamente essa tradição, podem ter incluído determinadas imagens a fim de satisfazer as expectativas do observador europeu.[18]

A instrução da mulher bem como o seu trabalho podem ser acompanhados através do tempo graças a imagens que vêm desde

---

[18] Honig, The Space of Gender in Seventeenth-Century Dutch Painting. In: Franits (ed.), *Looking at Seventeenth-Century Dutch Art: Realism Reconsidered*, p.187-201; Zompini, *Le Arti che vanno per via nella città di Venezia*; Huang, Sargent (eds.), *Customs and Conditions of Chinese City Streets*.

a Grécia antiga. Um vaso grego mostra duas moças de mãos dadas e inclui um pequeno detalhe significativo: uma das figuras está carregando suas tábulas de escrita presas por uma tira, como se houvesse a expectativa de que algumas moças aprenderiam a escrever (Figura 58).[19] Algumas das primeiras imagens modernas de escolas mostram a segregação de gêneros, com rapazes e moças ocupando carteiras em lados opostos, como na gravura de uma escola rural francesa do século XVIII (Figura 59). Deve-se notar que os rapazes possuem uma mesa de apoio para escrever, ao passo que as moças sentam com as mãos no colo, como se fossem simplesmente escutar, o que implicaria que estariam aprendendo a ler, mas não a escrever.

Mulheres lendo, por outro lado, são frequentemente representadas. Na Idade Média e na Renascença, várias imagens da Anunciação mostram a Virgem Maria lendo um livro. O declínio das imagens da Virgem lendo após 1520 parece ter sido uma das primeiras respostas ao que pode ser denominado "demonização" da leitura pela Igreja Católica que se seguiu à Reforma, quando o crescimento da heresia foi atribuído ao acesso aos livros por parte dos laicos.[20]

Por outro lado, imagens de outras mulheres lendo tornaram-se mais frequentes a partir dessa época. Rembrandt pintou sua mãe lendo a Bíblia. As pinturas de Jean-Honoré Fragonard (1732-1806) e de outros, representando mulheres segurando livros, têm sido utilizadas como evidência da disseminação da leitura na França do século XVIII.[21] A gravura da livraria de Jewett em Boston no século XIX, mencionada no capítulo anterior (Figura 48), mostra várias mulheres frequentando o estabelecimento.

---

[19] Golden, *Children and Childhood in Classical Athens*, p.73-4.

[20] Smith, Scriba, Femina: Medieval Depictions of Women Writing. In: ______, Taylor (eds.), *Women and the Book: Assessing the Visual Evidence*, p.21-44; cf. Kelley, Reading Women/Women Reading: The Making of Learned Women in Antebellum America, *Journal of American History*, LXXXIII, p.401-24, 1996.

[21] Schön, *Die Verlust der Sinnlichkeit oder die Verwandlungen des Lesers*.

Figura 58. Vaso pintado pelo "Pintor de Bolonha", mostrando duas moças. Figura vermelha grega (fl. 480-450 a.C.). Metropolitan Museum of Art, Nova York.

Figura 59. "Sejam boas, crianças! Porque para aquele que faz o mal a chegada da morte é terrível!". Gravura de uma escola de povoado, de Nicolas-Edmé Réstif de la Bretonne, *La vie de mon père* (Neufchâtel e Paris, 1779).

Gênero

Como mostraram alguns críticos de Ariès, os historiadores sociais não podem dar-se ao luxo de ignorar as convenções de determinados gêneros visuais ou tampouco literários. Se considerarmos visões da sociedade, as convenções das cenas do cotidiano, gênero visual que se passou a descrever desde o final do século XVIII como "gênero", requerem atenção especial.[22] Pinturas de gênero emergiram como um tipo de imagem independente na Holanda no século XVII. O exemplo holandês foi seguido por artistas na França do século XVIII (Chardin, por exemplo), na Escócia do século XIX (Wilkie) e nos Estados Unidos (Bingham). Não é comum chamar os impressionistas franceses de pintores de gênero, mas as imagens da vida de lazer em Paris ou nas cercanias da cidade no final do século XIX nas pinturas de Édouard Manet (1832-1883), Claude Monet (1840-1926) e Auguste Renoir (1841-1919), todas oferecem novas variações sobre o tema, dos barqueiros no rio de La Grenouillère às dançarinas no Moulin de la Galette.[23]

A despeito da expressão de Bingham, "registros de arte", historiadores sociais não podem assumir que imagens como essas são documentos impessoais. O enfoque moralizador de Jan Steen no seu *Lar em desordem*, por exemplo, já foi registrado (Capítulo 5). No caso de certas pinturas de gênero feitas por Steen e seus contemporâneos, o problema é ainda mais complicado. Tem-se argumentado que algumas pinturas holandesas de charlatães não representam cenas da vida urbana, mas cenas apresentadas no palco, destacando personagens de humor da *commedia dell'arte*. Nesse caso, os charlatães que acreditávamos estar observando diretamente não passaram apenas por um, mas por um duplo filtro de moralização. Retornamos ao problema do "realismo aparente" (Capítulo 5).[24]

---

[22] Langdon, Genre. In: *Dictionary of Art*, XII, p.286-98.

[23] Clark, *The Painting of Modern Life: Paris in the Art of Manet and his Followers*; Herbert, *Impressionism: Art, Leisure and Parisian Society*.

[24] Gudlaugsson, *De comedianten bij Jan Sten en zijn Tijdgenooten*.

Um problema análogo é o do elemento satírico em certas imagens de casamento. A ideia pode ser pressentida no *Casamento de camponês* de Pieter Brueghel (Capítulo 7), no *Casamento barato* de Wilkie e em outros casos. A sátira é especialmente clara na série de pinturas e gravuras de Hogarth conhecida como *O contrato de casamento*, nos quais a primeira cena representa o encontro das duas famílias com os advogados. Os dois pais são mostrados no centro da imagem, em uma mesa, enquanto os noivos, de costas um para o outro, estão localizados no lado direito da pintura, simbolizando a sua posição subordinada na transação.[25]

Focalizemos por um momento uma imagem que à primeira vista, pelo menos, pode parecer mais objetiva e documental: a gravura de Abraham Bosse (1602-1676) intitulada *O casamento na cidade* (Figura 60). A ação ocorre em volta de uma mesa na qual ambos os pais negociam o trato, enquanto o tabelião anota (o gesto da mão de uma das mulheres e a expressão arguta da outra sugere que ambas estão participando tão ativamente quanto os homens da negociação). Em primeiro plano, mas bem de lado, como se estivessem literalmente marginalizados em relação ao que está se passando, sentam-se os noivos, de mãos dadas, um gesto que talvez signifique que sua palavra foi empenhada e não necessariamente que eles estejam apaixonados. Duas crianças, um menino e uma menina, presumivelmente o irmão e a irmã mais novos do noivo ou da noiva, brincam perto da mesa como se não percebessem seus futuros papéis num drama social semelhante (a máscara do menino traz ao espectador a familiar metáfora teatral). A gravura é cuidadosa nos detalhes de códigos de vestimenta e mobiliário e nos permite localizar a cena no mundo social da alta burguesia, não se explicitando se as famílias consideradas fizeram fortuna com o comércio ou com a lei.

Conhecemos alguns detalhes da vida de Bosse, incluindo-se o fato de que ele pertencia à minoria protestante da população e, também, que ele se engajou em prolongado conflito com a Real Academia de

---

25 Paulson, *The Art of Hogarth*, p.30-40.

Arte francesa, detalhes que aumentam a possibilidade de que sua gravura tenha um significado de crítica moral e social. As observações satíricas sobre o comércio (compra e venda) de noivas, em um romance da metade do século XVII, mais especificamente 1666, *Burgueses romanos*, de Antoine Furetière, torna ainda mais plausível a interpretação moralista da imagem de Bosse. Furetière estampa em seu romance o que ele chama uma "tarifa" de dotes, de acordo com a qual uma moça com 100 mil *écus* (escudos) ou mais encontra-se em condições de se casar com um duque, ao passo que uma outra com apenas 20 ou 30 mil *livres* (libras) tem de se contentar com um advogado.

Mais uma vez, a leitura de uma imagem da sociedade como um simples reflexo ou instantâneo fotográfico acaba conduzindo a uma interpretação errônea. A gravura de Bosse aproxima-se mais de *O contrato de casamento* de Hogarth do que parece à primeira vista, e pode mesmo tê-lo inspirado.

Figura 60. Abraham Bosse, *O casamento na cidade*, 1633, gravura. British Museum, Londres.

O real e o ideal

Nessa perspectiva, historiadores sociais precisam estar conscientes das sugestões satíricas das imagens. Por outro lado, não podem esquecer a possibilidade de idealização. Por exemplo, observa-se uma mudança na maneira de representar pessoas mais velhas na arte francesa do final do século XVIII. Iniciava-se um processo de ênfase na dignidade da idade avançada em vez de destacar-se seus aspectos "grotescos". Como no caso de imagens da infância, devemos levar em consideração os possíveis usos simbólicos de um homem ou de uma mulher idosos. Ainda assim, as modificações nas convenções de representações, no longo prazo, parecem ser significativas. É improvável, de qualquer forma, que as pessoas idosas estivessem mudando, mas havia uma mudança na atitude em relação aos mais velhos. Nesse aspecto, fontes literárias confirmam a impressão oferecida pelas imagens.[26]

No mesmo sentido, imagens francesas de multidões mudaram de uma forma bastante notável após a revolução de 1830. Antes dessa época, indivíduos na multidão eram geralmente mostrados, como na Inglaterra de Hogarth, na forma de desordeiros, pedintes ou bêbados, com expressões beirando o grotesco. Após a revolução, por outro lado, cada vez mais se representavam as multidões como indivíduos limpos, bem vestidos e idealistas, como na imagem de Delacroix, *Liberdade guiando o povo* (Capítulo 4). É difícil acreditar que uma grande alteração em atitudes sociais tenha ocorrido tão rapidamente. É bem mais provável que o que realmente mudou tenham sido as concepções do que se denomina hoje de "politicamente correto". O sucesso da revolução de 1830 exigiu a idealização do "povo" que se supunha tê-la feito.[27]

---

26 Troyansky, *Old Age in the Old Regime: Image and Experience in Eighteenth Century France*, p.27-49.

27 Newman, L'image de la foule dans la révolution de 1830, *Annales Historiques de la Révolution Française*, LII, p.499-509, 1980; Grew, Picturing the People. In: Rotberg, Rabb (eds.), *Art and History: Images and Their Meanings*, p.203-31, esp. p.226-31.

Da mesma forma, a imagem da escola de um povoado com sua organizada segregação dos sexos (Figura 59) pode representar um ideal em vez da confusa realidade. A imagem do pai lendo para a família, frequentemente representada nos séculos XVIII e XIX, também pode ser uma idealização, uma expressão de nostalgia pelos dias em que a leitura era um ato mais coletivo do que individual e os livros apropriados eram escolhidos pelos *patres familias*. Fotografias da vida rural tiradas na Inglaterra por volta de 1900 bem podem expressar certo anseio pela "comunidade orgânica" da pequena cidade tradicional, suscitando não apenas um sorriso dos protagonistas, mas enfatizando também os implementos tradicionais à custa dos novos maquinários. Essa nostalgia tem sua própria história, provavelmente com origens bem anteriores à Revolução Industrial. Por exemplo, as imagens rurais representadas nas iluminuras inglesas de Luttrell Psalter, do século XIV, que se encontram hoje na Biblioteca Britânica, foram recentemente descritas como elementos que oferecem uma "visão nostálgica" do mundo rural antes da crise do sistema feudal.[28]

Uma única imagem estudada em *close-up* pode tornar mais visível o processo de idealização. Uma conhecida pintura de Louis Le Nain, atualmente no Louvre, *A refeição dos camponeses*, representa camponeses franceses à mesa (Figura 61). Pierre Goubert, um historiador que dedicou a vida ao estudo dos camponeses franceses do século XVII, chamou atenção para a "toalha de mesa branca, o pão dourado, o vinho tinto suave e a simplicidade honesta da maneira de vestir e do mobiliário", argumentando que "a toalha e o vinho estão fora de lugar e o pão é demasiadamente branco". Goubert acredita que o objetivo do pintor era fornecer uma versão popular da Última Ceia. Outros críticos veem a imagem como uma alusão à história narrada no Evangelho de São Lucas (24) sobre a ceia dos discípulos na cidade

[28] Camille, *Mirror in Parchment*, p.192.

de Emaús com uma pessoa que acaba se revelando ser Cristo. *A refeição dos camponeses* tornou-se uma pintura-problema.

Nesse ponto, tornou-se óbvia a necessidade de inserir a pintura no contexto. Os irmãos Le Nain frequentemente realizavam o trabalho de pintura em cooperação. Eram oriundos de Laon, próximo à fronteira flamenga onde sua família possuía terra e vinhedos; em outras palavras, eles conheciam de dentro a vida dos camponeses. O problema reside em descobrir que tipo de imagem eles desejavam produzir. Infelizmente, desconhecemos para quem a pintura foi originalmente realizada. Uma hipótese é de que teria sido feita para uma instituição de caridade, numa época, início do século XVII, em que havia uma ascensão da caridade cristã organizada na França.

Outra sugestão esclarecedora é de que a imagem oferece expressão visual a visões religiosas do tipo expresso alguns anos mais tarde por um escritor religioso francês, Jean-Jacques Olier. Em seu *La journée chrétienne* [A jornada cristã], de 1657, Olier escreveu sobre a santificação da vida cotidiana e recomendou a seus leitores que lembrassem a Última Ceia quando se sentassem para a refeição vespertina. Se realmente a imagem se referisse às ideias de Olier, isso forneceria mais um exemplo de uma pintura de gênero que não representava a vida cotidiana apenas pelo próprio valor, mas como símbolo religioso ou moral, como se argumentou no caso das pinturas holandesas discutidas anteriormente. Entretanto, um crítico da época, André Félibien, que pertencia a um grupo social mais elevado do que o dos irmãos Le Nains, teceu um comentário desfavorável sobre a "falta de nobreza" do quadro. Parece que ele não considerou a pintura como simbólica, mas apenas como uma cena de gênero, do tipo produzido pelos holandeses.[29]

---

[29] Goubert, *The French Peasantry in the Seventeenth Century*, p.82; MacGregor, The Le Nain Brothers and Changes in French Rural Life, *Art History*, II, p.401-12, 1979; cf. Rosenberg, *Le Nain*, e Deyon, peinture et charité chrétienne, *Annales E.S.C.*, XXII, p.137-53, 1967.

Figura 61. Louis Le Nain, *A refeição dos camponeses*, 1642, óleo sobre tela. Museu do Louvre, Paris.

Os dignificados camponeses do quadro pintado por Le Nain encontram correspondentes em trabalhos posteriores de Jean-François Millet, ele próprio proveniente de uma família de camponeses da Normandia. Por exemplo, *O semeador*, de 1850, *As respigadoras*, de 1857 e, o mais conhecido de todos, *Angelus* (1857-1859), no qual um homem e uma mulher estão em pé no campo orando, todos os três representam trabalhadores rurais num estilo monumental.[30] Nessa época, uma imagem positiva dos camponeses tinha se tornado mais amplamente aceitável do que o fora no século XVII. Na Itália, Alessandro Manzoni tinha transformado dois jovens camponeses

[30] Brettell, Brettell, *Painters and Peasants in the Nineteenth Century*.

em herói e heroína de seu romance *Os noivos* (1825-1827), embora tivesse sido criticado pelo fato. Os intelectuais da classe média tinham passado a ver os camponeses como os guardiões da tradição nacional. Numa época em que a industrialização e a urbanização ameaçavam a tradicional ordem rural, os camponeses, antes vistos pelas classes superiores como grotescos (Capítulo 7), estavam sendo cada vez mais humanizados e até mesmo idealizados. Isso nos faz lembrar da história da paisagem – de forma bastante pertinente, uma vez que os espectadores urbanos consideravam os camponeses como parte da paisagem.

Outro tipo de imagem de camponês enfatiza a harmonia do sistema social; por exemplo, *Após a colheita*, de Petr Zabolotsky, que mostra servos russos dançando no pátio da casa grande, enquanto o proprietário e sua família observam do alto de uma escada – posição física que simboliza a superioridade social. A nostalgia é ainda mais clara nas aquarelas de Mariamna Davydova, que representam a vida numa propriedade rural russa do ponto de vista do proprietário, com cenas de uma carruagem, a visita do padre, um piquenique na floresta (Figura 62) etc., a propriedade sendo retratada mais como um centro de atividades de lazer do que como uma empresa. Pintadas após 1917, essas imagens evocam o mundo que Davydova e os que pertenciam a sua classe haviam recentemente perdido.[31] Tão idílica quanto a pintura de Zablotsky, a despeito da diferença de contexto político, é a imagem da vida em uma fazenda coletiva realizada pelo pintor soviético Sergei Gerasimov (1855-1964), um lembrete de que o estilo conhecido como "realismo socialista" – que poderia ser mais precisamente descrito como "idealismo socialista" – teve paralelos em períodos anteriores.

[31] Roosevelt, *Life on the Russian Country Estate: A Social and Cultural History*, p.121, 287.

Figura 62. Mariamna Davydova, *Um piquenique na floresta próximo a Kamenka*, década de 1920, aquarela. Localização desconhecida.

Justapor essas últimas imagens às fotografias dos pobres da área rural dos Estados Unidos nos anos da depressão é visualizar um perfeito contraste. As fotografias de Margaret Bourke-White e de Dorothea Lange mudam o foco do grupo para o indivíduo e enfatizam tragédias pessoais por meios tais como *closes* de uma mãe e seus filhos (Figura 63). Por contraste, olhando para o passado, mesmo as pinturas mais favoráveis à classe camponesa parecem impessoais. Não é tarefa fácil interpretar a diferença. Será o novo meio de comunicação o causador da diferença? Ou o fato de que essas duas fotógrafas eram mulheres? Ou o de que elas vêm de uma cultura que enfatiza o individualismo? Ou o de que elas trabalhavam para um projeto governamental, a Administração da Seguridade Rural?

Este capítulo começou levantando a difícil questão da tipificação. Da mesma forma que romancistas, pintores representam a vida social escolhendo indivíduos e pequenos grupos que eles acreditam serem típicos ou representativos de um conjunto maior. A palavra "acreditam" deve ser aqui sublinhada. Como no caso de retratos de indivíduos, representações da sociedade nos dizem algo sobre uma relação, a relação entre o realizador da representação e as pessoas retratadas. A relação pode ser igualitária, mas no passado ela frequentemente foi hierárquica, um aspecto que será desenvolvido no próximo capítulo.

Figura 63. Dorothea Lange, *Colhedores de ervilha indigentes na Califórnia. Mãe de sete filhos com trinta e dois anos de idade*. Nipomo, Califórnia. Fevereiro, 1936.

As pessoas retratadas podem ser vistas com maior ou menor distância, com um enfoque respeitoso, satírico, afetuoso, cômico ou desdenhoso. O que vemos é uma opinião "pintada", uma "visão de sociedade" num sentido ideológico mas também visual. Fotografias não são exceção a essa regra, uma vez que, como argumentado pelo crítico americano Alan Trachtenberg, "um(a) fotógrafo(a) não tem necessidade de persuadir um espectador a adotar o seu ponto de vista, porque o leitor não tem escolha; na fotografia vemos o mundo pelo ângulo da visão parcial da câmera, da posição em que ela estava no momento em que o dispositivo para bater a chapa foi acionado".[32] O ponto de vista nesse sentido literal obviamente influencia – mesmo que não determine – o ponto de vista no sentido metafórico.

A importância da distância social ou cultural é particularmente clara nos casos em que o artista ou fotógrafo é um estranho à cultura que está sendo retratada. A essa altura podemos retornar ao desenho de Dardel usado anteriormente como evidência do interior de uma cabana sueca (Figura 46). Se não exatamente uma caricatura, há um elemento cômico ou grotesco no esboço, implicando certa distância entre um artista da classe média e as pessoas cuja cultura material e vida cotidiana estavam sendo mostradas. Imagens desse tipo, imagens do "outro", serão o foco da atenção no próximo capítulo.

---

[32] Trachtenberg, *Reading American Photographs: Image as History, Mathew Brady to Walker Evans*, p.251-2.

7
Estereótipos do outro

Cristãos estão certos e pagãos estão errados.

A canção de Rolando

O Oriente é o Oriente e o Ocidente é o Ocidente e ambos nunca se encontrarão.

Rudyard Kipling

Não faz muito tempo que historiadores culturais tornaram-se interessados pela ideia do "Outro", com um O maiúsculo, ou talvez um A maiúsculo, uma vez que foram os teóricos franceses que deram início às discussões sobre *l'Autre*. Poderia ser mais esclarecedor pensar em pessoas diferentes de nós no plural em vez de transformá-las em um Outro não diferenciado, mas, visto que o processo de homogeneização é tão comum, historiadores culturais necessitam estudá-lo. Esse novo interesse corre paralelo ao aumento do interesse pela identidade cultural e encontros culturais, apenas um exemplo entre tantos das preocupações atuais, tais como o debate sobre multiculturalismo, que instiga os estudiosos a levantar novas questões sobre o passado.

No caso de grupos confrontados com outras culturas, ocorrem duas reações opostas. Uma seria negar ou a ignorar a distância cultural, assimilar os outros a nós mesmos ou a nossos vizinhos pelo uso de analogia – seja esse artifício empregado consciente ou inconscientemente. O outro é visto como o reflexo do eu. Assim, o guerreiro muçulmano Saladino era percebido por certos cruzados como um cavaleiro. O explorador Vasco da Gama, entrando num templo indiano pela primeira vez, interpretou uma escultura de Brahma, Vishnu e Shiva como uma imagem da Santíssima Trindade (da mesma forma que os chineses, um século mais tarde, interpretariam imagens da Virgem Maria como representações da deusa budista Kuan Yin.) O missionário jesuíta São Francisco Xavier, defrontando-se com a cultura japonesa pela primeira vez em meados do século XVI, descreveu o imperador (que possuía alto *status*, mas pouco poder) como um "papa" oriental. É através da analogia que o exótico se torna inteligível, domesticado.

A segunda reação comum é o reverso da primeira. É a construção consciente ou inconsciente da outra cultura como oposta à nossa própria. Nessa ótica, seres humanos como nós são vistos como "outros". Assim, a *Canção de Rolando* descreveu o Islão como uma inversão diabólica do cristianismo, e apresenta uma imagem de muçulmanos adorando uma trindade infernal composta de Apolo, Muhammad e um certo "Termagant". O historiador grego Heródoto apresentou uma imagem da antiga cultura egípcia como o inverso da grega, observando que no Egito as pessoas escreviam da direita para a esquerda, em vez de da esquerda para a direita, que os homens carregavam cargas na cabeça e não nos ombros, que as mulheres urinavam sentadas e não em pé etc. Ele também descreveu os persas e os citas em alguns aspectos como a antítese dos gregos.

Nos últimos parágrafos o termo "imagem" foi usado no sentido de uma imagem mental, e a evidência veio através de textos. Para recuperar ou reconstruir essas imagens mentais, o testemunho de imagens visuais é obviamente indispensável, a despeito de todos os problemas de interpretação suscitados pelas pinturas. Enquanto os escritores podem esconder suas atitudes sob uma descrição impessoal, os artistas são forçados pelo meio em que trabalham a adotar uma posição clara, representando indivíduos de outras culturas como semelhantes ou diferentes deles próprios.

Dois exemplos notáveis do primeiro processo descrito acima, a assimilação do outro, provêm de gravuras holandesas do século XVII. Em uma delas, um índio brasileiro foi equipado com um clássico conjunto de arco e flechas. Dessa forma, os índios foram identificados com os bárbaros do mundo antigo, mais familiares ao artista e ao espectador do que os povos das Américas. Em outra gravura, ilustrando um relato da embaixada da Companhia Holandesa das Índias Orientais, um lama tibetano foi representado como um padre católico, e seu colar de orações como um rosário (Figura 64). O texto que acompanha a ilustração vai mais ainda na direção da assimilação; a versão inglesa descreve o chapéu do lama como "bastante parecido com o de um cardeal, com abas largas", ao passo que a versão francesa, visando a um público católico, também compara as largas mangas da vestimenta do lama às de um frei franciscano, e o seu "rosário", aos dos dominicanos e franciscanos. O chapéu representado na gravura, a propósito, difere do pontudo chapéu tradicional dos lamas, que um viajante italiano do início do século XVIII, em outra tentativa de assimilar o desconhecido ao conhecido, comparou à mitra de um bispo. Ao contrário de outras imagens de culturas distantes aqui ilustradas (Figura 3, por exemplo), parece que a gravura foi feita com base no texto escrito e não em esboços provenientes de observações diretas.

Em outras palavras, quando ocorrem encontros entre culturas, é provável que a imagem que cada cultura possui da outra seja estereotipada. A palavra "estereótipo" (originalmente uma placa da qual uma imagem podia ser impressa), como a palavra clichê (originalmente o termo francês para a mesma placa), é um sinal claro da ligação entre imagens visuais e mentais. O estereótipo pode não

Figura 64. Gravura mostrando um embaixador tibetano com um "rosário". Jan Nieuhof, Embaixada da Companhia Oriental das Províncias Unidas junto ao Imperador da China. (Leiden: J. de Meurs, 1665).

ser completamente falso, mas frequentemente exagera alguns traços da realidade e omite outros. O estereótipo pode ser mais ou menos tosco, mais ou menos violento. Entretanto, necessariamente lhe faltam nuanças, uma vez que o mesmo modelo é aplicado a situações culturais que diferem consideravelmente umas das outras. Tem-se observado, por exemplo, que gravuras europeias de índios americanos eram muitas vezes composições que combinavam aspectos de índios de diferentes regiões para criar uma única imagem geral.

Ao analisar tais imagens, é difícil fazê-lo sem o conceito do "olhar" (*gaze*), um termo novo, tomado emprestado do psicanalista francês Jacques Lacan (1901-1981), para o que teria sido descrito anteriormente como "ponto de vista". Seja quando pensamos sobre as intenções dos artistas ou sobre as maneiras pelas quais diferentes grupos de espectadores olhavam para os trabalhos desses artistas, é interessante refletir em termos do olhar ocidental, por exemplo, o olhar científico, o olhar colonial, o olhar do turista, ou o olhar masculino.[1] O olhar frequentemente expressa atitudes sobre as quais o espectador pode não estar consciente, sejam elas de medos, ódios ou desejos projetados no outro. O pleito por interpretações psicanalíticas de imagens, um enfoque a ser discutido em maiores detalhes no Capítulo 10, é fortemente apoiado nas imagens de estrangeiros, fora ou no próprio país.

Alguns desses estereótipos são positivos, como no caso do "nobre selvagem", uma expressão usada em 1672 pelo poeta e dramaturgo inglês John Dryden. A imagem tornou-se um clássico que foi revivido no século XVI e desenvolveu-se junto com a imagem do seu oposto, a do canibal. Gravuras, incluindo as gravações em madeira na obra *História da viagem ao Brasil* (1578) do missionário francês protestante Jean de Léry, ilustraram esse conceito. A época áurea da ideia do nobre selvagem foi o século XVIII. Foi nessa época que a cultura de Taiti, por exemplo, era vista como remanescente dos anos dourados. Particularmente os habitantes da Patagônia e da Polinésia eram vistos por viajantes europeus sob o ponto de vista da tradição clássica como "exemplares modernos das austeras vidas virtuosas vividas nos tempos clássicos por povos como os espartanos e os citas".[2]

Infelizmente, a maioria dos estereótipos de outros – judeus vistos por não judeus, muçulmanos por cristãos, negros por brancos, camponeses por pessoas da cidade, soldados por civis, mulheres por homens etc. – era ou é hostil, desdenhosa, ou no mínimo condes-

---

[1] Bryson, *Vision and Painting: The Logic of the Gaze*; Mason, Portrayal and Betrayal: The Colonial Gaze in Seventeenth-Century in Brazil, Culture and History, VI, p.37-62, 1989; Kern, *Eyes of Love: The Gaze in English and French Paintings and Novels, 1804-1900*; Screech, *The Western Scientific Gaze and Popular Imagery in Later Edo Japan*.

[2] Smith, *European Vision and the South Pacific*, p.24-5, 37-8.

cendente. Um psicólogo provavelmente buscaria o medo subjacente ao ódio e também a projeção inconsciente de aspectos indesejáveis do eu no outro.

Talvez seja por essa razão que os estereótipos muitas vezes tomam a forma de inversão da autoimagem do espectador. Os estereótipos mais grosseiros estão baseados na simples pressuposição de que "nós" somos humanos ou civilizados, ao passo que "eles" são pouco diferentes de animais como cães e porcos, aos quais são frequentemente comparados, não apenas em línguas europeias, mas também em árabe ou chinês. Dessa forma, os outros são transformados no "Outro". Eles são transformados em exóticos e distanciados do "eu". E podem mesmo ser transformados em monstros.

As raças monstruosas

O exemplo clássico e antigo desse processo é o do assim denominado "raças monstruosas", que os antigos gregos imaginavam existir em lugares distantes como a Índia, Etiópia ou Catai.[3] Essas raças incluíam pessoas com cabeça de cachorro (*Cinocephal*); sem cabeça (*Blemmiae*); com apenas uma perna (*Sciopods*); canibais (*Anthropophagi*); pigmeus; a raça marcial de mulheres de apenas um seio (amazonas) etc. A *História Natural* do antigo escritor romano Plínio transmitiu esses estereótipos para a Idade Média e épocas posteriores. Por exemplo, a referência em Otelo a pessoas "cujas cabeças crescem abaixo dos ombros" é uma clara alusão aos *Blemmiae*.

---

[3] Wittkower, Marvels of the East: A Study in the History of Monsters, *Journal of the Warburg and Courtauld Institutes*, V, p.159-97, 1942; Friedman, *The Monstrous Races in Medieval Art and Thought*; Hassig, The Iconography of Rejection: Jews and Other Monstrous Races. In: Hourihane (ed.), *Image and Belief*, p.25-37.

Figura 65. *A ilha e o povo que foram descobertos pelo rei cristão de Portugal ou seus súditos*. Gravura alemã em madeira mostrando canibais brasileiros, c.1505. Biblioteca Estadual da Baviera, Munique.

As raças monstruosas podem ter sido inventadas para ilustrar teorias sobre a influência do clima, revelando o pressuposto de que pessoas que habitam lugares extremamente frios ou quentes não podem ser totalmente humanas.[4] Contudo, pode ser esclarecedor tratar essas imagens não como simples invenções, mas como exemplos de percepção distorcida e estereotipada de sociedades remotas. Afinal, pigmeus ainda existem e certos povos comem carne humana em determinadas ocasiões. Na medida em que a Índia e a Etiópia se tornaram mais familiares aos europeus nos séculos XV e XVI e nem *Blemmiae*, amazonas ou *Sciopods* puderam ser encontrados, os estereótipos foram realocados no Novo Mundo. Por exemplo, a

[4] Ibid.

origem do nome do rio Amazonas está relacionada à crença de que as amazonas habitavam aquela região. Povos de lugares remotos eram vistos de maneira monstruosa física e moralmente, como no caso dos canibais que se acreditava habitarem o Brasil, a África central e outros lugares.[5]

Para uma imagem vívida do canibalismo, que expressa e sem dúvida divulga o estereótipo, podemos considerar uma famosa gravura em madeira que circulava na Alemanha cerca de seis anos após a chegada dos portugueses ao Brasil no ano de 1500 (Figura 65). No centro da gravura vemos fragmentos de um corpo humano mutilado pendurado em um galho de árvore, enquanto o selvagem na extrema esquerda devora um braço humano. O exemplo ajuda a esclarecer o processo de estereotipagem. A afirmação que ele faz não é exatamente falsa. Alguns dos índios brasileiros, os machos adultos da tribo tupinambá, por exemplo, cujos costumes foram descritos detalhadamente por alguns viajantes europeus no final do século XVI, realmente comiam carne humana, notadamente a de seus inimigos em certos momentos ritualizados. No entanto, a gravura deixa passar a falsa impressão de que a carne humana era a comida cotidiana de todos os indígenas. Essa ideia ajudou a definir os habitantes de todo um continente como "canibais". Nesse sentido, houve uma contribuição para o que se tem denominado "mito do homem devorador de homem", para o processo no qual uma cultura (não necessariamente a ocidental) desumaniza a outra pela alegação de que seus membros devoram pessoas.

Atualmente, os leitores podem achar difícil levar a sério a ideia das raças monstruosas e reconhecer que nossos ancestrais acreditavam na sua existência ou pelo menos na possibilidade dessa existência em algum lugar. Tal ceticismo é um tanto paradoxal, consideradas as imagens correntes de alienígenas provindos do es-

---

[5] Arens, *The Man-Eating Myth: Anthropology and Anthropophagy*.

paço, que talvez pudessem ser vistos como o desdobramento final do estereótipo de Plínio. Assim, continuamos a perceber grupos culturalmente distantes de nós em termos estereotipados. Um exemplo bastante claro é o do "terrorista", um termo que atualmente evoca uma imagem de violência extrema e irracional. Se esses "terroristas" – iranianos, palestinos, curdos etc. – forem redefinidos como "guerrilheiros", eles recuperam seus rostos humanos e também causas compreensíveis – para não falar de ideais. Imagens de terroristas muçulmanos em especial tornaram-se comuns em filmes, principalmente na década de 1990, depois do declínio do "outro" comunista após a queda do muro de Berlim e a dissolução da União Soviética. "Terrorismo" está associado a termos pejorativos igualmente mal definidos tais como "fanatismo", "extremismo" e, mais recentemente, "fundamentalismo". Essas imagens hostis do Islã estão ligadas ao que é frequentemente descrito como mentalidade "oriental".

Orientalismo

Nos últimos vinte anos do século XX, o conceito de "orientalismo", antes um termo neutro empregado para descrever ocidentais especialistas nas culturas do Oriente Próximo, Médio e do Extremo Oriente, tornou-se pejorativo.[6] A mudança de significado deve-se principalmente a um homem, o crítico literário Edward Said, e seu livro *Orientalismo*, originalmente publicado em 1978. Said descreveu seu tipo de orientalismo como "a instituição homogênea para tratar do Oriente" que se desenvolveu no Ocidente a partir do final do século XVIII. Por outro lado, ele se referiu ao termo como um "discurso", ou (citando o historiador britânico Victor Kiernan)

---

[6] Schwab, *The Oriental Renaissance*; Said, *Orientalism*.

como "a fantasia coletiva europeia do Oriente", ou como "um estilo ocidental de dominar o Oriente" contra o qual o Ocidente definia a si próprio.[7]

Said trabalhou com textos e decidiu não discutir os estereótipos culturais do que ele chamou "o quadro do gênero oriental", mas suas ideias podem ser – e têm sido – usadas para analisar as pinturas do Oriente Médio realizadas pelos franceses Jean-Auguste-Dominique Ingres (1780-1867), Théodore Géricault (1791-1824), Jean-Léon Gérôme (1824-1904) e Delacroix, bem como por artistas ingleses, alemães, italianos e espanhóis.[8] Não seria difícil reunir um *corpus* substancial de pinturas ocidentais do Oriente Médio que estão repletas de estereótipos e focalizam a sexualidade, a crueldade, a preguiça e a "luxúria oriental", harém, banhos, odaliscas, escravos etc. O quadro *A grande odalisca* (Figura 66), de Ingres, é bastante típico do gênero, oferecendo ao espectador ocidental a sensação de penetrar um harém e assim visualizar os segredos mais íntimos de uma cultura estranha.

Essas imagens visuais ilustram ou correm paralelas aos estereótipos literários ocidentais do Oriente, tais como as *Cartas Persas* (1721), de Montesquieu. Na verdade, sabemos que alguns artistas se voltavam para a literatura a fim de buscar um toque de "cor local"; Ingres, por exemplo, recorreu às cartas vindas da Istambul do século XVIII escritas pela senhora Mary Wortley Montagu. O pintor transcreveu algumas das cartas, incluindo um trecho em que Mary descreve sua visita a um banho turco, como preparação para a pintura *O banho turco* (1862-1863).[9]

---

[7] Said, op. cit., p.3, 52.

[8] Ibid. p.26; Rosenthal, *Orientalism: The Near East in French Painting 1800-80*; MacKenzie, *Orientalism: History, Theory and the Arts*.

[9] Comparar: Grosrichard, *Structure du serail: La fiction du despotisme asiatique dans l'occident classique*. e Yeazell, *Harems of the Mind: Passages of Western Art and Literature*.

Figura 66. Jean-Auguste-Dominique Ingres, *A grande odalisca,* 1814, óleo sobre tela. Museu do Louvre, Paris.

Fotografias dos séculos XIX e XX de cenas da vida no Oriente Médio, tiradas por europeus visando a um público europeu, perpetuaram alguns desses estereótipos.[10] Da mesma forma o fizeram filmes, principalmente *O Sheik* (1921), no qual o papel principal de Ahmed Ben Hassan era estrelado pelo ator ítalo-americano Rodolfo Valentino, como se para os olhos dos WASP[11] americanos todos os homens de pele cor de oliva fossem intercambiáveis. A longa vida dos estereótipos, bem como a sua multiplicação, sugere que esses exemplos de fantasia coletiva ou do "imaginário" respondiam a desejos *voyeuristas* dos espectadores.

Os parágrafos anteriores tentaram mostrar que uma análise das imagens ocidentais sobre o Oriente Médio, nos termos propostos por Said, é esclarecedora. No entanto, o enfoque tanto esclarece o assunto quanto o torna obscuro. As atitudes ocidentais em relação

---

[10] Graham-Brown, *Images of Women: Photography of the Middle East, 1860-1950.*

[11] WASP no original, em inglês, tem o seguinte significado: White, Anglo-Saxons, Protestants, ou: brancos, anglo-saxões e protestantes. (N.T.)

ao "Oriente" não eram mais monolíticas do que o próprio Oriente, porém variavam de acordo com o artista e o gênero. Delacroix e Géricault, por exemplo, expressaram, cada um a seu modo, entusiasmo pelas culturas do norte da África. Para complicar ainda mais o assunto, é possível encontrar o que pode ser denominado "orientalistas orientais". O proprietário da obra *O banho turco* de Ingres era o diplomata otomano Khalil Bey, ao passo que Hamdi Bey (1842-1910), um artista turco que havia estudado em Paris com Gérôme, pintou cenas de sua própria cultura ao estilo ocidental. Pareceria que a modernização do império otomano requeria que ele fosse visto através de olhos ocidentais, ou, de alguma forma, ocidentalizados.

Outra distinção importante a ser feita é entre um estilo "romântico" exótico e o que tem sido denominado estilo "documental", "de reportagem" ou "etnográfico", que pode ser encontrado em certas pinturas do século XIX sobre o Oriente Médio, assim como nos primeiros trabalhos de John White na Virgínia (Figura 3) ou de John Webber (1752-1798) no Pacífico, escolhido pelo capitão Cook para acompanhá-lo na sua terceira viagem a fim de "preservar e trazer de volta" imagens das "cenas mais memoráveis das nossas transações". Exemplos desse estilo etnográfico, o equivalente ao "estilo testemunha ocular" discutido na Introdução, incluem *As mulheres de Argel* de Delacroix (Figura 1), o desenho do sultão otomano indo para a mesquita (Figura 2) feito pelo repórter e artista francês Constantin Guys (1802-1892) e a *Cena de rua, Damasco* (Figura 67) de Alberto Pasini (1826-1890), que incluía cavaleiros, ambulantes, figuras de véu e turbante e uma casa magnífica, sobressaindo-se na rua com as janelas cobertas por treliças, de tal forma que as mulheres dentro da casa podiam ver o que se passava fora da casa sem serem vistas.[12]

Mesmo cenas como essas, a despeito do forte "efeito de realidade", devem, assim como fotografias posteriores, ser utilizadas com cuidado como evidência da vida social no mundo muçulmano

[12] Smith, *European Vision and the South Pacific*, p.108-14; Rosenthal, *Orientalism*.

no século XIX. Os artistas frequentemente utilizavam modelos judias porque as mulheres muçulmanas eram inacessíveis. Algumas vezes eles admitiam o que estavam fazendo, como no caso da obra *Um casamento judeu no Marrocos* (outro trabalho de Delacroix), mas em outras ocasiões não o faziam. A identidade das mulheres em *Duas mulheres sentadas* tem sido frequentemente discutida. Elas podem ser judias, mas os detalhes do vestuário sugerem que elas são de fato árabes muçulmanas, confirmando a versão de que um francês conhecido do artista, um engenheiro que trabalhava no porto de Argel, persuadiu alguém do seu pessoal de operários para que fosse permitido a Delacroix desenhar suas mulheres de forma realista.[13] Um outro problema da imagem documental é o seu foco no que é típico, em detrimento do individual. Aquilo que é considerado típico de uma determinada cultura pode ser o resultado de anos de observação, mas também pode ser fruto de uma leitura apressada ou de puro preconceito.

Figura 67. Alberto Pasini, *Cena de rua, Damasco*, óleo sobre tela. Museu de Arte da Filadélfia.

---

[13] Yeazell, *Harems of the Mind: Passages of Western Art and Literature*, p.25-8.

O que Said batizou ou rebatizou "orientalismo" é um caso especial de um fenômeno muito mais amplo, a percepção estereotipada de uma cultura por outra ou de indivíduos de uma cultura por indivíduos de outra. Imagens norte-europeias feitas sobre o sul, especialmente da Espanha e da Itália, não tão diferentes - especialmente se o cenário era a Andaluzia ou a Sicília - de imagens do Oriente, poderiam ser descritas como exemplos de "meridionalismo". Imagens do extremo norte da Europa, incluindo a Lapônia e a Finlândia, poderiam ser descritas como "borealismo". Imagens europeias da África desenvolveram-se paralelas a imagens do Oriente. Na América do Norte e do Sul, artistas representaram escravos negros numa forma mais ou menos estereotipada.

Entre os retratos mais favoráveis de afro-americanos estava uma série realizada por Eastman Johnson (1824-1906), um nortista, nascido no Maine, que apoiava a abolição da escravatura. Sua mais conhecida abordagem do assunto, *Vida dos negros no sul*, foi pintada em 1859, às vésperas da Guerra Civil Americana. A cena dos escravos descansando após o trabalho, com um homem tocando banjo, mães brincando com os filhos, um jovem flertando com uma moça encantadora, foi descrita na época como o equivalente pictórico de *A cabana do pai Tomás* (o romance de Harriet Beecher Stowe havia surgido sete anos antes, em 1852). A obra de Johnson foi elogiada por se tratar de uma autêntica representação "das afeições, do humor, da paciência e serenidade que redimem da brutalidade e ferocidade os civilizados embora subjugados africanos". Mais recentemente, as imagens de Johnson sobre afro-americanos têm sido descritas como "não estereotipadas". Contudo *Vida dos negros no sul* é composta de poses típicas e atributos - o banjo, por exemplo - associados aos escravos. Eu preferiria dizer que as figuras são estereotipadas de uma forma relativamente suave e simpática.[14]

Imagens não europeias dos europeus como "o outro" também carregam um eloquente testemunho de estereótipo cultural. Os

---

[14] Carbone, Hills (ed.), *Eastman Johnson: Painting America*, p.121-7.

chineses, assim como os europeus, tinham visões de raças monstruosas, como sugerido por algumas gravações em madeira datadas do século XVII (Figura 68), incluindo uma figura fantástica como o clássico *Blemmyae* (um caso de difusão cultural ou invenção independente?). Uma garrafa japonesa do século XVI (Figura 69), tal qual um grupo de telas pintadas, alguns anos mais tarde, mostra os portugueses com seus calções estufados como balões, sugerindo que as roupas dos europeus – da mesma forma que seus grandes narizes – eram vistas como particularmente exóticas. Imagens africanas dos portugueses fizeram algo semelhante (Figura 70). Nesse sentido, podemos falar de "ocidentalismo", mesmo que ele nunca fosse o que Said chamou de "uma instituição homogênea" a serviço da dominação política e econômica.[15]

Figura 68. Gravação em madeira de um monstro, de Wu Renchen, *Shan-Hai-Jing*. Cantão, China.

[15] Carrier (ed.), *Occidentalism*.

Figura 69. Frasco de pólvora com uma imagem japonesa do povo português, século XVI. Museu Nacional de Arte Antiga, Lisboa.

Figura 70. Placa de bronze nigeriana (de Benin), mostrando dois homens portugueses do século XVI. Coleção Particular.

No Ocidente, a xenofobia era frequentemente expressa por imagens que apresentavam os povos de outras nações como monstruosos ou à beira da monstruosidade. *O portão de Calais* (c.1748) de Hogarth, por exemplo, está centrado na tradição dos estereótipos ingleses sobre os franceses. O francês emaciado lembra ao espectador que pobreza e monarquia absoluta estavam intimamente ligadas na mente dos britânicos, ao passo que o alegre e gordo frade olhando para a carne, a mão roliça no peito, evoca a imagem negativa dos padres e o que os intelectuais protestantes do século XVIII costumavam chamar de "hipocrisia clerical".

Figura 71. John Tenniel, "Duas Forças", caricatura, *Punch*, 29 de outubro de 1881.

Da mesma forma, em caricaturas inglesas e americanas do século XIX, os irlandeses eram muitas vezes representados como parecendo macacos, ou, apoiando-se na ficção científica da época, como um novo Frankenstein, um monstro, trazido à existência pelos britânicos, e que agora os ameaçava. De algum modo, essas imagens relembram a tradição de se personificar a rebelião ou a desordem (um dos irlandeses símios desenhados pelo cartunista John Tenniel – Figura 71 – usa um chapéu onde está escrito "Anarquia"). De qualquer forma, o impulso xenófobo é inconfundível.[16]

O outro em nosso próprio país

Um processo semelhante de diferenciação e distanciamento ocorre no interior de uma determinada cultura. Os homens têm muitas vezes se definido, em contraste à imagem da mulher, afirmando, por exemplo, que "homens não choram". Os jovens definem-se em contraste com os velhos, a classe média, com a classe trabalhadora, o norte (seja na Inglaterra, França ou Itália) em contraste com o sul. Essas diferenças estão materializadas em imagens, de forma que pode ser interessante falar do "olhar masculino", por exemplo, ou do "olhar urbano". Certos artistas especializaram-se na produção de imagens do Outro, como David Teniers, o jovem, que pintava bruxas, camponeses e alquimistas, outro alvo favorito dos humoristas da época.[17]

Essas diferenças tornam-se mais visíveis em imagens polêmicas, religiosas ou políticas, mas não há uma linha bem definida entre a caricatura polêmica e distorções inconscientes, uma vez que o

---

[16] Curtis Jr., *Apes and Angels: The Irishman in Victorian Caricature.*

[17] Davidson, *David Teniers the Younger.*

caricaturista tanto apela para preconceitos existentes, quanto os reforça. O ponto pode ser ilustrado por representações de judeus em pinturas e impressos na Alemanha e em outros lugares a partir da Idade Média (visto que a cultura judia é anti-icônica, normalmente não é possível comparar essas representações com autoimagens de judeus ou imagens judias dos não judeus). Um estudo recente desenvolvido pela historiadora americana Ruth Mellinkoff observa como os judeus eram considerados "outros" na arte medieval. Eles eram representados em amarelo, por exemplo, usando cartolas ou chapéus pontudos e fazendo gestos vulgares, tais como exibindo as línguas. Eram frequentemente mostrados física e moralmente próximos ao demônio. Sua sub-humanidade era demonstrada aos espectadores através da associação dos judeus com porcos e da imagem recorrente do *Judensau*.[18]

Algumas dessas associações reaparecem em outros contextos. Nas caricaturas produzidas durante a Revolução Francesa, o rei Luís XVI era ocasionalmente retratado como um porco. Também em forma de porcos aparecem os capitalistas obesos e abomináveis nas pinturas de Georg Grosz (1893-1959), por exemplo, ou de Diego Rivera. Distorções menos grosseiras e talvez menos conscientes podem ser encontradas em muitas imagens de mulheres – produtos do olhar masculino – que as representa como estranhas, sejam as imagens sedutoras ou repulsivas. Imagens de prostitutas são o exemplo mais claro de estereótipos alienantes. No ângulo sedutor, há o exemplo imediato de Manet, cuja famosa obra *Olímpia* claramente evoca a imagem das odaliscas do Oriente. No sentido oposto,

[18] Trachtenberg, *The Devil and the Jews: The Medieval Conception of the Jew and its Relation to Modern Antisemitism*, p.67; Gilman, *The Jew's Body*; Mellinkoff, *Outcasts: Signs of Otherness in Northern European Art of the Later Middle Ages*; Hassig, The Iconography of Rejection: Jews and Other Monstrous Races. In: Hourihane (ed.), *Image and Belief*.

pode-se citar Edgar Degas (1834-1917), cujas imagens, enfatizando as características menos atraentes das mulheres, têm sido descritas como "brutais e brutalizantes", ou as de Grosz, que caricaturou as mulheres da cidade como harpias predadoras.[19]

Um caso ainda mais extremo do "estranhamento" da mulher por parte do homem é a imagem da bruxa, usualmente feia e muitas vezes associada a animais, como cabras e gatos, bem como ao diabo. Uma gravura em madeira feita pelo artista alemão Hans Baldung Grien representa uma bruxa como uma mulher nua voando pelos ares nas costas de uma cabra. Nos séculos XVI e XVII, bruxas estavam começando a ser representadas mais frequentemente como cozinhando ou devorando bebês. A acusação é recorrente em textos da época, mas a mudança na imagem visual da bruxa pode ter surgido em parte como resultado do que poderia ser denominado de "contaminação" pelas imagens de canibais no Brasil e em outros lugares, conforme se discutiu anteriormente. Imagens literárias e visuais algumas vezes desenvolvem-se independentemente ou de forma parcialmente independente uma da outra. A metamorfose final da bruxa, nos séculos XVIII e XIX, transformou-a em uma velha usando um chapéu pontudo, com uma vassoura (Figura 72), rodeada por pequenos demônios – imagem que persiste até hoje na imaginação popular.[20]

---

[19] Duprat, La dégradation de l'image royale dans la caricature révolutionnaire. In: Vovelle (ed.), *Images de la Révolution Française*, p.167-75; Armstrong, Edgar Degas and the Representation of the Female Body. In: Suleiman (ed.), *The Female Body in Western Culture*; Clayson, *Painted Love: Prostitution in French Art of the Impressionist Era*.

[20] Davidson, *The Witch in Northern European Art*; cf. Hults, Baldung and the Witches of Freiburg: The Evidence of Images, *Journal of Inter-Disciplinary History*, XVIII, p.249-76, 1987-1988; e Zika, Cannibalism and Witchcraft in Early Modern Europe: Reading the Visual Evidence, *History Workshop Journal*, XLIV, p.77-106, 1997.

Figura 72. Xilogravura do início do século XIX representando uma bruxa.

Como no caso da acusação de devorar bebês, dirigida tanto a bruxas quanto a judeus, o chapéu pontudo nessa gravação, e o nariz adunco da mulher, ilustram a migração de estereótipos: o chapéu pode não mais evocar imagens de judeus, mas no passado evocava. A evidência para essa afirmação inclui a lei promulgada na então cidade de Buda, em 1421, que estabelecia que qualquer um que fosse preso pela primeira vez sob acusação de bruxaria era obrigado a aparecer em público usando um chapéu chamado "chapéu de judeu". Na Espanha do início da Era Moderna, hereges presos pela Inquisição eram obrigados a usar chapéus semelhantes. A confusão entre bruxas e judeus é reveladora e testemunha uma ideia geral do Outro e do que tem sido chamado de "um código visual geral expressivo de sub-humanidade".[21] A desumanização é certamente

21 Hassig, The Iconography of Rejection: Jews and Other Monstrous Races. In: Hourihane (ed.), *Image and Belief*, p.33.

o ponto de associação de outros grupos com animais – macacos, porcos, cabras ou gatos – em imagens e também em insultos verbais.

O camponês grotesco

Para mais um estudo de caso de imagens do Outro na própria cultura, podemos nos voltar para representações urbanas dos habitantes do campo.

Figura 73. Pieter Bruegel, o velho, *Banquete de casamento do camponês*, c.1566, óleo sobre tela. Museu Kunsthistorisches, Viena.

A partir do século XII, imagens ocidentais de pastores e camponeses frequentemente os representavam de maneira grotesca, distinguindo-os assim claramente das pessoas de *status* mais elevado que iriam observar as imagens. Certos exemplos notáveis da Inglaterra do século XIV podem ser encontrados nas páginas do famoso Luttrell Psalter. A disseminação de tais representações negativas de camponeses nos séculos XV e XVI, retratando-os com corpos obesos, de baixa estatura e em gestos vulgares, sugere que a distância cultural entre a cidade e o campo estava aumentando com a urbanização.[22]

Algumas das mais memoráveis dessas imagens ocorrem nas pinturas de Pieter Bruegel, o velho, ele próprio um habitante da cidade e simpatizante dos humanistas, e sugerem que se supunha que as pinturas fossem vistas como contribuições a uma tradição de sátira urbana.[23] O famoso Banquete de casamento do camponês (Figura 73) pode à primeira vista parecer um exemplo da "arte de descrever" (Capítulo 5), mas alguns pequenos detalhes sugerem uma intenção cômica ou satírica. Há a criança em primeiro plano, por exemplo, usando um chapéu muito grande para ela; o homem no extremo da mesa enterrando a cabeça no jarro; e talvez o homem que carrega os pratos com uma colher no chapéu (provavelmente um sinal de vulgaridade no século XVI, como o lápis atrás da orelha na Grã-Bretanha, há uma geração). Essa tradição cômica foi levada até o século XVII nas imagens de feiras de camponeses e de camponeses dançando em estalagens, bebendo, vomitando e brigando. Seria um erro homogeneizar uma tradição que deixava espaço para variações individuais. Como sugerido por um crítico, "as pinturas de Adriaen Brouwer e os últimos trabalhos de Adriaen van Ostade apresentam imagens muito diferentes do campesinato – uma, rude e não civilizada; outra, próspera e estupidamente autossatisfeita".[24] No entanto, a tradição visual negativa era disseminada e poderosa.

---

22 Camille, *Mirror in Parchment: The Luttrell Psalter and the Making of Medieval England*, p.210; Mellinkoff, *Outcasts: Signs of Otherness in Northern European Art of the Later Middle Ages*, p.231.

23 Alpers, Realism as a Comic Mode: Low-Life Painting Seen through Bredero's Eyes, *Simiolus*, VIII, p.115-39, 1975-1976; Miedema, Realism and Comic Mode, *Simiolus*, IX, p.205-19, 1977; Sullivan, *Brueghel's Peasants*.

24 Sutton, *Pieter de Hooch*, p.42.

Nos séculos XVIII e XIX, essa tradição foi gradualmente substituída por outra. O camponês – como o "selvagem" – foi enobrecido e idealizado (veja acima). Por outro lado, como no caso de alguns pintores "orientalistas", o olhar do artista não era idealizador nem grotesco, mas etnográfico, voltado para uma representação fiel das vestimentas e costumes (o termo espanhol para descrever esse tipo de pintura ou literatura era *costumbrista*).[25] O olhar etnográfico também pode ser percebido em muitas fotografias dos séculos XIX e XX retratando trabalhadores, criminosos e pessoas loucas, embora fosse geralmente menos objetivo e menos científico do que acreditavam seus praticantes. Os fotógrafos – a classe média tirando fotografias de trabalhadores, a polícia fotografando criminosos e os sãos fotografando os insanos – geralmente concentravam-se em aspectos que eles consideravam típicos, reduzindo as pessoas individuais a espécimes de tipos a serem exibidos em álbuns como borboletas. O que eles produziam foi denominado por Sander Gilman de "imagens de diferença".[26] O paralelo com a ideia dos ocidentais produzindo imagens do beduíno ou do *sikh* é bastante óbvio. O explorador David Livingstone pediu a seu irmão Charles, que estava fotografando, para "registrar bem espécimes característicos das diferentes tribos".[27] De alguma forma, o oposto da visão das raças monstruosas, o olhar científico, ao perseguir a objetividade pode ser quase igualmente desumanizador.

Imagens do outro, carregadas de preconceitos e estereótipos, parecem minar a ideia de que vale a pena considerar com seriedade a evidência fornecida por elas. Mas, como sempre, precisamos fazer uma pausa e perguntar: evidência de quê? Como evidência do que outras culturas ou subculturas realmente eram, muitas das imagens discutidas nesse capítulo não possuem muito valor. Por outro lado,

---

[25] Brettell, *Painters and Peasants in the Nineteenth Century*.

[26] Gilman, *Health and Illness: images of Difference*.

[27] Ryan, *Picturing Empire*, p.146.

o que elas realmente documentam muito bem é um encontro cultural e as reações a esse encontro por membros de uma determinada cultura.

Em um nível mais profundo, essas imagens podem ter ainda mais para nos revelar sobre o Ocidente. Muitas das imagens aqui examinadas representaram o Outro como uma inversão do Eu. Se a visão do Outro é mediada por estereótipos e preconceitos, a visão do Eu implicada por essas imagens é ainda mais indireta. Contudo, oferece precioso testemunho se ao menos pudermos aprender como lê-las. A observação de Ruth Mellinkoff sobre a Europa do norte no final da Idade Média certamente tem uma aplicação bem mais ampla. “Uma maneira de penetrar no âmago dessa sociedade e da sua mentalidade é questionar como e onde foram estabelecidas as fronteiras que distinguem quem está dentro e quem está fora.” O que as pessoas em um determinado lugar e tempo veem como “sub-humano” nos revela muito a respeito da maneira como elas veem a condição humana.[28]

---

[28] Mellinkoff, *Outcasts: Signs of Otherness in Northern European Art of the Later Middle Ages*, p.li.

8
Narrativas visuais

Toda imagem conta uma história.

Até aqui este livro teve pouco a dizer sobre acontecimentos históricos. Imagens oferecem evidências sobre a organização e o cenário de acontecimentos grandes e pequenos: batalhas; cercos; rendições; tratados de paz; greves; revoluções; concílios da Igreja; assassinatos; coroações; entradas de governantes ou embaixadores em cidades; execuções e outras punições públicas, e assim por diante. É possível citar, por exemplo, a pintura do Concílio de Trento reunido na Catedral feita por Ticiano, na rendição de Breda pintada por Velázquez, na coroação de Napoleão, segundo David, nos pelotões de fuzilamento pintados por Goya e Manet, na punição dos hereges num auto-da-fé em Madri em 1680, como vista pelo pintor Francisco Rizi.

A era do daguerreótipo produziu imagens memoráveis, tais como a reunião cartistas em Kennington Common em 1848 (Figura 74), que registra a aparência ordeira do que a classe média via como um momento subversivo. Na era da fotografia, a lembrança de determinados acontecimentos tornou-se cada vez mais intimamente associada com suas imagens visuais. Em 1901, um importante jornalista brasileiro, Olavo Bilac, previu que sua profissão estava condenada porque a fotografia logo substituiria a descrição através da escrita de qualquer recente acontecimento. Na era da televisão, a percepção de acontecimentos em curso é virtualmente inseparável das imagens mostradas na tela. A quantidade dessas imagens e a velocidade com a qual elas se transmitem são novidades, mas a revolução televisual na vida cotidiana não nos deve fazer esquecer a importância das imagens de acontecimentos em períodos anteriores.

Figura 74. William Edward Kilburn, *O grande encontro dos cartistas em Kennington Common*, 10 de abril de 1848, daguerreótipo. Castelo de Windsor, Berks.

Na era do cinema, tornou-se possível para os espectadores imaginarem que estavam assistindo à ascensão de Hitler. Antes da câmera, gravações em madeira e gravuras já desempenhavam funções semelhantes.

Imagens de acontecimentos correntes

Na Introdução deste livro, sugeriu-se que uma das mais importantes consequências das imagens impressas foi tornar possível a produção e a venda de imagens de acontecimentos em curso enquanto a lembrança desses eventos ainda estava ainda recente, transformando essas imagens no equivalente pictórico de jornais ou folhas de notícias, uma invenção do início do século XVII. Algumas imagens desse tipo podem ser encontradas em períodos anteriores, imagens de Lutero na Dieta de Worms, por exemplo, ou da coroação de Carlos V em Bolonha. Entretanto, a produção aumentou consideravelmente durante a Guerra dos Trinta Anos (1618-1648), na qual tantos europeus envolveram-se em todos os níveis da sociedade. Gravuras ilustravam as folhas de notícias contando os principais acontecimentos da guerra à medida que aconteciam, ou eram vendidas separadamente, como as imagens do incêndio da cidade de Oppenheim em 1621, ou o assassinato do general Albrecht von Wallenstein em 1634, ambos ilustrados por um dos principais artistas gráficos da época, Matthäus Merian (1593-1650).[1]

Figura 75. Gerard Ter Borch, *O juramento de ratificação do Tratado de Münster em 15 de maio de 1648*, óleo sobre cobre. National Gallery, Londres.

[1] Coupe, *The German Illustrated Broadsheet in the Seventeenth Century*.

Certas pinturas também eram encomendadas precisamente a fim de comemorar acontecimentos em curso. A revolta de Nápoles em 1647, por exemplo, liderada pelo pescador Masaniello, foi registrada numa pintura de Michelangelo Cerquozzi (1602-1660), feita para um simpatizante da revolta, o cardeal antiespanhol Spada. Um conjunto grande de pinturas foi encomendado por ricos holandeses para comemorar o Congresso de Vestfália e a Paz de Münster, que finalmente pôs um fim à Guerra dos Trinta Anos, incluindo *Celebração da Paz de Münster* de Bartholomeus van der Helst, *A proclamação da Paz de Münster em Haarlem* de Cornelis Beelt e *O juramento de ratificação do Tratado de Münster* de Gerard Ter Borch (Figura 75). É possível ver que Gerard ter Borch teve o cuidado de mostrar o maior número de participantes possível no mesmo nível, uma tarefa tão importante quanto difícil, considerando os conflitos de precedência que frustravam as conferências de paz no século XVII e início do XVIII. Também é interessante observar a proeminência dada aos próprios documentos.

Do mesmo modo, o pintor americano John Trumbull (1756-1843), encorajado por Thomas Jefferson, transformou a tarefa de representar os acontecimentos mais importantes da luta pela independência no trabalho de toda a sua vida. Sua pintura da *Declaração de Independência*, por exemplo, utilizou informação fornecida por Jefferson, que tinha participado do evento.

A respeito de outra pintura histórica de Trumbull, tem sido argumentado que "não é nem pretendia ser o relato de uma testemunha ocular", uma vez que o pintor aceitou as convenções da pintura narrativa em grande estilo, o que significava omitir qualquer coisa que pudesse diminuir a dignidade da cena, nesse caso uma batalha.[2] Pode-se levantar o mesmo ponto a respeito das convenções literárias associadas com a doutrina da "dignidade da história", que durante muitos séculos excluiu referências às pessoas comuns.

---

[2] Jaffé, *John Trumbull: Patriot-Artist of the American Revolution*, p.89.

Gerard ter Borch, por outro lado, pintou claramente no estilo testemunha ocular (Figura 75). O artista passou três anos na cidade de Münster durante a Conferência de Paz, na companhia dos holandeses e mais tarde do emissário espanhol. Seu *Juramento* oferece uma descrição sóbria de uma ocasião especial. A gravação contemporânea da pintura é descrita na legenda como "uma imagem de extrema exatidão" (*icon exactissima*).[3] O estilo testemunha ocular tem sua própria retórica, como já vimos (Introdução), e Borch poderia muito bem ter organizado a cena para que parecesse mais ordenada, como fazem atualmente os fotógrafos de grupos, mas ele se permitiu menos liberdade do que Trumbull. Em qualquer caso, conferências de paz oferecem menos oportunidades do que batalhas para brechas no cenário.

Lendo narrativas

Pinturas narrativas trazem problemas de sua própria natureza tanto para os pintores quanto para os leitores – a metáfora da "leitura" de imagens é especialmente apropriada nesse caso. Por exemplo, há o problema da representação de uma sequência dinâmica na forma de uma cena estática; em outras palavras, do uso do espaço para substituir ou para representar o tempo. O artista tem de condensar ações sucessivas em uma única imagem, geralmente um momento de clímax, e o espectador tem de estar consciente dessa condensação. O problema está na complexidade da representação de um processo, enquanto se evita a impressão de simultaneidade.[4]

---

[3] Kettering, Gerard ter Borch's "Beschwörung der Ratifikation des Friedens von Münster" als Historiebild. In: Bussmann, Schilling (eds.), *1648: Krieg und Frieden in Europa*, p.605-14.

[4] Panofsky, Style and Medium in the Moving Pictures, *Transition*, p.121-33, 1937; Hauser, *The Social History of Art*, o último capítulo em "The film age"; Pächt, *The Rise of Pictorial Narrative in TwelfthCentury England*.

A redução de sequência para cena deixa os espectadores com vários problemas interpretativos, como o da distinção entre partidas e chegadas, ou – como no caso da famosa pintura de Watteau retratando a loja de um *marchand* – entre o ato de colocar o retrato de Luís XIV numa caixa ou o de retirá-lo. Algumas vezes o contexto oferece a resposta, como no caso de Watteau, uma vez que o trabalho foi pintado após a morte do rei, em atmosfera muito diferente da Regência. Guardar o retrato de Luís XIV no porão faz sentido nesse contexto político, ao passo que tirá-lo para exposição, não.

Em muitos casos, antecipando dificuldades como essas, o pintor oferece explicações na forma de inscrições, legendas ou subtítulos (antigamente conhecido como *tituli*), transformando a imagem no que o historiador de arte Peter Wagner chama de "iconotexto" (Capítulo 2). Assim, a primeira cena de *O contrato de casamento* de Hogarth, discutida no capítulo anterior, inclui um papel na mão do pai da moça onde se lê "Acordo de Casamento do mui respeitável Lorde Visconde Squanderfield", que não apenas permite aos espectadores identificar a cena mas também alerta, através do termo "*squander*" (desperdício, esbanjamento), para a presença da ironia.

Leitores de imagens que vivem em uma cultura ou período diferentes daqueles no qual as imagens foram produzidas se deparam com problemas mais sérios do que leitores contemporâneos à época da produção. Entre os problemas está o da identificação das convenções narrativas ou "discursos" – seja o fato de figuras de destaque poderem ser representadas mais de uma vez na mesma cena, por exemplo (cf., a seguir, p.229), ou o fato de a história ser contada da esquerda para a direita ou vice-versa, ou mesmo, como no caso de um manuscrito grego do século VI conhecido como a *Gênesis de Viena*, alternar da esquerda para a direita e da direita para a esquerda. Convenções narrativas também incluem elementos estereotipados que poderiam ser descritos, segundo o modelo de uma análise clássica de narrativas orais, *The Singer of Tales* [O cantor de contos], de Albert Lord (1960), como "fórmulas" e "temas".

Quando uso o termo "fórmulas", refiro-me a esquemas em pequena escala, tais como uma figura numa determinada pose, uma figura típica no sentido de que seria parte de um repertório do artista e que poderia ser utilizada quando necessário e adaptada a diferentes encomendas. Um exemplo bem conhecido é o da figura de Cristo sendo descido da cruz, adaptada por pintores do século XVIII, como visto no Capítulo 4, nos casos das representações de Wolfe e Marat. Temas, em contraste, são esquemas em larga escala, cenas "típicas" como batalhas, conselhos, reuniões, banquetes, procissões e sonhos, elementos recorrentes em narrativas longas tais como a Tapeçaria Bayeux, que será discutida com detalhes mais adiante. Os filmes de Hollywood têm sido frequentemente criticados como baseados em "fórmulas", e essa característica algumas vezes tem sido explicada em termos de produção em massa. Entretanto, é apenas razoável reconhecer que a maioria, se não todas as narrativas, se baseia em fórmulas de algum tipo, mesmo histórias que tentam surpreender a expectativa dos seus leitores. Esse ponto é relevante não apenas para sequências narrativas, mas também para tentativas de congelar a ação, de captar a história numa única imagem.

Imagens únicas

Na Roma antiga, moedas seguidamente aludiam a acontecimentos contemporâneos, e algumas vezes seu testemunho desses eventos é tudo o que resta (especialmente em meados do século III d.C., quando fontes literárias remanescentes são escassas).[5] Tanto a escolha de acontecimentos a serem comemorados quanto a maneira como são apresentados testemunham a natureza do regime no qual

[5] Jones, Numismatics and History. In: *Essays in Roman Coinage presented to Harold Mattingly*, p.13-33.

foram produzidos, ao passo que as análises de toda uma série de moedas antigas na longa duração revela mudanças inconscientes ou no mínimo semiconscientes na percepção dos acontecimentos.

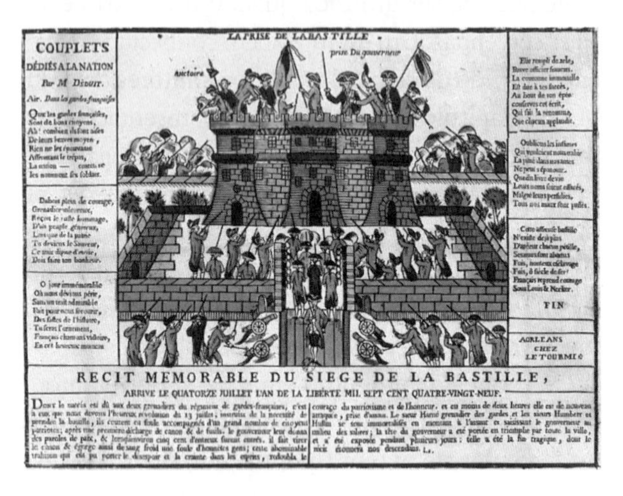

Figura 76. "Narrativa memorável do cerco da Bastilha", xilogravura colorida, Paris. Biblioteca Nacional da França.

Na Europa dos séculos XVI e XVII, é possível discernir um aumento no número de imagens da vida pública. Um gênero novo, a medalha política, modelada em moedas antigas, foi desenhada especialmente para comemorar importantes eventos públicos. Medalhas eram distribuídas por governos a embaixadores e outras pessoas importantes. Suas inscrições ofereciam àqueles que as observavam instruções sobre como ler as imagens, da mesma forma que agora possibilitam aos historiadores acesso à maneira como o regime que produziu a moeda via a si mesmo. Embora o termo ainda não tivesse sido cunhado, as medalhas produzidas em número crescente para soberanos, tais como a imperador Carlos V e o rei Luís XIV, podem com razão ser descritas como objetos responsáveis por fazer "propaganda", uma vez que ofereciam interpretações oficiais de eventos específicos, bem como os imprecisos elogios de soberanos que haviam sido habituais antes daquela época.[6] É bastante óbvio o triunfalismo das medalhas cunhadas para comemorar eventos tais como a vitória de Carlos V sobre os príncipes protestantes em Mühlberg (1547) ou a travessia do Reno feita por Luís XIV (1672). De forma similar, a destruição da Armada espanhola foi celebrada e interpretada na Holanda e na Inglaterra por uma medalha que proclamava que "Deus soprou e eles foram dispersados" (*Flavit et dissipati sunt*).

Imagens desse tipo eram, de uma certa forma, agentes históricos, uma vez que não apenas registravam acontecimentos mas também influenciavam a maneira como eles eram vistos na época. O papel das imagens como agentes é ainda mais óbvio no caso das revoluções. Revoluções sempre foram celebradas por meio de imagens, desde que obtivessem sucesso, como as de 1688, 1776, 1789, 1830, 1848, e assim por diante.[7] Entretanto, pode-se argumentar que a função das imagens é ainda mais importante enquanto a revolução está acontecendo. Elas têm muitas vezes contribuído para politizar pessoas comuns, especialmente – mas não exclusivamente – em sociedades pouco letradas.

Um famoso exemplo de imagem em ação refere-se à tomada da Bastilha, que foi quase que imediatamente representada em materiais impressos que circularam largamente – eles eram baratos, e quem não tinha condições de comprá-los podia vê-los nas vitrines de gráficas. Uma dessas imagens já estava à venda em 28 de julho de 1789, ou seja, apenas duas semanas depois do acontecimento que ela representava. A imagem estava cercada de textos justificando o ataque à fortaleza-prisão. Em uma xilogravura posterior, o texto anexo colocava grande ênfase nos temas da liberdade e do povo, contribuindo assim para a criação do que pode ser denominado de "mito"

---

[6] Burke, *The Fabrication of Louis XIV*, p.4-5.

[7] Kunzle, *The Early Comic Strip*; Leith, *The Idea of Art as Propaganda in France, 1750-1799*; Id., Ephemera: Civic Education through Images, In: Darnton, Roche (eds.), *Revolution in Print*, p.270-89; Clark, *Image of the People: Gustave Courbet and the 1848 Revolution*.

da tomada da Bastilha, edifício agora apresentado como o símbolo da repressão do Antigo Regime. Menos realista e mais esquemática, uma "representação partida" (para usar a expressão de Lévi-Strauss), na qual o lado da mão direita reflete o esquerdo invertido, uma segunda gravura (Figura 76) tem sido apropriadamente descrita como "uma imagem política religiosa". Ela de fato está bem no estilo de gravuras francesas de santos feitas em madeira, conhecidas como "imagens de Épinal", que ainda eram produzidas em grande número na época e também ao longo do século XIX. A peça, ao retratar eventos reais, era menos precisa do que outras, porém mais nítida e, sem dúvida, mais efetiva como uma ilustração do mito.[8]

O quadro-batalha

Entre retratos de acontecimentos, a obra de batalha merece lugar de destaque. Em parte por se tratar de uma tradição bastante antiga, pelo menos tão antiga quanto a batalha de Til-Tuba representada num baixo relevo assírio do século VIII a.C. E também pelo fato de que, durante séculos, especialmente de 1494 a 1914, muitos artistas europeus criaram imagens de batalhas, geralmente em terra, mas algumas vezes no mar, de Lepanto a Trafalgar. Essas imagens eram requisitadas por soberanos, por governos e também por publicações. Se pinturas a óleo eram vistas por relativamente poucas pessoas, mesmo na era das exibições públicas de arte no século XIX, muitas delas tiveram ampla circulação na forma de gravuras.

A representação dessas cenas levantou problemas difíceis, expressos de forma epigramática pelo historiador britânico John Hale: "As batalhas ampliam. A arte condensa". Uma possível solução

---

[8] Reichardt, Prints: Images of the Bastille. In: Darnton, Roche (eds.), *Revolution in Print* p.223-51; cf. Lüsebrink, Reichardt, *Die "Bastille": Zur Symbolik von Herrschaft und Freiheit*.

para o problema da ampliação era concentrar a atenção nas ações de alguns indivíduos, fragmentando a grande narrativa em várias narrativas menores. O pintor Horace Vernet foi criticado pelo poeta Baudelaire por produzir cenas de batalha que "consistiam em apenas uma gama de pequenas anedotas interessantes".[9]

Como uma crítica a Vernet em particular, o comentário não se justifica, mas ele realmente destaca um problema recorrente do gênero. A dificuldade de se observar um combate de uma pequena distância e o desejo de produzir imagens heroicas estimulou o uso de figuras típicas, fórmulas tiradas da escultura clássica (as batalhas representadas na coluna de Trajano e no arco de Constantino, por exemplo) e também de pinturas mais antigas, "gênero ameixa", como Hale as denomina, que os artistas podiam "retirar do bolo de clichês visuais quase que automaticamente".[10]

Para um exemplo da fórmula, ao mesmo tempo literária e visual, poder-se-ia considerar *Vidas dos artistas*, inicialmente publicado em 1550 por Giorgio Vasari (1511-1574), e observar sua descrição do afresco perdido de Leonardo da Vinci retratando a batalha de Anghiari, incluindo o detalhe de dois cavalos "com as patas da frente entrelaçadas, lutando com os dentes de maneira não menos impetuosa do que a que utilizam seus cavaleiros ao lutar pelo estandarte". Ao escrever alguns anos antes, o historiador Francesco Guicciardini (1483-1540) havia incluído em seu relato de uma outra batalha italiana, em Fornovo, uma expressiva nota de "cavalos lutando com patadas, mordidas e golpes, não menos que os homens". Mais tarde, no mesmo século, Torquato Tasso, no poema épico *Jerusalém libertada*, descreveu o início de uma batalha com as palavras "cada cavalo também se prepara para lutar". O uso de tais fórmulas sugere que o objetivo tanto dos poetas quanto dos

---

[9] Hale, *Artists and Warfare in the Renaissance*, p.137; Paret, *Imagined Battles: Reflections of War in European Art*, p.5, 22 – a citação de Baudelaire está na p.81.

[10] Salis, *Antike und Renaissance*, p.75-88; Hale, *Artists and Warfare in the Renaissance*, p.191.

pintores e historiadores era representar o ato de lutar de forma tão dramática quanto possível e não o de buscar detalhes específicos de determinada batalha.

Imagens de combates são uma forma clara de propaganda que oferece a oportunidade de retratar o comandante de uma maneira heroica. As imagens renascentistas de batalha tendem a mostrar os próprios líderes engajados nas frentes de batalha. Imagens posteriores, que correspondem a mudanças na organização das operações militares, mostram o comandante olhando o campo de batalha após a vitória, como no caso de Napoleão em *Campo de batalha de Eylau* de Antoine-Jean Gros (1771-1835).[11]

Diferentemente, como em um grande número de cenas de guerra de Luís XIV encomendadas pelo próprio rei, o comandante é representado observando o progresso da batalha do alto de uma colina, recebendo notícias da luta e ordenando ações de acordo com o que lhe é reportado. Ele está literalmente – bem como metaforicamente – acima da batalha. A narrativa foi substituída pelo retrato de um homem de poder contra um cenário militar ou panorama.[12]

Como um gênero pictórico, o panorama, feito para ser mostrado em um espaço circular, surgiu no final do século XVIII. Cenas de batalha rapidamente conquistaram seu lugar entre as mais populares formas de panorama – *A Batalha de Aboukir* (1799), por exemplo, de Robert Barker (1739-1806), ou *A Batalha de Waterloo*, de seu filho Henry Aston Barker (1744-1856). Finalmente, havia-se encontrado um meio de transmitir ao espectador uma ideia da complexidade de uma batalha, se não da sua confusão.[13]

Qualquer discussão sobre o valor de imagens de batalha como evidência precisa estabelecer distinções. Alguns artistas tentaram apenas representar uma batalha generalizada. Outros deram-se ao

---

[11] Prendergast, *Napoleon and History Painting*.

[12] Lalumia, *Realism and Politics in Victorian Art of the Crimean War*, p.22, 35; Paret, *Imagined Battles: Reflections of War in European Art*, p.41.

[13] Comment, *The Panorama*.

trabalho de conversar com participantes da batalha, como Horace Vernet (1789-1863), filho de Joseph Vernet (discutido anteriormente), que recolheu impressões da luta antes de pintar a cena da batalha de Vamy. Henry Barker fez o mesmo na sua pesquisa sobre a batalha de Waterloo.

No mesmo sentido, certos artistas não possuíam experiência pessoal de luta, porém, outros, como o suíço Niklaus Manuel (c.1484-1530), haviam servido como soldados. Alguns foram enviados ao campo de batalha precisamente a fim de testemunhar e registrar os acontecimentos. O pintor flamengo Jan Vermeyen (c.1500-1559) foi enviado para acompanhar o imperador Carlos V na sua expedição ao norte da África por essa razão, ao passo que outro flamengo, Adam van der Meulen (1632-1690), acompanhou Luís XIV em campanha. Nos séculos XIX e XX, o artista de guerra, como o fotógrafo de guerra, tornou-se uma instituição.

Por exemplo, Louis-François Lejeune foi testemunha ocular da batalha de Marengo no norte da Itália em 1800, onde Napoleão derrotou os austríacos, e registrou suas impressões em esboços feitos no local.[14] O fotógrafo Mathew Brady testemunhou a Guerra Civil Americana e realizou um conjunto de fotografias que ele descreveu como "uma história pictorial completa da luta da nossa nação". Na época, Brady foi elogiado por essas fotos, "que terão mais impacto do que as descrições mais elaboradas", como previu um contemporâneo seu, "para perpetuar as cenas daquela breve campanha". O veredicto de um outro contemporâneo sobre Brady foi que "ele está para as campanhas da República como Adam van der Meulen esteve para as guerras de Luís XIV".[15]

Da mesma forma, a guerra da Crimeia (1853-1856) foi "reportada" visualmente pelo pintor francês Constantin Guys e também por um verdadeiro pelotão de artistas britânicos, enviados por jor-

---

[14] Marrinan, *Painting Politics for Louis Philippe*, p.187.

[15] Trachtenberg, *Reading American Photographs: Images as History, Mathew Brady to Walker Evans*, p.72.

nais, *marchands* e editores, entre os quais Edward Armitage, Joseph Crowe, Edward Goodall e William Simpson.[16] O fotógrafo Roger Fenton também estava em serviço. A partir dessa época, nenhuma guerra importante prescindiu de seu corpo de fotógrafos ou, mais recentemente, suas equipes de televisão.

Revendo imagens ocidentais de batalha do século XVI ao XX, destacam-se duas grandes mudanças. A primeira, iniciada no século XVI, mas melhor explicitada no XVII, foi uma mudança na forma de representar "uma" batalha, qualquer batalha, para uma preocupação com um acontecimento único, digamos a batalha da Montanha Branca ou a batalha de Waterloo, com sua estratégia e táticas específicas. Essa mudança deu-se, em parte, como resultado de um crescente interesse no registro visual, exemplificado por uma ampla gama de imagens, desde desenhos de plantas até esboços da vida cotidiana em outras culturas.

A mudança também correspondeu a modificações na arte bélica, a chamada "revolução militar". Após a invenção do treinamento militar, as batalhas podiam ser vistas menos como uma aglomeração de combates individuais e mais como ações coletivas nas quais grupos de soldados marchavam, atacavam ou atiravam como se fossem um único homem. A nova tendência pictorial, acompanhando os desenvolvimentos militares, era mostrar uma cena que podia ser lida como um diagrama – e foi na verdade influenciada pelos diagramas impressos em livros sobre a arte da guerra.[17] Outra forma de descrever a mudança no estilo é dizer que imagens "quentes", que se supunha envolver emocionalmente o espectador, estavam sendo substituídas ou, pelo menos, complementadas por imagens "frias", cujo principal objetivo era informar.

---

[16] Lalumia, *Realism and Politics in Victorian Art of the Crimean War* – enfatizando o lugar da Guerra da Crimea neste desenvolvimento, p.54-5, 69, 107.

[17] Oman, Early Military Pictures, *Archaeological Journal*, XCV, p.337-54, esp. p.347, 1938; Cederlöf, The Battle Painting as a Historical Source, *Revue Internationale d'Histoire Militaire*, XXVI, p.119-44, 1967.

O ganho em legibilidade obtido pelo novo estilo de peça de batalha não deveria ser igualado a um ganho em termos de realismo. De fato, ele pode ter sido alcançado à custa do realismo, por meio de uma recusa deliberada de levar em consideração a confusão ou "ampliação" das operações militares na realidade. A mudança nas convenções da narrativa visual permitiu que mais informações de um determinado tipo pudessem ser comunicadas, à custa de um outro tipo de informação menos visível do que antes, privilegiando o que se supunha ter acontecido em vez daquilo que realmente acontecera. Mais uma vez, os historiadores precisam estar alerta para não tomarem imagens idealizadas pela realidade que elas dizem representar.

A segunda maior mudança em imagens de batalha foi a alteração de um estilo heroico para um anti-heroico ou real. Não se deve estabelecer uma data muito precisa para essa alteração – a guerra da Crimeia, por exemplo –, uma vez que estilos alternativos coexistiram em diferentes tendências ao longo dos séculos. A "cena de batalha sem herói", por exemplo, já estava sendo produzida em Nápoles em meados do século XVII. No máximo podemos falar de uma reviravolta gradual contra o que o escritor americano Stephen Crane (1871-1900), que foi, além de escritor, fotógrafo, conhecido por seu relato não heroico da guerra em *The red badge of courage* [O emblema vermelho da coragem], chamou de "as distorções românticas de gerações de pinturas de batalhas".[18]

Os horrores da guerra – algumas vezes enfatizados pelos artistas do lado derrotado numa espécie de contraofensiva visual – foram mostrados em impressionantes detalhes nas águas-fortes de Jacques Callot (c.1592-1635) e Francisco de Goya (1746-1828). Nas séries de águas-fortes publicadas por Callot em 1663, *As misérias e as tragédias da guerra,* o artista mostra cenas como a destruição de um convento, o saque de uma fazenda e o incêndio de um vilarejo, junto

[18] Saxl, A Battle Scene without a Hero, *Journal of the Warburg and Courtauld Institut,* III, p.70-87, 1939-1940; Crane apud Walcutt, *American Naturalism,* p.89.

com a punição de soldados indisciplinados por enforcamento, pelo pelotão de fuzilamento, na fogueira e no suplício da roda.

Depois de 1800, esses horrores invadiram a própria cena de batalha, como no famoso *close* do agonizante granadeiro prussiano em *Campo de batalha de Eylau*, ou a famosa fotografia da batalha de Gettysburg na Guerra Civil Americana, *Uma colheita de morte* (Figura 5), ou algumas das imagens da guerra da Crimeia feitas por artistas britânicos que haviam eles mesmos observado suas condições. Alguns poucos artistas e fotógrafos permaneceram nos limites do estilo heroico, mas outros representaram soldados comuns, inválidos ou generais apanhados em atitudes não heroicas.[19]

Figura 77. Huynh Cong Ut, *Ataque de Napalm*, 1972, fotografia.

O estilo heroico sobreviveu à Segunda Guerra Mundial em certos lugares, em pinturas encomendadas por clubes de oficiais britânicos, por exemplo, ou pelo governo da União Soviética. Entretanto, nessa

---

[19] Lalumia, *Realism and Politics in Victorian Art of the Crimean War*, p.67, 71.

época, a maioria dos artistas e fotógrafos de guerra do século XX estava expressando os valores de culturas civilistas, democráticas ou populistas na escolha de estilos alternativos. As batalhas eram cada vez mais vistas de baixo. *Gazeados* (1919), de John Sargent, como a famosa fotografia de Robert Capa de um soldado de infantaria republicano espanhol (Capítulo 1, Figura 4), representa a tragédia do soldado comum, ao passo que a igualmente celebrada fotografia de Huynh Cong Ut, *Ataque de Napalm*, mostrando crianças vietnamitas, uma delas completamente nua, correndo pela estrada e gritando (Figura 77), apresentava as consequências da guerra para os civis.[20]

Historiadores usando essas imagens como evidência deparam-se com a habitual bateria de problemas, como o caso de fotografias fabricadas, discutido anteriormente (Capítulo 1) com base em exemplos militares e outros. No caso da pintura de batalha heroica, as pressões dos que encomendam – frequentemente príncipes ou generais – precisam ser lembradas, ao passo que, no caso da fotografia anti-heroica, o historiador não pode se dar ao luxo de esquecer as pressões de editores de jornais e emissoras de televisão, preocupados com histórias que tenham "interesse humano". Mesmo assim, imagens frequentemente revelam detalhes significativos que reportagens verbais omitem. Elas oferecem aos espectadores distanciados no espaço ou no tempo algum senso da experiência de batalha em diferentes períodos. Elas também atestam de forma nítida as mudanças das atitudes em relação à guerra.

As séries

Alguns dos problemas que surgem da tentativa de transformar uma história em uma cena podem ser evitados com a exposição de duas ou mais imagens do mesmo acontecimento. A antítese, tão eficazmente empregada por Cranach (Capítulo 3) – ou por Hogarth

[20] Brothers, *War and Photography: A Cultural History*, p.178-85.

em seus contrastes entre Beer Street e Gin Lane ou entre os aprendizes laboriosos e os preguiçosos – pode ser adaptada para a narrativa do "antes" e "depois". Lugar-comum, mais tarde, na história da publicidade, a técnica já estava em uso em 1789 para ilustrar as consequências da Revolução Francesa. No primeiro de um par de imagens impressas anônimas, um camponês cambaleia sob o peso de um padre e um nobre. No segundo, ele cavalga nas costas deles e anuncia que sempre soube que um dia chegaria sua vez (como no caso das medalhas, o uso de um texto como guia para a leitura de materiais impressos de cunho político vale a pena ser considerado). Pares de imagens desse tipo solicitam análise estrutural em termos de oposições binárias, embora também se possa argumentar que a existência desses materiais impressos implica que o estruturalismo não é realmente algo novo (Capítulo 10).

Os gráficos políticos representando incidentes na revolta da Holanda (1568-1609) e as guerras de religião na França (1562-1589) eram um pouco mais complexos. Por exemplo, a ilustração dos assassinatos "bárbaros e cruéis" da poderosa família dos Guise, ordenados pelo rei Henrique III da França, dividia a história em oito cenas, incluindo dois *closes* dos corpos dos irmãos Guise trespassados por adagas e alabardas. Uma imagem desse tipo sensibiliza o historiador-espectador para a tentativa de apelar para as emoções das pessoas comuns na época, a "retórica do ódio" também revelada na linguagem dos panfletos da época, e assim mostra um aspecto importante do conflito.[21]

Para narrativas ainda mais complexas podemos considerar uma série de imagens ilustrando diferentes episódios numa guerra ou num reino. Callot, por exemplo, dedicou seis águas-fortes, publicadas em 1628, ao cerco espanhol de Breda na Holanda, e mais seis, publicadas em 1631, ao cerco da cidade francesa protestante de La Rochelle pelas tropas do rei Luís XIII.

[21] Kunzle, *The Early Comic Strip*; Anglo, A Rhetoric of Hate. In: Cameron (ed.), *Montaigne and his Age*, p.1-13.

Imagens feitas com propósitos de propaganda frequentemente empregavam o recurso da série. Jan Vermeyen, por exemplo, representou a campanha do imperador Carlos V no norte da África em desenhos para tapeçarias que mostravam incidentes tais como o imperador reunindo suas forças em Barcelona; a queda da fortaleza de La Goulette; o ataque a Túnis e a libertação de 20 mil cristãos cativos. Da mesma forma foi realizada uma série de tapeçarias para celebrar as vitórias de Luís XIV, série conhecida na época como "A história do rei" (Os inimigos de Luís, os britânicos e os holandeses encomendaram uma série rival de tapeçarias retratando a vitória do duque de Marlborough). Gravuras das trezentas medalhas avulsas emitidas para glorificar os eventos do reino de Luís XIV foram reunidas num livro intitulado a história "medálica" (ou "metálica") do reino. Elas se constituem em testemunhos vivos da "versão oficial" da história da França sob o reino de Luís, a maneira como o regime queria que os acontecimentos fossem percebidos e lembrados.[22]

Tiras narrativas

De uma série de imagens distintas, falta apenas um passo para uma tira contínua, como os relevos assírios de Nínive, a procissão no friso do Partenon ou a Coluna de Trajano em Roma, onde os relevos em espiral em volta da coluna contam a história das campanhas romanas contra os Dácios (101-106 d.C.). A partir da Renascença, as esculturas nas colunas de Trajano têm sido usadas como fontes não apenas para a história da campanha, mas também para a do vestuário e do equipamento do exército romano. No século XVI, a importância dos cortejos tanto na vida política como na religiosa, junto com o desenvolvimento da arte da gravura, encorajaram a produção de várias tiras impressas ilustrando acontecimentos como

[22] Horn, *Jan Cornelisz Vermeyen: Painter of Charles V and his Conquest of Tunis*; Burke, *The Fabrication of Louis XIV*, p.97.

a chegada de Carlos V em Bolonha para sua coroação (1530) e a procissão do doge de Veneza pelas ruas da cidade por ocasião dos festivais mais importantes. No caso da entrada imperial em Bolonha, houve até o equivalente a uma trilha sonora, uma referência no texto anexo aos gritos de "César" por parte dos espectadores.

Imagens desse tipo, gravadas ou pintadas, como no caso do Registro do Grande Torneio, de 1511, são extremamente úteis na reconstrução dos acontecimentos, embora não se possa assumir que sejam registros completos ao invés de resumos do que ocorreu. Elas são ainda mais úteis para a reconstrução do que deveria ter acontecido, uma vez que os rituais nem sempre se realizavam de acordo com o planejado. Aqui, como em toda a parte, o elemento de idealização no registro pictórico não deve ser esquecido. Nem se deve esquecer o elemento de propaganda, uma vez que as gravuras da coroação de Carlos, por exemplo, foram encomendadas por sua tia Margaret da Áustria. Bolonha era uma cidade papal, e a relativa proeminência das comitivas imperial e papal era um assunto para delicadas negociações na época. As gravuras dão a impressão de que o imperador tinha uma posição favorecida, mas confiar no testemunho dessas imagens a respeito de um assunto tão controverso seria, no mínimo, temerário.[23]

A Tapeçaria Bayeux

Uma tira narrativa excepcionalmente importante, com mais ou menos 70 metros de comprimento, é a Tapeçaria Bayeux, e seu testemunho tem seguidamente sido usado por historiadores interessados na conquista da Inglaterra pelos normandos e nos eventos que levaram a essa conquista. Relatos modernos da batalha de Hastings, por exemplo, geralmente descrevem a morte do rei Haroldo como resultante de um ferimento feito com uma flecha que lhe furou

---

[23] Anglo (ed.), *The Great Tournament Roll of Westminster*, esp. p.75-9; Jacquot (ed.), *Fêtes et céremonies au temps de Charles Quint*.

o olho. O detalhe provém em primeiro lugar não de uma fonte literária, mas de uma cena na Tapeçaria Bayeux (Figura 78) na qual vemos um guerreiro tentando tirar uma flecha do olho, com uma inscrição onde se lê "aqui o rei Haroldo foi morto" (*HIC HAROLD REX INTERFECTUS EST*). A história aparece pela primeira vez numa fonte escrita por volta do ano 1100, mas a versão escrita pode muito bem ter sido inspirada por uma leitura da imagem, uma leitura memorável na qual até mesmo a inscrição, como observado por um comentarista recente, "é agressivamente penetrada pelas estocadas das lanças e flechas dos normandos". A despeito da inscrição, o significado da cena não é completamente claro. Alguns estudiosos têm argumentado que a imagem não representa de modo algum Haroldo, e que o rei moribundo é na verdade representado pela figura que está no chão à direita do guerreiro. Por outro lado, ambas as figuras podem representar Haroldo, uma vez que as mortes de seus irmãos Leofivino e Gurt também são mostradas duas vezes. Duplas imagens desse tipo são um recurso narrativo bastante comum para representar o passar do tempo, os dois "instantâneos" representando dois momentos diferentes da mesma história.

Figura 78. Detalhe da morte do rei Haroldo durante a batalha de Hastings, da *Tapeçaria Bayeux*, c.1100. Museu da Tapeçaria, Bayeux.

O testemunho da Tapeçaria não pode evidentemente ser aceito como um valor integral. Em primeiro lugar, como já vimos, contar a história através de imagens seria impossível sem a utilização de fórmulas visuais. Sua função é a de facilitar a tarefa do espectador bem como a do narrador, tornando certas ações mais reconhecíveis, ao custo da eliminação de algo da sua especificidade. É também necessário contextualizar a narrativa. Em outras palavras, historiadores – como de costume – têm de se questionar sobre quem estava contando a história, deste modo, e para quem, e quais poderiam ter sido suas intenções ao assim fazê-lo.

A Tapeçaria Bayeux foi tecida na Inglaterra, mas as instruções provavelmente vieram da Normandia. De acordo com a tradição, a Tapeçaria de Bayeux foi encomendada pelo irmão de Guilherme, o Conquistador, Bispo Odo de Bayeux, e a proeminência dada a Odo na narrativa apoia essa história. As cenas que representam a ida de Haroldo a Guilherme, culminando no seu famoso juramento de fidelidade feito sobre relíquias sagradas, têm sido descritas como "deliberadamente arranjadas" para mostrar o poder de Guilherme e as obrigações de Haroldo para com ele. O que vemos é uma história com um princípio moral, "a história da justa retribuição ao perjúrio de Haroldo". Em outras palavras, embora a tapeçaria pareça ter sido bordada por agulhas inglesas, constitui-se num exemplo espetacular de história escrita pelos vitoriosos.[24]

Filme como evidência

Para uma narrativa mais fluente e um "efeito de realidade" ou "ilusão de realidade" ainda maiores, podemos considerar o cine-

---

[24] Gibbs-Smith, The Death of Harold, *History Today*, p.188-91, 1960; cf. Lewis, *The Rhetoric of Power in the Bayeux Tapestry*, p.127-8; Stenton, Historical Background. In: ______, *The Bayeux Tapestry: A Comprehensive Survey*, p.9-24; Pächt, *The Rise of Pictorial Narrative in Twelfth-Century England*, p.9.

ma, os filmes contemporâneos da Guerra dos Bôeres e da Primeira Guerra Mundial, por exemplo, e os filmes de atualidades semanais que floresceram entre 1910 e a década de 1950, quando a televisão assumiu essa função e passou a transmitir as notícias diariamente. Há muito tempo se percebeu o potencial do filme, bem como o da fotografia imóvel como fontes históricas. Por exemplo, em 1920, a Academia Holandesa pediu a Johan Huizinga para aconselhá-la sobre o valor de um projeto para um arquivo de filmes documentários. Huizinga, a despeito de seu enfoque visual para a história (Introdução), opinou contra o projeto baseado na ideia de que o filme não apresentava nenhuma contribuição séria para o conhecimento histórico, uma vez que o que essas imagens mostravam era destituído de importância ou já de domínio público.[25]

A melhor maneira de refutar a objeção de Huizinga é oferecer exemplos concretos. Um arquivista do Museu Imperial de Guerra teceu um comentário sobre um filme que tratava da Insurreição da Páscoa em Dublin, em abril de 1916: "Pode-se ver a extensão do estrago, o comportamento e os equipamentos das tropas envolvidas e até mesmo a atitude do povo de Dublin". Filmes de atualidades britânicos têm sido usados como fonte para a história da Guerra Civil Espanhola, e um filme apreendido pelo exército britânico em Belsen, em abril de 1945, foi usado como evidência nos julgamentos de Nuremberg. Numa época em que o holocausto está sendo negado em alguns lugares, o testemunho do cinema vale a pena ser lembrado.

Da mesma forma, se a história oral gravada em cassetes é levada a sério como fonte, seria estranho considerar fitas de vídeo com menos seriedade, como os testemunhos sobre colaboração e resistência em Clermont-Ferrand durante a Segunda Guerra Mundial coletados por Marcel Ophüls na década de 1960, alguns dos quais usados no seu filme *A tristeza e a piedade* (1971). Quanto à

---

[25] Strupp, *Johan Huizinga: Geschichtswissenschaft als Kulturgeschichte*, p.249.

história social, o exemplo dos filmes antropológicos mostra como o novo meio de comunicação foi usado a partir do início do século XX para registrar costumes sociais. Franz Boas, por exemplo, registrou as danças do povo Kwakiutl em um filme em 1930, ao passo que Gregory Bateson e Margaret Mead filmaram os balineses alguns anos mais tarde. Um pioneiro em filmes etnográficos, Robert Gardner, afirmou que eles ofereciam evidência "de um tipo direto e não ambíguo, sendo a realidade capturada instantaneamente e não sofrendo distorções devido a falhas de vista, memória ou interpretação semântica".[26]

O problema, mais uma vez, é avaliar essa forma de evidência, desenvolver um tipo de crítica da fonte que possa levar em conta as características específicas do meio de comunicação, a linguagem da imagem em movimento. Como no caso de outros tipos de documentos, o historiador precisa enfrentar o problema da autenticidade. Será que um determinado filme ou uma cena de um filme foram produzidos a partir da vida real ou foram montados no estúdio usando atores ou modelos (de prédios em chama, por exemplo)? Mesmo filmes rodados no local podem não ser completamente confiáveis como registro. Por razões técnicas, Franz Boas, por exemplo, foi forçado a filmar as danças noturnas de Kwakiutl durante o dia, de tal forma que o que agora vemos é o registro não de uma dança, mas de uma especial "perfomance encomendada".

No caso do cinema, o problema de se detectar interpolações é particularmente crucial, dada a prática de montagem e relativa facilidade com a qual imagens de diferentes lugares e eventos podem ser introduzidas na sequência. Isso pode ser feito a fim de enganar os espectadores, dando a impressão, por exemplo, de que o pro-

---

[26] Roads, Film as Historical Evidence, *Journal of the Society of Archivists*, III, p.183-91, esp. p.187, 1965-1969; Aldgate, *Cinema and History: British Newsreels and the Spanish Civil War*, esp. p.1-16; Ruby, *Picturing Culture: Explorations of Film and Anthropology*, p.97.

prietário da firma Krupp de manufatura de armas era um amigo do Kaiser. Por outro lado, a interpolação pode ser feita de boa-fé. Os filmes de Robert Gardner sobre rituais guerreiros entre os Dani da Nova Guiné dão a impressão de registrar lutas específicas, mas – a despeito da sua orgulhosa observação sobre "realidade capturada instantaneamente" – os filmes são realmente constituídos de tomadas de lutas diferentes combinadas em uma única batalha. Mesmo se o filme é autêntico, no sentido de ser composto por fotografias tiradas no local, os problemas permanecem. Por exemplo, o movimento rápido era difícil de fotografar no início do século XX, assim o filme do Ministério da Guerra britânico sobre a batalha do Somme usou cenas de "antes" e "depois" para substituir a própria ação.[27]

No caso de filmes de guerra, a locação exata é crucial. Trata-se do *front* ou de uma área atrás das linhas de batalha que está sendo mostrada ao espectador? Houve restrições aos movimentos da equipe de filmagem? Com relação às imagens em si, o foco, a iluminação e a composição são várias maneiras de enfatizar certos aspectos do assunto à custa de outros.

Outro processo de seleção e elaboração acontece no estúdio. Como jornalistas – e historiadores –, os diretores de filmes editam seu "texto", escolhendo certas imagens e omitindo outras. Como no caso da Tapeçaria Bayeux, fórmulas conhecidas podem ser escolhidas porque facilitam ao espectador acompanhar a história. O diretor também pode estar sujeito a pressões externas, sejam elas pressões políticas do censor ou pressões econômicas de bilheteria.

De uma certa forma, o próprio meio de comunicação é enviesado no sentido de ser bem adaptado à representação da superfície dos eventos, em vez de representar o processo de tomada de decisão

[27] Ruby, *Picturing Culture: Explorations of Film and Anthropology*, p.97-100; Hughes, The Evaluation of Film as Evidence. In: Smith (ed.), *The Historian and Film*, p.49-79; Pronay, The Newsreels: The Illusion of Actuality. In: Smith (ed.), *The Historian and Film*, p.95-119; Paret, *Imagined Battles: Reflections of War in European Art*, p.84.

subjacente. Em qualquer caso, as pessoas que fazem filmes têm suas próprias visões dos acontecimentos. Consideremos o caso de *Triunfo da vontade* (1935), por exemplo, o filme de Leni Riefenstahl sobre o Congresso nazista de Nuremberg de 1934. Riefenstahl alegou ter realizado um documentário, mas a retórica do filme é bastante óbvia. A diretora, ela própria uma admiradora de Hitler, fez uso de várias técnicas visuais (descritas anteriormente no Capítulo 4) para apresentar o líder sob um ponto de vista heroico. O próximo capítulo explorará de uma forma um pouco mais aprofundada a ideia de que produtores de imagens são intérpretes do passado.

9
De testemunha a historiador

> O objetivo que estou tentando alcançar é antes de tudo fazer vocês verem.
>
> D. W. Griffith

> Filmes deveriam ser um meio como qualquer outro, e talvez mais valioso que qualquer outro, de escrever história.
>
> Roberto Rossellini

No último capítulo, consideramos o uso de narrativas visuais como evidência histórica, como uma fonte ou recurso para historiadores quando eles escrevem seus livros. Certas narrativas visuais podem também ser consideradas como a própria história (como o diretor Roberto Rossellini sugeriu na entrevista mencionada acima), recriando o passado por meio de imagens e interpretando-o de diferentes maneiras. A seguir, discutirei dois gêneros a partir desse ponto de vista: a pintura histórica e o filme histórico.

O pintor como historiador

Embora a tradição de representar acontecimentos históricos em imagens venha de longa data, como vimos, o interesse dos pintores na reconstrução precisa das cenas do passado foi especificamente acentuada, no Ocidente, no período compreendido entre a Revolução Francesa e a Primeira Guerra Mundial.[1] A ascensão da pintura histórica, em um sentido relativamente estrito, coincidiu com a difusão do romance histórico de Sir Walter Scott (1771-1832) e Alessandro Manzoni (1785-1873), um gênero literário no qual o autor não somente conta a história acontecida no passado recente ou remoto, mas também tenta evocar e descrever a forma de vida e a mentalidade das pessoas que viviam na época.

Essa espécie de pintura histórica exigia pesquisa considerável, como alguns artistas reconheceram. Por exemplo, William Holman Hunt (1827-1910), pintor pré-rafaelita, foi à Palestina por volta de 1850 para dar às suas cenas sobre a Bíblia a "cor local" apropriada. Pintores que escolheram assuntos militares, tão populares no século XIX, algumas vezes desenvolveram pesquisas cuidadosas sobre os uniformes e equipamentos dos soldados que eles estavam pintando, como o francês Ernest Meissonier (1815-1891), que se especializou na Era Napoleônica, o alemão Adolf Menzel (1815-1905), que se concentrou na época de Frederico, o Grande, ou Franz Roubaud (1856-1928), que pintou panoramas da batalha de Sebastopol e a batalha de Borodino.[2]

Esses pintores podem ser vistos como historiadores de pleno direito. Eles aprenderam a partir do trabalho dos historiadores profissionais – encontrados em número cada vez maior nas universidades do século XIX –, mas fizeram também suas contribuições para

---

[1] Paret, *Imagined Battles: Reflections of War in European Art*, p.65.

[2] Ibid., p.85; Comment, *The Panorama*, p.232-40.

a interpretação do passado. A história que eles, frequentemente, representavam era a história nacional, movida pelo nacionalismo. Meissonier pintou as vitórias francesas (ou, mais raramente, derrotas honrosas), enquanto Menzel pintou as alemãs. Os pintores suecos Gustaf Cederström (1845-1933) e Carl Hellqvist (1851-1890) representaram cenas da vida e morte de dois dos mais famosos monarcas suecos, Carlos XII e Gustavo Adolfo. O pintor polonês Jan Matejko (1838-1893) representou algumas das mais famosas cenas da história polonesa, incluindo a famosa imagem de Stańczyk, um bobo da corte do século XVI, o que levou a pintura o mais longe possível na direção de interpretar a história e não, simplesmente, de mostrar cenas do passado. Enquanto o resto da corte rejubila-se com as notícias da guerra contra Moscou, uma guerra que levaria a Polônia à derrota, Stańczyk, a quem Matejko deu suas próprias feições, senta-se melancolicamente em um canto, porque ele, e somente ele, prevê as consequências que a guerra traria em sua dinâmica.

Dois aspectos dessas interpretações pintadas do passado merecem ênfase. Em primeiro lugar, os paralelos implícitos entre o passado e o presente. Por exemplo, no Salão de Paris de 1831, o pintor francês Paul Delaroche (1797-1856) exibiu uma pintura de Cromwell com o corpo de Carlos I, referindo-se, de forma indireta, à história da França de Luís XVI, em um paralelo óbvio com Carlos. Cromwell é mais do que um enigma, dadas as divergências entre as histórias francesa e inglesa. Ele deve ser identificado com Napoleão, como alguns contemporâneos pensaram? Ou ele é, como Francis Haskell uma vez argumentou, o rei pós-revolucionário Luís Felipe?[3] Um segundo aspecto das pinturas históricas do século XIX foi a mudança gradual em direção à história social ou aos aspectos sociais da política. Assim, em um de seus mais conhecidos quadros, David Wilkie escolheu representar não a batalha de Waterloo, mas os pensionistas de Chelsea

---

[3] Haskell, The Manufacture of the Past in Nineteenth-Century Painting, *Past and Presen*, LIII, p.109-20, esp. p.111-2, 1971.

alegrando-se com as notícias da batalha. A pintura foi descrita como "a assimilação da pintura da história pelo gênero popular", tornando-a, portanto, acessível a um público mais amplo.[4]

Filme como interpretação

É surpreendente saber que já em 1916 foi publicado um livro na Inglaterra com o título *The Camera as Historian* [A câmera como historiadora].[5] Dada a importância da mão que segura a câmera, bem como do olho e do cérebro que a direcionam, seria melhor dizer o cinegrafista como historiador. Ou, melhor ainda, falar de "cinegrafistas" no plural, uma vez que um filme é o resultado de um empreendimento coletivo no qual o ator e a equipe de filmagem desempenham seus papéis junto ao diretor, sem falar no autor do roteiro, ou nos livros em que os filmes tantas vezes se baseiam – de forma que os eventos históricos alcançam o espectador somente depois de ter passado por um duplo filtro, o literário e o cinematográfico. Além disso, filmes são iconotextos mostrando mensagens impressas para ajudar ou influenciar a interpretação das imagens pelo espectador. Entre os iconotextos, um dos mais importantes é o título do filme, que influencia as expectativas dos que o verão antes que tenham visto uma única imagem. Um exemplo notável é *O nascimento de uma nação*, de 1915, o famoso filme sobre a Guerra Civil Americana. Em uma frase que aparece na tela, durante a apresentação, o significado do título é reforçado com as palavras: "a agonia que o Sul suportou para que uma nação pudesse nascer".

O poder do filme é que ele proporciona ao espectador uma sensação de testemunhar os eventos. Esse é também o perigo do *medium* – como no caso da fotografia instantânea –, porque esta sensação

---

[4] Johnson, *Paintings of the British Social Scene from Hogarth to Sickert*, p.152.
[5] Gower, Jast, Topley, *The Camera as Historian*.

de testemunha é ilusória. O diretor molda a experiência embora permanecendo invisível. E o diretor está preocupado não somente com o que aconteceu de fato, mas também em contar uma história que tenha forma artística e que possa mobilizar os sentidos de muitos espectadores. O termo híbrido "docudrama" é uma lembrança muito viva da tensão entre a ideia do drama e a ideia do documento, entre os anticlímaces e o caráter inacabado do passado e as necessidades do diretor como as do escritor, ou do pintor, de atender à forma.[6]

O ponto essencial é que uma história filmada, como uma história pintada ou escrita, é um ato de interpretação. Justapor *O nascimento de uma nação*, dirigido por D. W. Griffith (1875-1948), com *E o vento levou* (1939), por exemplo, é ver a Guerra Civil Americana e o período posterior da Era da Reconstrução de duas maneiras bastante diferentes, mesmo os dois filmes apresentando os acontecimentos do ponto de vista dos brancos sulistas (Griffith era do Kentucky, e seu filme é baseado em uma novela, *O homem do clã*, de um pastor protestante sulista, Thomas Dixon, que se via como um cruzado contra o "perigo negro").[7]

Da mesma forma, a imagem gloriosa da Revolução Francesa projetada pelo filme *A Revolução Francesa*, de 1989, dirigida por Robert Enrico e Richard Heffron, sendo parte das celebrações do bicentenário, está em contraste muito claro com a visão subjacente ao *Danton* de Andrzej Wajda (1982), com suas reflexões pessimistas sobre o que Carlyle chamou de a revolução "comendo os próprios filhos" e o sacrifício de ideais em nome da ambição pelo poder. Sua decisão de começar com o terror, e não com os episódios iniciais mais positivos da Revolução, torna o sentido de sua interpretação bastante claro.

---

[6] Herlihy, Am I a Camera?, *American Historical Review*, XCIII, p.1186-92, 1988; Rosenstone, History in Images/History in Words. In: Id., *Visions of the Past*, p.19-44; White, Historiography and Historiophoty, *American Historical Review*, XCIII, p.1193-9, 1988.

[7] Cf. Rogin, "The Sword Became a Flashing Vision": D. W. Griffith's The Birth of a Nation, *Representations*, IX, p.150-95, 1985.

Parafraseando E. H. Carr (citado na Introdução), poder-se-ia argumentar que, antes de estudar o filme, você deve estudar o diretor. Wajda é um polonês com uma longa história de filmes que discutem os acontecimentos de seu tempo, desde *Cinzas e diamantes*, de 1958, que se passa em 1945, *O homem de mármore*, de 1977, que trata de um trabalhador stakhanovista na Polônia do pós-guerra. Seus filmes históricos, como as pinturas históricas de Delaroche e outros artistas já discutidos, podem ser interpretados como comentários indiretos sobre o presente. Em seu Danton, o papel da polícia secreta, os expurgos, e os julgamentos-espetáculo tornam suas intenções alegóricas bem claras. Existe até mesmo uma referência à reescrita da história por razões políticas, na cena em que o pintor David é mostrado no ato de remover Fabre, um revolucionário que está se tornando uma não pessoa, do afresco pintando para comemorar a Revolução.

Um filme histórico é uma interpretação da história, se feito por um diretor profissional, como é normalmente o caso, ou por um historiador profissional como Anthony Aldgate, que dirigiu um filme sobre a Guerra Civil Espanhola para a Universidade de Edimburgo, ou o grupo da Universidade de Leeds, incluindo John Grenville e Nicholas Pronay, que realizou *A crise de Munique* (1968).[8]

Como no caso dos reis filósofos de Platão, o diretor ideal necessita estar igualmente à vontade em dois papéis virtualmente incompatíveis. Apesar desse problema, a história filmada oferece uma solução atraente para o problema de transformar as imagens em palavras, fato que nós já encontramos anteriormente neste livro (p.43). Aquilo que o crítico americano Hayden White chama "historiophoty", definida como "a representação da história e nosso pensamento sobre ela em imagens visuais e discurso filmado", é complementar à "historiografia".[9]

---

[8] Aldgate, *Cinema and History: British Newsreels and the Spanish Civil War*; Grenville, The Historian as Film-Maker. In: Smith (ed.), *The Historian and Film*, p.132-41.

[9] White, *Historiography and Historiophoty*.

Naturalmente, como já vimos, muitos historiadores trataram as imagens como subordinadas aos textos, quando não as ignoraram totalmente. Será seu testemunho levado mais a sério agora que os próprios historiadores têm a oportunidade de usar imagens? Existem certos sinais sugerindo que este é o caso, o que inclui tanto críticas de filmes em revistas históricas como um debate sobre história e filme publicados na *American Historical Review*, em 1988, cujas contribuições já foram citadas. Por exemplo, em 1998, o *Journal of American History* incluiu avaliações sobre dois filmes de Steven Spielberg, *Amistad* e *O resgate do soldado Ryan* na seção regular "Crítica de Cinema". Ambos os críticos ficaram impressionados com o poder das imagens de Spielberg, mas chamaram a atenção para as representações equivocadas, em um caso de indivíduos históricos, e em outro das tropas americanas, representadas como "indisciplinadas" e "covardes".[10]

O potencial do filme para fazer o passado parecer estar presente e para suscitar o espírito de uma época passada, por meio de planos e espaços, é bastante óbvio. O problema, assim como no caso do romance histórico, é se o potencial foi explorado e com que sucesso. Nessa linha de pensamento pode ser esclarecedor fazer comparações e contrastes entre filmes que se passam em períodos relativamente remotos – o equivalente a *Ivanhoé* de Sir Walter Scott – com filmes de períodos recentes – o equivalente ao seu Waverley. Filmes que se passam no passado relativamente recente são geralmente mais precisos do ponto de vista histórico, especialmente em relação ao estilo do período. A cultura material das classes altas no século XIX é relembrada de forma deslumbrante nas cenas da elegante Palermo em *O Leopardo* (1963), de Luchino Visconti, por exemplo, ou nas cenas da elegante Nova York de *A época da inocência* (1993), de Martin Scorsese, ou da nobreza provincial em *Orgulho e preconceito* (1995),

---

[10] Herlihy, Am I a Camera?, *American Historical Review*, XCIII, p.1186-92, 1988; Rosenstone, History in Images/History in Words. In: _____, *Visions of the Past*; White, *Historiography and Historiophoty*; Suid, *Journal of American History*, LXXXV, p.1174-6 (*Amstad*) e p.1185-6 (*O resgate do soldado Ryan*), 1988. Sobre *Amistad*, cf. Davis, *Slaves on Screen: Film and Historical Vision*, p.69-93.

ou da classe trabalhadora em 1930, na cena do restaurante em *Roma* (1972) de Frederico Fellini.

Por outro lado, é relativamente difícil encontrar um filme que trate de um período anterior ao século XVIII que faça uma tentativa séria de evocar uma época passada como um país estrangeiro com uma cultura material, organização social e mentalidade (ou mentalidades) muito diferentes das nossas próprias. Na minha experiência pessoal, é muito difícil para um historiador ver um filme que se passa em um período anterior a 1700 sem ficar desconfortavelmente consciente dos anacronismos, nas cenas e gestos, bem como na linguagem ou nas ideias.

Alguns desses anacronismos podem ser necessários, como uma forma de fazer o passado imediatamente inteligível para o presente. Outros podem ser deliberados, uma observação sobre os paralelos entre acontecimentos mais antigos e mais recentes à maneira dos pintores históricos discutidos acima, e como no caso de *Ivan, o Terrível*, Parte II, de Sergei Eisenstein (realizado em 1946, mas somente liberado para a exibição cinematográfica em 1958, na época da desestalinização). De qualquer forma, certos anacronismos, encontrados mesmo nos melhores filmes históricos, parecem ser o resultado ou da falta de cuidado ou de uma falha em perceber o quanto atitudes e valores mudaram ao longo do tempo.

Alguns poucos filmes narrando acontecimentos de séculos atrás estão mais ou menos isentos dessas críticas. *Winstanley*, de Kevin Brownlow (1975), por exemplo, que evoca o mundo dos *Diggers* [cavadores], na Inglaterra, durante a Guerra Civil. Brownlow baseou sua história na novela *Comrade Jacob* [Camarada Jacob], do historiador David Caute; porém, ele queria fazer um filme "baseado nos fatos", como disse, de forma que leu panfletos da época bem como consultou Christopher Hill a respeito de aspectos históricos e ainda tomou emprestadas armaduras da Torre de Londres.[11]

[11] Tibbetts, Kevin Brownlow's Historical Films, *Historical Journal of Film, Radio and TV*, XX, p.227-51, 2000.

Certos filmes do diretor japonês Akira Kurosawa, que se passam no Japão antes de sua modernização, no fim do século XIX, também oferecem uma interpretação séria do passado. Os "sentimentos muito intensos de Kurosawa pelo Japão pré-moderno" foram observados por um crítico, bem como sua "ligação especial com o mundo dos samurais" – ele estudou a esgrima tradicional quando jovem. A maioria dos filmes sobre samurais mostra o período Tokugawa (1600-1868), um período de paz, quando a função do samurai era mais burocrática do que militar, mas Kurosawa preferia a ação. "Eu acho que sou o único", ele dizia, "a fazer filmes sobre as guerras civis do século XVI".

Em *Os sete samurais* (1954) e *A fortaleza escondida* (1958), por exemplo, Kurosawa consegue transmitir uma nítida sensação de insegurança e confusão do período anterior à reunificação do Japão pela dinastia Tokugawa. Ele apresenta um quadro vivo, simpático, tanto das habilidades quanto do *ethos* do ideal samurai, cuja tranquila concentração deve muito à tradição do Zen Budismo. Entretanto, Kurosawa também mostra como a nova tecnologia da pólvora significou o fim da tradicional classe dos guerreiros e assistiu à passagem do feudalismo para a modernidade. Aqui, bem como ao longo de seu trabalho, ele estava oferecendo aos seus espectadores uma interpretação consciente da história japonesa.[12]

O Luís XIV de Rossellini

Outra tentativa séria de trazer de volta o sentimento de uma época remota é o filme de Roberto Rossellini *A ascensão de Luís XIV*. Como base para o filme, Rossellini usou a biografia de Luís, publicada pelo historiador francês Philippe Erlanger em 1965 e, ainda, empregou Erlanger como consultor histórico. Ele também usou

[12] Desser, *The Samurai Films of Akira Kurosawa.*; Prince, *The Warrior's Camera: The Cinema of Akira Kurosawa*, p.200-49, esp. p.202-5.

textos do período, tais como as máximas de La Rochefoucauld, que Luís aparece lendo, e as memórias do Duque de Saint-Simon, descrevendo os rituais da corte que o filme tão vividamente mostra. O filme *Luís XIV* é feito com o que se poderia chamar de um estilo "testemunha ocular", rejeitando montagens de cenas, por exemplo, e dando o papel principal para um ator amador. Faz também um efetivo uso de evidências das imagens do século XVII, principalmente retratos contemporâneos dos protagonistas, embora o diretor pareça ter baseado a cena do leito da morte do Cardeal Mazarin em uma pintura do século XIX de Paul Delaroche.[13]

Em certo ponto de sua carreira, Rossellini decidira fazer filmes históricos como uma forma de educação popular, com o propósito de ajudar as pessoas a entenderem o presente por meio do passado. Ele havia já feito *A idade de ferro* e estava pretendendo fazer filmes sobre Descartes, Pascal, Sócrates, os Apóstolos, Agostinho, e *A Era dos Médici*. No caso do seu Luís XIV, a intenção didática do diretor é particularmente aparente no uso que faz do artifício tradicional de um estranho à corte fazer perguntas sobre o significado daquilo que observa e obter respostas como, por exemplo, que a rainha batia palmas no quarto real para anunciar que o rei cumprira suas responsabilidades conjugais.

Como História, seu Luís XIV é particularmente notável por duas razões. Em primeiro lugar, sua preocupação com acontecimentos do dia a dia, em uma época – os anos 1960 – em que a "história do cotidiano" não era ainda levada a sério por historiadores profissionais. Isso ilustra claramente o ponto destacado por Siegfried Kracauer: "A dimensão total da vida diária com seus movimentos infinitesimais e suas muitas ações passageiras somente poderia ser desvelada na tela [...] filmes iluminam o reino das bagatelas, dos pequenos acontecimentos".[14]

---

[13] Bann, Historical Narrative and the Cinematic Image, *History & Theory Beiheft*, XXVI, p.47-67, 1987.

[14] Kracauer, *History: The Last Things before the Last*.

Por exemplo, o filme inicia com uma cena inventada de pessoas comuns, nas margens do rio, discutindo acontecimentos políticos. Mostra regulamente o trabalho em andamento, Versalhes sendo construído, por exemplo, bem como produtos acabados. Nós não somente assistimos às grandiosas refeições reais, mas também damos uma olhada rápida nas cozinhas, nas quais elas estão sendo preparadas. Barqueiros, cozinheiros, pedreiros e empregados têm seu papel no filme e na história, assim como reis e cortesãos. Também animais, especialmente cães, tanto nas cenas de interiores como nas externas (observe a nota citada anteriormente neste livro, no Capítulo I, sobre a presença de cães nas faculdades de Oxford e Cambridge no século XVII). Em certos momentos, objetos materiais como urinóis ou pratos cobertos se transformam no centro da atenção.

Em segundo lugar, o diretor concentrou-se na forma pela qual Luís foi capaz de tomar o poder e mantê-lo, sendo seu foco o teatro da corte em Versalhes e a forma como o rei utilizou-o para domar a nobreza. Uma rápida observação do embaixador de Veneza sobre capas para cortesãos desenhadas pelo rei, citada na biografia de Erlanger, tornou-se a base da famosa cena do filme entre Luís e seu alfaiate, quando o rei lhe dá instruções sobre as roupas caras e espetaculares que os cortesãos deveriam usar a partir de então. A cena final do filme, talvez inspirada por um famoso desenho de Luís XIV feito pelo escritor William Thackeray, mostra Luís em seu estúdio tirando suas roupas grandiosas e sua peruca e, nesse processo, transformando-se em uma pessoa comum contemplando sua mortalidade. Em outras palavras, Rossellini usou o espetáculo como uma maneira de analisar o próprio espetáculo, seus usos políticos e efeitos.[15]

Ainda outro filme histórico sério foi *O retorno de Martin Guerre* (1982), de Daniel Vigne, que conta uma história verdadeira que se

[15] Cf. Brunette, *Roberto Rossellini*, p.281-9; Bondanella, *The Films of Roberto Rossellini*, p.125-37.

passa no sul da França, no século XVI, em que um camponês abandona a esposa e sua fazenda para tornar-se soldado. Anos mais tarde, um homem retorna, dizendo ser Martin, e é inicialmente aceito pela esposa Bertrande como seu marido, mas a história não convenceu a todos na família. Mais tarde, outro personagem chega, e o primeiro homem é desmascarado como um certo Arnaud du Tilh, e é executado. Enquanto o filme era filmado, a historiadora americana Natalie Davis atuou como consultora da parte histórica para o diretor. Ao mesmo tempo, ela teve a oportunidade de observar o processo de filmagem. Alguns dos atores leram livros sobre o período e fizeram-lhe perguntas sobre os personagens que estavam representando. "Não posso imaginar por que Bertrande esperou tanto tempo antes de voltar-se contra o impostor no julgamento", disse um deles. "Por que deveria uma camponesa arriscar sua sorte?" A pergunta foi respondida pela historiadora da seguinte forma: "A verdadeira Bertrande não esperou tanto tempo".

Embora Davis estivesse preocupada com certas liberdades que o filme tomara em relação ao "registro histórico", anotou-se que ela teria dito: "ver Gérard Depardieu encontrar seu caminho no papel do falso Martin Guerre deu-me novas maneiras de pensar sobre os feitos do real impostor, Arnaud du Tilh", e isso contribuiu para seu próprio estudo, em forma de livro, *O retorno de Martin Guerre*, de 1983.[16] Como um simples espectador, eu gostaria de prestar homenagem semelhante a Depardieu e confessar que vê-lo representando o personagem Danton, no filme de Andrzej Wajda de mesmo nome, discutido anteriormente, ajudou-me a entender o caráter do grande revolucionário – sua generosidade, seu calor humano, sua avidez e seu egoísmo – e assim compreender melhor o papel que desempenhou na história francesa.

---

16 Davis, Owns History?. In: Ollila (ed.), *Historical Perspectives on Memory*, p.19-34, esp. p.29; Id., *The Return of Martin Guerre*, p.viii.

História contemporânea

A maioria dos bons filmes históricos trata do passado relativamente recente. A seguir, portanto, concentrar-me-ei na história do século XX e no papel que os diretores de cinema tiveram ao ajudar seus contemporâneos a interpretar eventos que todos experimentaram: 1917, 1933, 1945, 1956 e assim por diante, tendo como foco dois filmes dirigidos, respectivamente por Gillo Pontecorvo e Miklós Jancsó.

A batalha de Argel, de Gillo Pontecorvo, apareceu em 1966, logo após os acontecimentos narrados pelo filme. O filme não utiliza nenhum registro do momento, e ainda assim dá a impressão de um jornal cinematográfico – em outras palavras, um relato de testemunha ocular – graças ao estilo fotográfico e ao uso de muitos atores não profissionais (Figura 79). As cenas dos franceses torturando e matando terroristas suspeitos foram baseadas em pesquisas feitas nos arquivos policiais e tornaram-se possíveis pela cooperação do governo argelino. Como o filme do mesmo diretor, *Queimada* (1969), que se passa no Caribe, no início do século XIX, *A batalha de Argel* oferece uma poderosa imagem da interpretação marxista do processo histórico como uma luta entre opressores e oprimidos, na qual os últimos estão destinados à vitória. Ao mesmo tempo, Pontecorvo evitou a tentação de apresentar todos os rebeldes como bons e todos os apoiadores do regime colonial como maus. A tela mostra claramente as atrocidades cometidas por ambos os lados na luta.

Pontecorvo tornou sua história mais complexa dando um papel importante a uma figura simpática do lado "errado", o coronel Mathieu, um homem de bravura e elegante soldado (personagem baseado parcialmente em uma figura histórica verdadeira, o General Massu). Outro recurso usado pelo diretor foi a sua escolha do final, ambíguo mais do que triunfante. No final do filme, os espectadores ficam sabendo que, no momento de sua vitória sobre os franceses,

Figura 79. Fotograma do filme de Gillo Pontecorvo *A batalha de Argel* (1966).

os rebeldes já se dividiam em grupos rivais, cada um tentando tomar o poder dos outros.[17]

Da mesma forma que *A batalha de Argel*, o filme do diretor húngaro Miklós Jancsó, *Vermelhos e Brancos*, de 1967, originalmente denominado "Estrelas e Soldados", evita apresentar a Guerra Civil Russa de uma forma simples, em que se vê somente um lado, apesar do fato de que o filme foi encomendado pelo governo soviético para comemorar o quinquagésimo aniversário da Revolução Russa. A técnica, dessa vez, é escolher um ponto de vista local, um vilarejo que é tomado e retomado pelos Vermelhos (incluindo aí um grupo de voluntários húngaros) e os inimigos Brancos. Nessas sucessivas ondas de idas e vindas, o próprio lugar– a vila, as florestas que a rodeiam e um convento e o hospital de campanha – oferece o

---

[17] Michalczyk, *The Italian Political Film-Makers*, p.190-9, Davis, *Slaves on Screen: Film and Historical Vision*, p.43-4.

único ponto fixo. Vistas a partir desse ponto, as atrocidades cometidas pelos dois lados parecem igualmente terríveis, embora seus estilos sejam diferentes em detalhes importantes – a violência dos Brancos, geralmente soldados profissionais, parece, por exemplo, menos espontânea e mais disciplinada do que a dos Vermelhos, que não o eram.

Como no filme anterior de Jancsó, *The Round-up* [batida policial] (1965, com o título original "Pobres jovens homens"), que se referia à repressão a um bando de foras da lei que haviam tomado parte na revolução de 1848 (fazendo então uma referência indireta ao levante húngaro de 1956, ainda muito presente na mente das pessoas), a tela maior e as longas tomadas presentes em *Vermelhos e Brancos* fazem com que os indivíduos pareçam relativamente sem importância e, portanto, estimulam os espectadores a focar sua atenção no processo histórico. Apesar disso, graças a sua localização no vilarejo ou perto dela, o filme também contribui para a "micro-história" – termo usado de forma corrente entre os historiadores a partir dos anos 1970, mas já usado nos anos 1960 pelo historiador do cinema e crítico Siegfried Kracauer.

Outra perspectiva da micro-história foi oferecida pelo filme de Bo Widerberg *Ådalen 31* (1969), sobre uma greve em uma fábrica de papel de uma pequena cidade da Suécia, em 1931, que perdurou por vinte e cinco semanas e terminou tragicamente quando tropas vieram para proteger a fábrica e abriram fogo contra uma manifestação pacífica atingindo cinco trabalhadores. Widerberg fez seu filme de modo a discutir o geral por meio de um foco preciso no particular, englobou as ligações bem como os conflitos entre os dois lados da disputa utilizando indivíduos como Kjell, um trabalhador que tinha um relacionamento com Ana, a filha do gerente da fábrica. Pontos de vista locais são também centrais ao filme *Heimat* (1984), de Edgar Reitz, um filme de longa metragem (feito para a televisão alemã) que se passa em um vilarejo na região do Reno. Heimat mostra, na maior parte do tempo, a época de Hitler e a forma pela qual o regime nazista e a Segunda Guerra Mundial foram percebidos no período, em um nível local. Abarcando o período de 1919 a 1982, o filme também oferece tanto uma noção quanto uma interpretação da mudança social, do processo de modernização e da perda do sentido de comunidade que acompanhou as mudanças.[18]

Como na história escrita, o foco preciso no particular traz perdas e ganhos para a compreensão dos fatos também nos filmes. Em ambos os gêneros, pode-se argumentar que seria desejável a construção de pontes entre os níveis micro e o macro. Tal ponte é oferecida no filme de Bernardo Bertolucci, *Novecento* (1976), um filme que traz no título algo a respeito da ambição do diretor de interpretar a história. Como Rossellini, Bertolucci assinou um manifesto dos diretores italianos, em 1965, declarando seu desejo de fazer filmes que indicassem à humanidade as tendências fundamentais de sua história. *Novecento* combina um estudo das relações entre proprietários de terra e trabalhadores agrícolas em uma única propriedade, na Emília, região nativa de Bertolucci, concentrando-se em um conflito entre duas famílias e estendendo-se, a partir daí, para uma visão mais ampla da história da Itália na primeira metade do século XX.

Todos esses filmes ilustram, cada um a seu modo, a importância do ponto de vista na narrativa visual. Eles conseguem muitos de seus efeitos mais notáveis e memoráveis alternando filmagens em *close* com filmagens de grandes planos, tomadas de cena a partir "de baixo" com outras a partir "de cima", imagens associadas com o que um determinado personagem está pensando e imagens de outro nível não particular. Se existe uma única lição que todos esses filmes ensinam, é que existem diferenças entre as formas pelas quais indivíduos ou grupos diversos veem os mesmos acontecimentos. Em um filme de não ficção sobre os ianomâmis, *The Ax Fight* [A guerra do machado], de 1971, o diretor Timothy Asch mostrou esse aspecto por meio da discussão de interpretações alternativas acon-

---

[18] Ash, The Life of Death. In: ______, *The Uses of Adversity*, p.109-29.

tecendo no próprio filme. A lição que os filmes ensinam é algumas vezes descrita como "o efeito Rashomon", um tributo ao filme de Akira Kurosawa, *Rashomon* (1950), que mostrou, em termos visuais assombrosos, dois contos de Ryunosuke Akutagawa, nos quais uma narrativa sobre a morte de um samurai e o estupro de sua esposa é recontada por diferentes participantes sob vários pontos de vista divergentes.[19]

Um aspecto similar sobre a variedade de possíveis perspectivas em relação ao passado foi apresentado no contexto da história recente da Argentina no filme de Luis Puenzo, *A história oficial*, de 1984, cuja protagonista é Alicia, uma professora de História de classe média em uma escola em Buenos Aires que apresenta a seus alunos, apesar do ceticismo de alguns, a versão oficial da história gloriosa da nação. A história contada por Puenzo mostra a percepção gradual da professora sobre as torturas e os assassinatos perpetrados pelo regime e, por implicação, sobre uma versão não oficial da história da Argentina. Desta forma, o próprio filme estimula os espectadores a tornarem-se mais conscientes de histórias alternativas e, nesse processo, demonstra o poder do cinema para desmistificar e para conscientizar.

Permanece o problema de desmistificar o filme, de resistir ao "efeito de realidade" que é ainda mais intenso em filmes do que em fotografias ou pinturas realistas. O dramaturgo Brian Friel uma vez observou que o que molda o presente e o futuro não é tanto o passado, mas sim "as imagens do passado incorporadas na linguagem". Imagens incorporadas em filmes são ainda mais poderosas. Uma forma de libertação poderia ser encorajar alunos de história a assumir o controle e fazer os próprios filmes como uma forma de compreender o passado. Nos anos 1970, por exemplo, alguns alunos

---

[19] Jarvie, Rashomon: Is Truth Relative? In: Id., *Philosophy of the Film*, p.295-307; Heider, The Rashomon Effect, *American Anthropologist*, XC, p.75-81, 1988; Ruby, *Picturing Culture: Explorations of Film and Anthropology*, p.125-9.

da Escola Politécnica de Portsmouth, na Inglaterra, foram estimulados por seu professor de história, Bob Scribner, a fazer filmes sobre a Reforma Alemã. Resenhas críticas de filmes em periódicos históricos, uma prática que gradualmente está se tornando mais comum, são um passo na mesma direção. Uma colaboração em termos iguais entre um historiador e um diretor, da mesma forma que é feita entre antropólogos e diretores em certos filmes etnográficos, poderia ser outra forma de usar o cinema para estimular a reflexão sobre o passado.

Apesar do interesse de Panofsky pelo cinema, exemplificado por um artigo no periódico *Transition* sobre *Style and Medium in the Moving Pictures* [Estilo e *medium* em filmes] (1937), os problemas de interpretar filmes parecem nos ter levado muito longe do método iconográfico associado a ele – método que foi discutido no Capítulo 2. Até que ponto é necessário para historiadores que empregam imagens como evidência ir além da iconografia – e em que direção – será o tema dos capítulos finais deste livro.

10
Além da iconografia?

Eu leio textos, imagens, faces, gestos, cenas etc.

Roland Barthes

Depois de examinar diferentes tipos de imagem sucessivamente – imagens do sagrado, imagens de poder, imagens da sociedade, imagens de acontecimentos e assim por diante –, é o momento de retornar aos problemas de método, originalmente suscitados no capítulo sobre iconografia. Erwin Panofsky publicou um famoso ensaio sobre a iconografia chamado "Hércules na encruzilhada", confrontado com a decisão que determinaria sua carreira posterior. Um simpósio recente adaptou seu título para uma discussão da "Iconografia na encruzilhada" e suscitou o questionamento sobre a possibilidade de os historiadores de imagens continuarem a seguir ou não a linha de trabalho de Panofsky.[1]

Algumas críticas sobre o método de Panofsky já foram mencionadas (Capítulo 2). A questão a ser discutida, aqui e no capítulo

[1] Cassidy (ed.), Iconography at the Crossroads, *Index of Christian Art*, Dept. of Art and Archaeology, Princeton University, 1993.

seguinte, é se existe alguma alternativa para a iconografia e a iconologia. Existem três possibilidades óbvias; o enfoque da psicanálise, o enfoque do estruturalismo ou da semiótica, e o enfoque (mais precisamente os enfoques – no plural) da história social da arte. Todos esses enfoques apareceram mais de uma vez em capítulos anteriores e todos eles têm paralelos na história da crítica literária. Eu os chamo de "enfoques" e não de "métodos" pelo fato de que eles representam não tanto procedimentos novos de pesquisa quanto novos interesses e novas perspectivas.

Psicanálise

O enfoque psicanalítico para imagens não está nos significados conscientes, privilegiados por Panofsky, mas nos símbolos e associações inconscientes do tipo que Freud identificou em sua obra *A interpretação dos sonhos*, de 1899. Esse enfoque é de fato tentador. É difícil negar que o inconsciente tem um papel importante na criação de imagens ou textos. Freud não ofereceu, frequentemente, interpretações de imagens específicas – a não ser pelo seu celebrado e controvertido ensaio sobre Leonardo da Vinci –, mas sua preocupação com pequenos detalhes, especialmente na *Psicopatologia da vida cotidiana*, parece a de Giovanni Morelli (Capítulo 1), como Carlo Ginzburg observou.[2] Algumas das observações de Freud sobre os sonhos oferecem pistas para a interpretação de pinturas. Por exemplo, os conceitos de "deslocamento" e "condensação", que Freud desenvolveu ao longo da análise do "trabalho do sonho", são também relevantes para narrativas visuais.[3] A ideia do símbolo fálico tem obviamente relevância para algumas imagens. Eddy de Jongh, por exemplo, tem

[2] Ginzburg, Clues: Roots of an Evidential Paradigm. In:______, *Myths, Emblems, Clues*, p.96-125.

[3] Marin, *Etudes sémiologiques*, p.36-7.

argumentado que os pássaros, cherivias e cenouras que aparecem tão frequentemente no gênero de pintura holandesa e alemã dos séculos XVI e XVII deveriam todos ser interpretados dessa forma.[4]

Confrontado com os exemplos discutidos no Capítulo 7 em particular, um psicanalista poderia sugerir que algumas imagens estereotipadas, tais como o harém, são visualizações de fantasias sexuais, enquanto outras – imagens de canibais ou de bruxas, por exemplo – são projeções sobre o "outro" de desejos autorreprimidos. Não é necessário ser um freudiano assumido para entender as imagens dessa forma. Como já vimos (Capítulo 2), atitudes e valores são algumas vezes projetados em paisagens (ou na própria terra, ou na sua imagem pintada), da mesma forma que elas são projetadas nas manchas do famoso teste de Rorschach. A discussão de imagens sagradas também suscitou questões sobre fantasias e persuasão inconscientes. Aqui, novamente, a discussão sobre publicidade, no capítulo da cultura material, conduziu a uma observação sobre o enfoque "subliminar", em outras palavras, sobre a tentativa de criar associações entre os produtos e os sonhos mais ou menos inconscientes do espectador a respeito de sexo e poder.

Apesar de tudo, mesmo se deixarmos de lado as controvérsias sobre o estatuto científico da psicanálise e os conflitos entre diferentes escolas de análise desde Carl Gustav Jung a Jacques Lacan, ainda permanecem sérios obstáculos no caminho dos historiadores que desejam seguir esse enfoque para analisar as imagens. Sob quais critérios alguém decide se um objeto é um símbolo fálico? Não poderia o falo ser usado, por sua vez, como símbolo de alguma outra coisa? O filólogo suíço do século XIX Johann Jakob Bachofen olhava o falo como uma imagem do sagrado, ao menos na arte clássica.

Existem dois obstáculos em especial para essa espécie de psicanálise histórica, problemas que não estão confinados a imagens mas que exemplificam as dificuldades gerais de praticar o que se

[4] Jongh, Erotica in vogelperspectief, *Simiolus*, III, p.22-72, 1968.

tornou conhecido como "psico-história". Em primeiro lugar, psicanalistas trabalham com indivíduos vivos, enquanto historiadores não podem colocar atores mortos no sofá e ouvir suas associações livres. Podemos, como o diretor espanhol Luis Buñuel, ver a Santa Teresa de Bernini (Capítulo 3) como uma interpretação do êxtase religioso em termos sexuais, mas todas as evidências que temos estão contidas somente no mármore. As fontes que de Jongh usou em seu famoso artigo sobre simbologia sexual na arte dos Países Baixos vieram principalmente de provérbios e poemas, em outras palavras, de atitudes expressadas de forma consciente. Embora suas conclusões possam ter sido diferentes, ele não divergiu de Panofsky em seus métodos.

Em segundo lugar, os historiadores estão, principalmente, preocupados com culturas e sociedades, mais com aspirações coletivas do que individuais, enquanto que, depois de Freud, os psicanalistas e outros psicólogos têm sido menos bem-sucedidos, ou mais especulativos, nesta área. Freud, por exemplo, dedicou seu ensaio sobre Leonardo da Vinci à relação entre a "fixação materna" do artista e suas pinturas de mulheres sorridentes, sem levar em conta a natureza da cultura do século XV. Por exemplo, ele fundamentou suas conclusões sobre a personalidade de Leonardo em sua representação de Santa Ana, a mãe da Virgem Maria, como tendo mais ou menos a mesma idade de sua filha, sem dar-se conta de que isso era uma convenção cultural da época. Hollywood foi descrita como uma "fábrica de sonhos" por uma antropóloga, Hortense Powdermaker, em 1950, mas o processo de produção e recepção dessas fantasias ainda aguarda uma análise. Muito pouco, relativamente, tem sido escrito sobre a história das imagens como expressões de desejos ou medos coletivos, embora, como vimos (Capítulo 3), possa ser esclarecedor examinar imagens cambiantes do céu e do inferno a partir desta perspectiva.[5]

[5] Abell, *The Collective Dream in Art.*

As conclusões parecem ser que, no tocante ao uso de imagens por historiadores, o enfoque psicanalítico é ao mesmo tempo necessário e impossível. É necessário porque as pessoas de fato projetam suas fantasias inconscientes nas imagens, mas é impossível justificar esse enfoque em relação ao passado de acordo com critérios acadêmicos normais porque as evidências cruciais foram perdidas. Interpretar imagens desse ponto de vista é inevitavelmente especulativo. Existe claramente um elemento de especulação em todas as tentativas de uma análise iconológica – e em muitos aspectos das análises iconográficas também –, mas o elemento de especulação é ainda maior quando os significados inconscientes das imagens estão em discussão. A melhor coisa a fazer é, provavelmente, ir adiante e especular, mas sempre lembrando que é isso que estamos fazendo – especulando.

Enfoques estruturalista e pós-estruturalista

O enfoque que melhor se poderia ver como "método", razoável senso do termo estrito, é o estruturalismo, também conhecido como "semiologia" ou "semiótica". Esses últimos termos foram cunhados para descrever a "ciência geral dos signos" com a qual alguns linguistas sonharam no início do século XX. O movimento estruturalista tornou-se mais amplamente conhecido nos anos 1950 e 1960, graças particularmente ao antropólogo Claude Lévi-Strauss e ao crítico Roland Barthes, ambos muito interessados em imagens. Lévi-Strauss, por exemplo, escreveu sobre a arte dos povos ameríndios, como os Tsimshian do Canadá, especialmente sobre o fenômeno da "duplicação", no qual um lado da pintura de um animal, digamos, é uma imagem espelhada do outro.

Quanto a Barthes, os ensaios reunidos em *Mitologias* (1957) discutem uma ampla gama de imagens, incluindo filmes sobre a Roma antiga, publicidade de sabão em pó, fotografias de acontecimentos chocantes e ilustrações de revistas contemporâneas, incluindo o que ele chamou de "mito visual" do soldado negro prestando continência à bandeira tricolor na capa de uma edição da revista *Paris-Match* (junho/julho de 1955). "Eu estou na barbearia", Barthes conta, "e uma cópia da *Paris-Match* me é oferecida" (presumivelmente um respeitado intelectual francês da época não se permitiria ser visto comprando um número dessa revista popular). "Na capa, um jovem negro em um uniforme militar francês está prestando continência, com os olhos levantados, provavelmente fixos em uma dobra da bandeira". Barthes leu a imagem – que ele não reproduziu – como querendo dizer que "a França é um grande Império, em que todos os seus filhos sem qualquer discriminação de cor servem fielmente a bandeira".[6]

Do ponto de vista desse capítulo, duas das formulações ou teses dos estruturalistas são especialmente importantes. Em primeiro lugar, um texto ou uma imagem podem ser vistos, para usar sua frase favorita, como um "sistema de signos", enfatizando o que o historiador de arte americano Meyer Schapiro chama de "elementos não miméticos".[7] Tal preocupação desvia a atenção da relação do trabalho em questão para a realidade externa que ele parece representar e também do seu contexto social, bem como dos elementos que os iconógrafos dizem decodificar ou interpretar. No lado positivo, olhar uma imagem ou um texto dessa forma significa focalizar a atenção na organização interna do trabalho, mais especialmente nas oposições binárias entre suas partes ou as várias maneiras pelas quais esses elementos podem ecoar ou inverter um ao outro.

Em segundo lugar, o sistema de signos é visto como um subsistema de um todo maior. Esse todo, descrito pelos linguistas como

---

[6] Lévi-Strauss, Split Representation in the Art of Asia and America. In: _____. *Structural Anthropology*, p.245-68; Barthes, *Mythologies*, p.116-9; sobre esta imagem: Baker, *The Hell of Connotation. Word and Image*, p.164-75, 1985.

[7] Schapiro, On Some Problems in the Semiotics of Visual Art, *Semiotica*, I, p.223-42, 1969.

langue (linguagem), é o repertório a partir do qual os falantes individuais fazem suas escolhas (*parole*). Dessa forma, o folclorista russo Vladimir Propp (1895-1970) analisou asendas folclóricas russas como permutas e combinações de 31 elementos básicos, tais como "O herói consegue o uso de um instrumento mágico". Estruturalmente, de acordo com Propp, é a mesma função (nº 14) se a princesa dá ao herói um anel ou o rei dá a ele um cavalo.

Figura 80. Pôster do filme de Bernardo Bertolucci, *1900 (Novecento)*, de 1976.

Quais são as consequências de enfocar imagens como "textos figurativos" ou "sistemas de signos"? Entre outras coisas, o enfoque estruturalista estimula a sensibilidade a oposições ou inversões. Imagens do "outro", por exemplo, podem muitas vezes ser lidas como inversões do observador ou como a autoimagem do pintor. As oposições binárias entre pares de imagens, como no caso das "antíteses" de Cranach entre Cristo e o Papa (Figura 18), ou em uma imagem única, como no caso de *O portão de Calais*, de Hogarth, como já foi observado anteriormente (p.199), ou *O combate entre o Carnaval e a Quaresma*, de Pieter Brueghel, adquirem uma importância nova quando as olhamos com os óculos estruturalistas.

É particularmente esclarecedor analisar narrativas visuais em termos estruturalistas, sejam tapeçarias, gravuras ou filmes. Retornando a *Novecento* de Bertolucci (Capítulo 9; Figura 80), sua descrição de duas famílias, uma de proprietários de terras e a outra de trabalhadores rurais, é uma combinação complexa de similaridades e oposições. Os protagonistas, Alfredo e Olmo, nasceram no mesmo dia, cresceram juntos e são profundamente ligados um ao outro, mas estão destinados ao conflito. Seu relacionamento é, de várias maneiras, uma repetição, mas, de outras formas, o exato oposto da relação entre seus avós, o velho Alfredo e Leone.

Um enfoque estruturalista preocupa-se também com as associações entre um signo e outro, um carro e uma garota bonita, por exemplo – associações estas criadas na mente do espectador por meio de frequentes justaposições dos dois elementos. Quanto à ênfase dada pelo estruturalismo ao sistema, algumas publicidades foram analisadas, como vimos (Capítulo 5), para mostrar como cada novo exemplo refere-se a exemplos anteriores e, por sua vez, acrescenta algo ao patrimônio comum. Um aspecto similar poderia ser apontado sobre outros conjuntos de imagens. Por exemplo, as pinturas, esculturas, gravuras, medalhas e outras imagens produzidas no século XVII para glorificar Luís XIV formaram um sistema autorreferencial. Uma medalha foi cunhada para comemorar a construção de uma estátua para o rei, uma imagem da medalha foi publicada em um livro de gravuras e assim por diante.[8]

Como um exemplo único, concreto, poderíamos tomar a análise estruturalista de Umberto Eco sobre a publicidade da marca Camay, já discutida no Capítulo 5 (Figura 45). Eco descreve a mulher como bela ("de acordo com os padrões atuais"), de aspecto nórdico ("um sinal de *status*", uma vez que esta é uma propaganda italiana), rica e cultivada (uma vez que frequenta a Sotheby's); "se ela não for ingle-

[8] Barthes, *Mythologies*; Williamson, *Decoding Advertisements: Ideology and Meaning in Advertising*; Burke, *The Fabrication of Louis XIV*, p.15.

sa deve ser uma turista de classe alta". O homem é viril e autoconfiante, mas "não tem uma aparência inglesa". Ele é um homem do mundo, rico, culto e um homem de bom gosto. Ele acha a mulher fascinante, e a legenda sugere que a marca de sabonete mencionada na propaganda é a fonte da fascinação.[9]

Michel Foucault foi também um tipo de estruturalista, embora não nas mesmas linhas formuladas por Lévi-Strauss. Ele estava interessado em sistemas de "representações" da mesma forma que se interessava por sistemas de pensamento. Por "representação" Foucault entendia uma imagem verbal ou pictórica de algum objeto, feita de acordo com um determinado conjunto de convenções, que interessavam a ele mais do que a maior ou menor fidelidade com a qual o objeto foi descrito ou pintado. Sua famosa análise da pintura de Velázquez, *Las Meninas*, seguiu essas diretrizes, descrevendo-a como "a representação [...] da representação clássica" em uma época em que os elos tradicionais entre signos e objetos que eles significavam haviam sido rompidos. Na esteira do trabalho de Foucault, nos anos 1960 e 1970, a ideia de representação foi apropriada por historiadores de arte, críticos literários, filósofos, sociólogos, antropólogos e historiadores. O sucesso do termo contribuiu, sem dúvida, para o sucesso do periódico interdisciplinar *Representations* (fundado em 1983) e vice-versa.[10]

Outro aspecto do enfoque estruturalista merece ser comentado aqui. A preocupação com o ato de selecionar de um repertório não somente destaca a importância das fórmulas visuais e temáticas (Capítulo 8), mas também atrai a atenção sobre o que não é escolhido, o que é excluído, um tema particularmente apreciado por Foucault. Ao longo deste estudo, já tivemos a oportunidade de observar a importância de tais pontos cegos, o equivalente aos silêncios no

[9] Eco, *La struttura assente: Introduzione alla ricerca semiologica*, p.174-7.

[10] Foucault, *The Order of Things*, p.3-16; cf. Alpers, Interpretation without Representation, *Representation*, I, p.30-42, 1983.

discurso oral; a ausência de crianças nas imagens medievais, por exemplo (Capítulo 6), a dos habitantes indígenas da Nova Zelândia na paisagem de McCahon (Capítulo 2) e a falta de atributos reais tradicionais da coroa e do cetro no retrato de Luís Felipe (Capítulo 1). Esses pontos cegos devem ser diferenciados dos "brancos" que o produtor de imagens deixa, conscientemente, o espectador preencher, como a imagem da bandeira tricolor ausente que o espectador infere da continência, no caso da capa da *Paris-Match*, analisada por Barthes. Intérpretes de imagens precisam ser sensíveis a mais de um tipo de ausências.[11]

Problemas subsistem, como alguns dos mais importantes adeptos do enfoque estruturalista admitem. A ideia de "linguagem" de imagens ou de pinturas como "textos" não seria nada mais do que uma metáfora brilhante? Existem "desanalogias" bem como analogias entre arte e linguagem? Existe uma linguagem ou "código" para as imagens, ou existem de diferentes linguagens, o equivalente ao inglês (por exemplo), ao árabe ou ao chinês? O código é consciente ou inconsciente? Se inconsciente, é no estrito senso freudiano do que é reprimido ou é no sentido comum da linguagem querendo dizer algo que é aceito por todos como dado? Para alguns críticos, o enfoque estrutural parece ser intoleravelmente reducionista, sem nenhuma margem para ambiguidades ou para a iniciativa humana. Em uma das críticas mais conhecidas e mais duras, o antropólogo americano Clifford Geertz conclui que:

> para ser de uso efetivo no estudo da arte, a semiótica precisa ir além da consideração dos signos como meio de comunicação, como código a ser decifrado; ela precisa avançar em direção à consideração dos signos como maneiras de pensar, como idiomas a serem interpretados.[12]

---

[11] Kemp, Death at Work: A Case Study on Constitutive Blanks in Nineteenth Century Painting, *Representations*, X, p.102-23, 1985.

[12] Geertz, *Local Knowledge*, p.120.

Minha própria visão desta questão controvertida é que a prática da análise estrutural de imagens, como um método alternativo para a iconografia, está de fato aberta às críticas sumarizadas acima, mas que os estruturalistas fizeram uma contribuição importante para o patrimônio comum da interpretação com sua ênfase nos paralelos e nas oposições formais – um ponto que nos leva à novidade reivindicada por este enfoque. A análise estrutural é certamente mais inovadora – e mais chocante – no caso da narrativa literária do que no caso das imagens. A literatura, como o crítico alemão Gottfried Ephraim Lessing explicou em sua obra *Laocoonte* (1766), é uma arte que implica tempo, diferentemente das imagens visuais; no entanto, os estruturalistas, deliberadamente, ignoram esse contraste e leem narrativas a contrapelo, como no caso da análise de Lévi-Strauss do mito de Édipo, que o reduz a um ponto único, repetido várias e várias vezes.

No caso da pintura, por outro lado, uma arte espacial, uma preocupação com relações internas, com aquilo que os artistas e críticos chamam "composição", é tradicional – uma leitura mais a favor da corrente do que a contrapelo. Se a estrutura encontra-se abaixo da superfície em trabalhos literários, em que lemos ou ouvimos palavra por palavra, essa estrutura encontra-se na superfície das imagens, pelo menos se elas forem vistas a distância. Uma preocupação com as relações internas foi de fato expressa pela análise "formal" ou "formalista" em voga, em 1900, aproximadamente, o enfoque contra o qual Panofsky reagiu, destacando a importância do significado (ele intitulou uma coleção de seus ensaios de *O significado nas artes visuais*). Da mesma forma que os formalistas, os estruturalistas diferem de Panofsky por mostrarem menos interesse na decodificação de elementos específicos da imagem do que na relação entre eles. Eles enfatizam o que o crítico Hayden White chamou o "conteúdo da forma".

De qualquer maneira, na medida em que de fato o que eles realmente analisam são elementos específicos das imagens, Lévi-

-Strauss, Barthes e Eco poderiam ser todos descritos como autores que fazem iconografia mais do rompem com ela. A análise estrutural de uma série de gravuras do Novo Mundo de Bernadette Bucher foi inspirada tanto por Lévi-Strauss como por Panofsky. Por seu lado, Lévi-Strauss uma vez descreveu Panofsky como "um grande estruturalista". Da mesma forma, imagine-se o que Panofsky teria dito sobre a publicidade da Camay. Quão diferente teria sido sua iconografia e iconologia da semiologia de Eco? A ideia de Barthes de ler cultura, brilhantemente exemplificada em *Mitologias*, no seu famoso ensaio sobre a luta como uma performance de sofrimento e justiça, tem seu paralelo na tradição hermenêutica da leitura igualmente famosa de Clifford Geertz sobre a rinha de galos balinesa. Ambos os intérpretes tratam os eventos esportivos como textos e os comparam a dramas, ainda assim, um deles, supostamente, emprega um enfoque estruturalista e o outro, um enfoque hermenêutico.[13]

Como vimos, os estruturalistas são criticados por uma falta de interesse em imagens específicas (que eles reduzem a simples padrões), e também por uma falta de preocupação com a mudança. Como reação a esse enfoque desenvolveu-se um movimento conhecido como "pós-estruturalista". Se os iconógrafos enfatizam a produção consciente de significado e os estruturalistas, como os freudianos, destacam os significados inconscientes, o foco do pós-estruturalismo recai na indeterminação, na "polissemia" ou no que Jacques Derrida chamou de "jogo infinito de significações". Eles estão preocupados com a instabilidade ou multiplicidade de significados e com as tentativas dos produtores de imagens de controlar essa multiplicidade por meio, por exemplo, de rótulos e outros "iconotextos" (discutidos acima, no Capítulo 2).[14]

---

[13] Bucher, *Icon and Conquest: A Structural Analysis of the Illustrations of de Bry's Great Voyages*, p.xiii-xvi; Lévi-Strauss, *Structural Anthropology*, v.2, p.276; Barthes, *Mythologies*, p.15-25; Geertz, Deep Play. In:______, *The Interpretation of Cultures*, p.412-53.

[14] Wagner, *Reading Iconotexts: From Swift to the French Revolution*.

Como o despotismo e a anarquia, seria possível afirmar que o estruturalismo e o pós-estruturalismo possuem pontos fortes e pontos fracos opostos. A fraqueza do enfoque estruturalista é a propensão de presumir que as imagens têm "um" significado, em que não existem ambiguidades, em que o quebra-cabeça tem uma solução única, em que existe um código a ser desvendado. A fraqueza do enfoque pós-estruturalista é o inverso, a presunção de que qualquer significado atribuído a uma imagem é tão válido como qualquer outro.

Outra questão sobre a ênfase na ambiguidade do enfoque pós-estruturalista é se ele é realmente novo ou, mais precisamente, até que ponto e de que forma ele difere de movimentos anteriores. Pelo menos alguns dos adeptos do enfoque iconográfico "clássico" há muito tempo estiveram conscientes do problema da polissemia ou "multivocalidade".[15] Também Roland Barthes estava consciente desse problema, apesar do fato de que aceitar a polissemia enfraquece a decodificação estruturalista das imagens, ou pelo menos as mais importantes formulações feitas por este enfoque. Aqui, mais uma vez, os estudos da propaganda há muito chamaram a atenção para o uso de inscrições – em moedas romanas ou medalhas renascentistas, por exemplo – como um meio de levar os espectadores a "ler" a imagem de forma correta.

O que é novo em nossos dias é essencialmente a ênfase na indeterminação e a alegação de que os produtores de imagens não podem fixar ou controlar seus significados, embora tentem muito arduamente fazê-lo, seja por meio de inscrições ou outros meios. Essa ênfase combina bem com o movimento pós-modernista em geral e com a análise da "recepção" de imagens em particular, um enfoque que será discutido no próximo capítulo.

---

15 Anglo, *Spectacle, Pageantry and Early Tudor Policy*, p.81.

11
A história cultural das imagens

> A análise das imagens difundida pela televisão [...] deveria ser complementada pelo estudo daquilo que o consumidor cultural constrói com essas imagens.
>
> Michel de Certeau

A discussão do significado das imagens disse pouco até agora sobre uma questão fundamental: significado para quem? Erwin Panofsky, como já vimos, teve pouco tempo para a história social da arte, praticada em seus dias por marxistas, como Frederick Antal e Arnold Hauser, que se preocupavam com as condições de produção e consumo do ateliê ao mercado de arte. Ainda assim pode ser razoavelmente argumentado, tanto contra iconógrafos clássicos quanto contra pós-estruturalistas, que o significado das imagens depende do seu "contexto social". Estou utilizando essa expressão num sentido amplo, incluindo aí o "contexto" geral, cultural e político, bem como as circunstâncias exatas nas quais a imagem foi encomendada e também seu contexto material, em outras palavras, o lugar físico onde se pretendia originalmente exibi-la. Nessa visão resumida de enfoques mais ou menos novos para a imagem, há um lugar para a história social e cultural.

Histórias sociais da arte

A expressão "a história social da arte" é, na verdade, semelhante a um guarda-chuva aberto sobre uma variedade de enfoques que competem entre si ou se complementam. Alguns estudiosos, Arnold Hauser por exemplo, viam a arte como um reflexo de toda uma sociedade. Outros, como Francis Haskell, concentraram a atenção no pequeno mundo da arte, mais especialmente, na relação entre artistas e patrocinadores. Dois enfoques mais recentes sobre imagens, inspirados pela teoria feminista e pela teoria da recepção, podem também ser incluídos sob esse guarda-chuva.

Por "enfoque feminista" eu entendo a análise da história social da arte em termos não de classe social, mas de gênero, mesmo se o foco estiver no gênero do artista, do patrocinador, das personagens representadas no próprio trabalho, ou na audiência pretendida ou real. Figuras pioneiras, nesse campo em expansão, incluem Linda Nochlin e Griselda Pollock. Como outros historiadores do "imaginário" e da fantasia, elas se perguntam "De que imaginário?" ou "De que fantasia?". Para responder a essas perguntas elas se dedicaram a expor e a questionar o olhar masculino agressivo e "dominador", ao qual elas associam uma "cultura falocêntrica".

Da mesma forma que os estruturalistas, as feministas enriqueceram muito o patrimônio interpretativo comum, no sentido de que se tornou virtualmente impensável ignorar o tópico do gênero sexual quando se analisam imagens, da mesma forma que era muito difícil, anteriormente, ignorar a questão das classes sociais. O enfoque ou série de enfoques para o estudo das imagens, em termos de gênero, já foi ilustrado por discussões anteriores de representações de mulheres leitoras, por exemplo, do trabalho das mulheres, das bruxas e dos haréns (Capítulos 6 e 7).[1]

---

[1] Pollock, What's Wrong with Images of Women? In: Parker, Pollock (eds.), *Framing Feminism*, p.132-8; id., *Vision and Difference*; Id., What difference does feminism make

Uma segunda e recente abordagem da história social da arte tem o seu foco na história das respostas às imagens ou na recepção dos trabalhos artísticos; esse enfoque coloca-se de forma paralela aos movimentos sobre estudos literários conhecidos como "teoria da recepção" e "resposta do leitor". A resposta é o tema principal da obra de David Freedberg, *The Power of Images* [O poder das imagens], de 1989, por exemplo. Nessa forma de história social da arte, Marx é, em um certo sentido, virado de cabeça para baixo. O estudo dos efeitos das imagens na sociedade tomou virtualmente o lugar das análises sobre a influência da sociedade na elaboração da imagem. A história da relação física entre o espectador e a imagem foi também estudada de forma notável por Michael Fried em sua obra *Absorbtion and Theatricality* [Absorção e Teatralidade], de 1981.

Certos historiadores e críticos, nesse grupo ou escola, preocupam-se com a imagem que o artista elabora sobre o espectador, um paralelo visual do que os críticos literários denominam de "leitor implícito". Eles examinam o que Barthes descreveu como "a retórica da imagem", as formas pelas quais ela opera para persuadir ou obrigar os espectadores a fazerem determinadas interpretações, estimulando-os a identificar-se ou com o herói ou com a vítima, por exemplo, ou alternativamente (como foi argumentado no caso de algumas pinturas históricas do século XIX), colocando o espectador na posição de testemunha ocular do acontecimento representado.[2]

Outros, como o próprio Freedberg, investigam mais as respostas reais às imagens do que as previstas através do estudo de textos: folhetos que tratam de devoção, por exemplo, ou diários de viajantes, ou descrições do comportamento de peregrinos ou

---

to art history? In: Kendall, Pollock (eds.), *Dealing with Degas*, p.22-39; Nochlin, Women, Art and Power. In: Bryson, Holly, Moxey (eds.), *Visual Theory*, p.13-46; Nochlin, *Representing Women*.

2 Freedberg, *The Power of Images*; Fried, *Absorbtion and Theatricality: Painting and Beholder in the Age of Diderot*; Kemp, Death at Work: A Case Study on Constitutive Blanks in Nineteenth-Century Painting, *Representations*, X, 1985.

de grupos vendo filmes ou *cartoons* políticos. É esse enfoque que, na minha visão, promete ser o de maior valor nos próximos anos. Ele poderia ser descrito como "a história cultural da imagem", ou ainda a "antropologia histórica da imagem", uma vez que pretende reconstruir as regras ou convenções, conscientes ou inconscientes, que reagem a percepção e a interpretação de imagens numa determinada cultura. O aspecto essencial é a reconstrução daquilo que o historiador de arte britânico Michael Baxandall chama de "olho da época". Em seus próprios estudos das pinturas italianas do século XV e das esculturas alemãs do século XVI, ele explorou o efeito na percepção das imagens de práticas culturais contemporâneas tais como a calibragem de armas, as danças e a caligrafia.[3]

As práticas estudadas por Baxandall são práticas que condicionam percepções da forma das imagens. Outras práticas culturais tiveram mais influência na forma com que os espectadores viram o conteúdo das imagens, suas mensagens. Tomemos um exemplo que tenha a ver com o tema deste livro, o da prática cultural do testemunho autoconsciente. John Bargrave (1610- 1680), cônego da Igreja de Cristo de Canterbury, foi um estudioso, um viajante e um colecionador. Em Innsbruck, em 1655, ele testemunhou a recepção da Rainha Christina da Suécia na Igreja Católica e registrou sua aparência em um desenho que pôs em gravura. Em Roma, em 1660, ele comprou uma série de gravuras do Papa Alexandre VII e seus cardeais e colou-os em um livro, acrescentando suas próprias anotações, geralmente com o seguinte sentido: "esta pintura é muito parecida com ele", "extraordinariamente parecida como as pessoas", e assim por diante. A referência à revolta de Nápoles, em 1647, fez com que ele escrevesse "dessa última passagem em Nápoles eu, que escrevo isto, fui uma testemunha ocular". O interesse de Bargrave nos acontecimentos de seu tempo e o seu interesse em colecio-

[3] Baxandall, *Painting and Experience in Fifteenth-Century*; Id., *Limewood Sculptors of Renaissance Germany*.

nar gravuras eram muito ligados. Ele considerou seriamente essas imagens como testemunhas do passado recente.[4]

Respostas negativas a imagens oferecem evidências tão valiosas quanto as positivas. Como vimos, *Ivan, o Terrível*, Parte II, de Eisenstein, foi escondida do público pelo governo até a morte de Stalin. A famosa pintura de Goya da execução de 3 de maio de 1808 foi guardada por anos nos porões do Museu do Prado por razões políticas. Em outro exemplo, o destino contemporâneo da pintura de Delacroix, *Liberdade guiando o povo* (Capítulo 4), foi uma espécie de termômetro, medindo a temperatura política. Em 1831, a pintura foi comprada pelo governo; em 1833, foi escondida em um porão; em 1849, reapareceu rapidamente, somente para ser banida de novo depois de Luís Napoleão assumir firmemente o poder. O ponto a ser destacado é que, para certos espectadores contemporâneos, a imagem lembrava a República instalada em 1792, depois da execução de Luís XVI, sendo, dessa forma, um incômodo para os regimes monárquicos. O julgamento de Daumier, em 1832, e sua prisão por seis meses por fazer uma caricatura do rei Luís Felipe, também esclarecem as atitudes morais e políticas da época, como o julgamento de Flaubert por haver publicado Madame Bovary em 1857.[5]

A história do cinema oferece alguns exemplos semelhantes de reações contemporâneas que esclarecem as formas pelas quais certos filmes foram originalmente percebidos. A proibição de exibir *O nascimento de uma nação* em alguns estados dos Estados Unidos auxilia a posteridade a entender como as imagens de Griffith foram interpretadas na época. Assim também se entende o protesto feito pela Associação Nacional para a Melhoria das Condições de Vida de Pessoas de Cor contra cenas consideradas "racistas" em *E o vento levou*.[6]

---

4 Bargrave, *Pope Alexander VII and the College of Cardinals*, p.8, 41; cf. Bann, *Under the Sign: John Bargrave as Collector, Traveler and Witness*, esp. p.106, 115-6.

5 Williams, *Goya and the Impossible Revolution*, p.5; Agulhon, *Marianne into Battle: Republican Imagery and Symbolism in France, 1789-1880*, p.38-61.

6 Noble, *The Negro in Films*. No original, National Association for the Advancement of Colored People – NAACP.

Em certos momentos, esses textos revelam que o significado de uma determinada mensagem foi "mal compreendido". A história da recepção de imagens, da mesma forma que a dos textos, enfraquece a noção de senso comum, de má compreensão, mostrando que diferentes interpretações do mesmo objeto, ou ainda do mesmo acontecimento, são normais e não aberrações, e que é difícil encontrar boas razões para descrever uma interpretação como "certa" e outras como "erradas". De qualquer maneira, o conceito de má compreensão pode ainda ter seus usos como uma maneira de descrever as diferenças, algumas vezes agudas, entre intenções e efeitos, entre a mensagem como é difundida (por governos, missionários, pintores e outros), e a mensagem como é recebida por diferentes grupos de espectadores, leitores ou ouvintes. Nesse sentido, Vasco da Gama, por exemplo, "enganou-se" tomando um templo indiano por uma igreja cristã (Capítulo 7).

Como vimos (Capítulo 2), cronistas e embaixadores que assistiram a espetáculos públicos, tais como entradas reais em cidades, nem sempre interpretam os eventos da forma como os que montaram o espetáculo pretendiam. Eles perderam alusões ou enganaram-se, tomando uma deusa clássica por outra. Ainda temos esse problema atualmente. Como foi observado (Capítulo 4, Figura 22), a famosa "Deusa da Democracia", na Praça Tian'anmen, foi interpretada de formas diferentes, em 1989, oficialmente e não oficialmente, por estrangeiros e por chineses.

A evidência de respostas a imagens não é somente literária, mas pictórica também. As figuras representadas em imagens, sejam elas pinturas em salas de estar ou gravuras em paredes de tavernas, nos dizem algo sobre os usos de imagens e sobre a história social das preferências de gosto. Rasuras também têm histórias para contar. Um exemplo notório é a da pintura realizada por Velázquez do herdeiro do trono, príncipe Baltasar Carlos, na escola de equitação. Na primeira versão da pintura o primeiro ministro, o Conde-Duque de Olivares, pode ser visto à esquerda, a meia distância, mas depois de cair em desgraça e ser banido, em 1643, Olivares transformou-se em uma "não pessoa" e sua figura foi removida. Para ser mais exato, ele foi simplesmente deixado de fora na última versão da pintura, que pode atualmente ser vista na Coleção Wallace. Em outra história, David teve de repintar seu quadro *A coroação de Napoleão,* pois "foi considerado prudente não mostrar Napoleão coroando-se a si mesmo". Depois da restauração dos Bourbon em 1815, a imagem de Napoleão na cúpula do Panteão foi substituída pela do rei Luís XVIII. Durante a revolução de 1848, a pintura *Retrato oficial de Luís Felipe,* de Hersent, foi destruída (Figura 9).[7]

Testemunhas das respostas dos espectadores também incluem iconoclasmos ou vandalismos de diversos tipos, ações que estimulam a posteridade a refletir sobre as características das imagens que provocaram reações tão violentas. Existe o vandalismo religioso, por exemplo, como no caso dos espectadores anônimos que arrancaram os olhos de Judas nas representações medievais da Última Ceia. Existe o vandalismo teológico dos bizantinos ou dos protestantes que esmagaram imagens religiosas com o argumento de que elas eram antes obstáculos do que meios de comunicação entre cristãos e seu Deus (Capítulo 3). Existe o vandalismo político, seja ele direcionado contra as estátuas públicas de Luís XIV, por exemplo, em 1792, ou contra Stalin, cuja estátua em Praga foi destruída nos anos 1960, ou contra Nelson, cuja estátua no alto de uma coluna em Dublin foi explodida pelo IRA em 1966, tratando o almirante como um símbolo da hegemonia britânica.

Existe também o iconoclasmo feminino, exemplificado no famoso ataque na assim denominada *Vênus ao espelho* de Velázquez na National Gallery em Londres em 1914, feito por uma *suffragette* (sufragista) que buscava chamar a atenção para a causa, e o iconoclasmo

---

[7] Harris, Velázquez's Portrait of Prince Baltasar Carlos in the Riding School, *Burlington Magazine,* CXVIII, p.266-75, 1976; Elliott, *The Count-Duke of Olivares,* p.676; Brookner, *David,* p.153.

estético, como no caso de certos ataques a esculturas modernas, do *Pensador* de Rodin ao *Prisioneiro político desconhecido* de Reg Butler. Alternativamente, em uma versão mais branda de iconoclasmo, estátuas foram removidas de praças públicas e colocadas em museus ou em parques de estátuas. Isso foi o que aconteceu com imagens de heróis comunistas em Budapeste, depois da mudança de regime na Hungria, em 1989 (o parque de estátuas em Budapeste foi aberto em 1993); foi, ainda, o mesmo que houve com estátuas da rainha Vitória depois de a Índia ter se tornado independente em 1947.[8]

Como grafite, esses atos de iconoclasmos fornecem um rico veio de evidências para a história das respostas às imagens. Depois de erigir seu "antimonumento", em Hamburgo (Capítulo 4), os escultores convidaram o público para responder escrevendo no monumento, esperando expressões escritas de solidariedade, mas na prática suscitaram uma gama muito maior de respostas desde "Fascismo nunca mais" a "Fora estrangeiros" e "Eu amo todas as garotas".[9]

Não é de se estranhar, pois, que os produtores de imagens tentem controlar as interpretações dadas aos seus artefatos pelo público, dando a ele diferentes tipos de chave. Algumas dessas tentativas de controle são pictóricas, formulando dispositivos como, por exemplo, a ênfase dada a uma pessoa e não a outra por diferenças em tamanho ou cor. Outro dispositivo é a imagem dentro da imagem, como a justaposição do pregador Sacheverell e o bandoleiro MacHeath na mesma gravura de Hogarth, convidando os espectadores a fazer a comparação entre eles.

Alternativamente, as respostas dos espectadores podem ser influenciadas ou manipuladas por meios textuais, das inscrições em medalhas às legendas em fotografias. Certo número de iconotextos

---

[8] Freedberg, *The Power of Images*, p.378-428; Gamboni, *The Destruction of Art: Iconoclasm and Vandalism since the French Revolution*.

[9] Young, The Counter-Monument: Memory against Itself in Germany Today. In: Mitchell, *Art and the Public Sphere*, p.49-78.

desse tipo já foi discutido neste livro, das inscrições na Tapeçaria Bayeux, que permitem aos espectadores identificar o guerreiro com uma flecha no olho como o rei Haroldo, aos murais de Diego Rivera, que tornam claro que os afrescos de cenas de trabalho manual foram feitos para estimular os espectadores a trabalhar. No caso das medalhas, com pequenas imagens que são difíceis de serem vistas pelos espectadores a olho nu, as inscrições são particularmente importantes. Em um livro sobre imagens oficiais de Luís XIV, eu sugeri que as inscrições nas medalhas comemorando eventos do reino podem ser comparadas a manchetes de jornais tanto na forma como na função. Exemplos incluem "Vinte cidades no Reno tomadas pelo Delfim em um único mês" (1686) e "Argel fulminada por raio" (*Algeria Fulminata*), referindo-se ao bombardeio francês na cidade em 1683 e apresentando as ações da França como uma força da natureza.[10]

As últimas páginas sugeriram que estudiosos, desde Panofsky, têm não apenas apontado a fragilidade dos enfoques iconográfico e iconológico, mas também feito por sua vez algumas sugestões construtivas. Se suas recomendações positivas devem ser tratadas como um método ou métodos alternativos é um pergunta difícil, a qual minha própria resposta seria "não", pela razão de que é possível fazer uma síntese entre os elementos do enfoque iconográfico e elementos das alternativas a ele apresentadas. O ponto de vista que eu utilizei para escrever este livro é que as imagens não são nem um reflexo da realidade social nem um sistema de signos sem relação com a realidade social, mas ocupam uma variedade de posições entre esses extremos. Elas são testemunhas dos estereótipos, mas também das mudanças graduais, pelas quais indivíduos ou grupos vêm o mundo social, incluindo o mundo de sua imaginação.

---

[10] Wagner, *Reading Iconotexts: From Swift to the French Revolution*; Stange, *Symbols of Social Life: Social Documentary Photography in America*, p.44, 117-8; Burke, *The Fabrication of Louis XIV*, p.97-8, 102.

Chegou a hora de fazer uma síntese da mensagem deste livro que trata de imagens como evidências. Como vimos, o testemunho das imagens tem sido frequentemente ignorado e algumas vezes negado. O crítico Stephen Bann, dando voz a um ceticismo mais geral, recentemente escreveu que "as imagens visuais não provam nada – ou se provam qualquer coisa é tão trivial que não pode ser levada em conta como componentes da análise histórica".[11] O testemunho das imagens é algumas vezes descartado pela razão de que tudo que elas mostram são convenções para representações correntes em uma determinada cultura. Existe um conflito permanente entre "positivistas", que acreditam que as imagens veiculam informações confiáveis sobre o mundo exterior, e os céticos ou estruturalistas, que afirmam que não. Os últimos focam a atenção na imagem e somente nela, na sua organização interna, nas relações entre suas partes e entre uma imagem e outras do mesmo gênero, enquanto os positivistas tentam perscrutar através da imagem para perceber a realidade além dela.

Há momentos em que esse debate parece-me um diálogo de surdos, ou para empregar uma imagem mais visual, parece a imagem chamada "pato-coelho", o desenho tão bem pode ser visto como um coelho ou como um pato, mas não ao mesmo tempo. Entretanto, eu acredito que uma "terceira via" está aberta para quem quiser trilhá-la. Tomar essa terceira via não significa caminhar no meio da estrada, mas sim fazer cuidadosas distinções, como eu tentei fazer ao longo deste livro, evitando alternativas simples, trazendo para a discussão a crítica mais pertinente da prática histórica tradicional e reformulando as regras do método histórico para dar conta dessa crítica.

Em vez de descrever imagens como confiáveis ou não confiáveis, adeptos da terceira via estão preocupados com graus ou formas de confiabilidade e com confiabilidade para propósitos diferentes. Eles rejeitam a simples oposição entre a visão da imagem como "espelho" ou "fotografia instantânea", por um lado, e a visão da imagem como

---

[11] Bann, *Under the Sign: John Bargrave as Collector, Traveler and Witness*, p.122.

nada mais do que um sistema de signos ou convenções, por outro. Eles alegam que no caso das imagens – como no caso de textos – as convenções filtram informações sobre o mundo exterior, mas não excluem. Somente em casos raros, como no caso das "raças monstruosas" (Capítulo 7), é que os estereótipos são tão grosseiros que excluem toda a informação.

Ao ler algo de um viajante ocidental ou de um historiador do século XIX, por exemplo, ou observar o trabalho de um pintor do mesmo período, nós podemos muito bem estar conscientes das convenções individuais ou coletivas pelas quais todos os três representam uma cultura estrangeira, o império chinês, por exemplo; no entanto, isso não impede que muitos detalhes sobre aquele império sejam transmitidos a nós, bem como informações sobre atitudes, valores e preconceitos do século XIX.

Em outras palavras, os testemunhos sobre o passado oferecidos pelas imagens são de valor real, suplementando, bem como apoiando, as evidências dos documentos escritos. É verdade que, especialmente no caso da história dos acontecimentos, elas frequentemente dizem aos historiadores que conhecem os documentos, algo que essencialmente eles já sabiam. Entretanto, mesmo nesses casos, as imagens têm algo a acrescentar. Elas oferecem acesso a aspectos do passado que outras fontes não alcançam. Seu testemunho é particularmente valioso nos casos em que os textos disponíveis são poucos e ralos, o caso da economia informal, por exemplo, ou o ponto de vista de baixo, ou as mudanças na sensibilidade. As pinturas e gravuras de coroações ou tratados de paz transmitem algo sobre a solenidade da ocasião e de como a cerimônia deveria ter sido percebida, ao passo que a ênfase em acontecimentos rituais ou ritualizados, nas imagens do século XVII, por exemplo, nos lembram da importância do ritual aos olhos dos contemporâneos.

No caso da história social ou econômica, as imagens oferecem evidências particularmente valiosas de práticas, como o comércio de rua, que raramente foram registradas devido a sua natureza relativamente não oficial, portanto complementando os testemunhos dos registros de guildas. Imagens de outras culturas podem ser imprecisas e preconceituosas, como vimos inúmeras vezes, mas como evidências dos próprios preconceitos elas não poderiam ser melhores. A vantagem de usar a evidência das imagens, conforme observou o historiador Peter Paret, é o fato de que essa evidência "pode ser examinada pelo leitor e pelo autor juntos". A evidência documental está disponível apenas para alguém preparado para visitar arquivos nos quais ela esteja guardada, e que possa levar muitas horas para lê-la, enquanto uma pintura ou uma fotografia muitas vezes é facilmente acessível, especialmente em reproduções, e sua mensagem pode ser esquadrinhada com relativa rapidez.[12]

Naturalmente, como no caso de textos, qualquer um que queira usar imagens como evidência necessita estar constantemente alerta para o aspecto – muito óbvio, ainda que algumas vezes esquecido – de que a maioria delas não foi produzida com esse propósito. Algumas delas o foram, como já vimos, mas a maioria foi feita para cumprir uma variedade de funções, religiosas, estéticas, políticas e assim por diante. Elas, frequentemente, tiveram seu papel na "construção cultural" da sociedade. Por todas essas razões, as imagens são testemunhas dos arranjos sociais passados e acima de tudo das maneiras de ver e pensar do passado.

Permanece o problema de como ler esses testemunhos. Eu espero que os leitores deste livro não tenham se aproximado dele como se fosse um tratado de "receitas" para decodificar imagens, como se elas fossem quebra-cabeças com soluções simples e definitivas. Ao contrário, o que este livro tentou mostrar é que as imagens são muitas vezes ambíguas ou polissêmicas – e levamos algum tempo provando que é muito mais fácil generalizar sobre como não ler imagens, e as armadilhas que aguardam nossos enfoques. A variedade foi um tema recorrente, tanto a variedade de imagens como a variedade de usos

[12] Paret, *Imagined Battles: Reflections of War in European Art*, p.14.

aos quais os seus testemunhos podem se prestar por historiadores com diferentes preocupações – historiadores de ciência, de gênero, de guerra, de pensamento político e assim por diante.

Figura 81. Jacob Ochtervelt, *Músicos de rua à porta de uma casa,* 1665, óleo sobre tela. The Art Museum, St. Louis Art Museum.

Até mesmo os historiadores culturais divergem entre eles no uso de evidências visuais. Burckhardt por exemplo, no seu *Zeit Konstantins* [Época de Constantino], bem como em seu *A cultura do Renascimento na Itália,* usou o testemunho do estilo e da iconografia para auxiliá-lo a caracterizar o espírito da época, interpretando a ornamentação cada vez mais rica como um sinal de decadência, ou a ascensão do retrato como um sintoma de individualismo. Outros historiadores examinam as imagens à procura de pistas para os pequenos detalhes da vida social em vez de examinar toda uma época.

Tomemos, por exemplo, a série de pinturas de portas e salas de entrada do artista holandês do século XVII Jacob Ochtervelt. Para um historiador de música, o quadro dos músicos de rua é uma evidência valiosa do lugar da música na vida holandesa na época (Figura 81). Para um historiador econômico, as mercadorias que os ambulantes estão oferecendo de porta em porta são de maior interesse. Elas são, em sua maioria, produtos perecíveis tais como peixes e frutas (uvas e cerejas). As pinturas atestam a prática das vendas de porta em porta desses itens, o que outros tipos de documento não registram. Para um historiador social, as identidades dos ambulantes são de particular interesse, uma vez que os homens vendendo peixe e aves e as mulheres vendendo frutas sugerem uma divisão de trabalho baseada no gênero. Simon Shama, como vimos (Capítulo 5), interpreta essas pinturas em seu *O desconforto da riqueza* como sinais das fronteiras separando os incluídos e excluídos, o privado e o público, a casa e a rua. Sua observação sobre fronteiras está ligada a um dos temas principais de seu livro, a construção da identidade holandesa no século XVII.[13]

Entretanto, Schama é cuidadoso e não tira conclusões diretamente de pinturas individuais para generalizar a respeito de "ser holandês". A força de sua análise está na leitura minuciosa de imagens específicas. Em contraste, o mesmo autor *Paisagem e memória* faz um inventário fascinante das associações históricas provenientes de florestas, rios e rochas, tendendo a citar imagens simplesmente para ilustrar generalizações, assim como Burckhardt fez, embora essas generalizações digam respeito mais à memória humana do que a períodos específicos.

---

[13] De acordo com Haskell, Visual Sources and The Embarrassment of Riches, *Past and Present*, CXX, 216-226, 1988.

Apesar dos contrastes, tanto nas técnicas analíticas como nos propósitos de diferentes historiadores, alguns poucos aspectos gerais emergiram da análise de exemplos específicos em capítulos anteriores, e com a devida cautela poderiam ser representados aqui não como princípios universais, mas simplesmente como síntese dos problemas de interpretação que regularmente reaparecem em diferentes contextos.[14] Os problemas não estão, é claro, confinados aos testemunhos das imagens, embora "contexto", por exemplo, tome um sentido um tanto diferente quando as imagens, em vez de textos, estão sendo examinadas.

Figura 82. Augusto Stahl, *Rua da Floresta*, Rio de Janeiro, c.1865, álbum impresso. Coleção Particular.

---

[14] Levine, *Images of History: 19th and Early 20th-Century Latin American Photographs as Documents*, p.75-146, no qual discute problemas do método na forma de respostas a um questionário.

1. As imagens dão acesso não ao mundo social diretamente, mas sim a visões contemporâneas daquele mundo, a visão masculina das mulheres, a da classe média sobre os camponeses, a visão dos civis da guerra, e assim por diante. Os historiadores não podem dar-se ao luxo de esquecer as tendências opostas dos produtores de imagens para idealizar e satirizar o mundo que representam. Eles são confrontados com o problema de distinguir entre representações do típico e imagens do excêntrico.

2. O testemunho das imagens necessita ser colocado no "contexto", ou melhor, em uma série de contextos no plural (cultural, político, material, e assim por diante), incluindo as convenções artísticas para representar as crianças (por exemplo) em um determinado lugar e tempo, bem como os interesses do artista e do patrocinador original ou do cliente, e a pretendida função da imagem.

3. Uma série de imagens oferece testemunho mais confiável do que imagens individuais, seja quando o historiador tem como foco todas as imagens ainda existentes que os espectadores poderiam ter visto em lugares e épocas específicas (na expressão de Zanker, "a totalidade de imagens que um contemporâneo poderia ter experimentado"), seja quando observa as mudanças nas imagens do purgatório (por exemplo) ao longo do tempo. O que os franceses chamam "história serial" vem a ser extremamente útil em determinadas ocasiões.[15]

4. No caso de imagens, como no caso de textos, o historiador necessita ler nas entrelinhas, observando os detalhes pequenos, mas significativos – incluindo ausências significativas –, usando-os como pistas para informações que os produtores de imagens não sabiam que eles sabiam, ou para suposições que eles não estavam conscientes de possuir. A identificação por Morelli dos autores de pinturas específicas pelo estudo das formas das orelhas ou mãos pintadas (Capítulo 1) tem importantes implicações para historiadores.

[15] Zanker, *Augustus and the Power of Images*; Vovelle, *Vision de la mort et de l'au-delà en Provence*; Vovelle (ed.), *Iconographie et histoire des mentalités*.

Por exemplo, uma fotografia de uma rua no Rio de Janeiro, feita pelo fotógrafo Augusto Stahl, em 1865 aproximadamente, mostra um grupo de pessoas dentro e fora de uma casa de negócios (Figura 82). Uma vez que a loja ocupa somente uma parte menor da fotografia, no canto esquerdo, é improvável que o fotógrafo tenha tido o trabalho de dizer ao grupo de pessoas como se posicionar ou o que usar (como era o caso, às vezes, nas fotografias sociais do século XIX, como vimos). Dado o fato de que um dos homens no grupo usa um chapéu, mas não usa sapatos, pode ser tomado como evidência das convenções do vestir dessa classe social, nesse lugar e tempo determinado.

Essas convenções podem muito bem parecer um pouco estranhas para um europeu atualmente, para quem um chapéu pode parecer supérfluo e sapatos, uma necessidade. No Brasil do século XIX, entretanto, o contrário era verdadeiro, devido a causas como o clima e razões sociais. Um chapéu de palha era barato, mas sapatos de couro eram relativamente caros. Nós lemos sobre afro-brasileiros que compravam sapatos como um símbolo de *status*, mas preferiam não usá-los, caminhando nas ruas carregando-os nas mãos. A fotografia oferece, portanto, um exemplo final de um tema recorrente neste estudo. Como Erwin Panofsky costumava dizer (citando Flaubert e Warburg), "*Le bon Dieu est dans le détail*": o bom Deus está no detalhe.

Referências bibliográficas

ABELL, W. *The Collective Dream in Art*. Cambridge, MA: Harvard University Press, 1957.

ADES, D. et al. (Ed.). *Art and Power*. Londres: [s.n.], 1996.

AGULHON, M. *Marianne into Battle*: Republican Imagery and Symbolism in France, 1789-1880. Cambridge: Cambridge University Press, 1981. (Tradução inglesa).

ALDGATE, A. British Newsreels and the Spanish Civil War. *History*, LVIII, p.60-3, 1976.

______. *Cinema and History*: British Newsreels and the Spanish Civil War. London: Scolar Press, 1979.

ALEXANDRE-BIDON, D. Images et objets de faire croire. *Annales Histoire, Sciences Sociales*, LIII, p.1155-90, 1998.

ALPERS, S. *The Art of Describing*: Dutch Art in the Seventeenth-Century. Chicago: University of Chicago Press, 1983.

______. Interpretation without Representation. *Representations*, I, p.30-42, 1983.

______. Realism as a Comic Mode: Low-life Painting seen through Bredero's Eyes. *Simiolus*, VIII, p.115-39, 1975-6.

ANDERSON, P. *The Printed Image and the Transformation of Popular Culture, 1790-1860*. Oxford: Oxford University Press, 1991.

ARIÈS, P. *Centuries of Childhood*. Londres: [s.n.], 1965. (Tradução inglesa). [Ed. bras. *História social da criança e da família*. São Paulo: LTC, 1981].

______. *The Hour of Our Death*. London: Allen Lane, 1981. (Tradução inglesa). [Ed. bras. *O homem diante da morte*. São Paulo: Editora Unesp, 2014]

______. *Un historien de dimanche*. Paris: Seuil, 1980.

______. *Images of Man and Death*. Cambridge, MA: Harvard University Press, 1985. (Tradução inglesa).

ARMSTRONG, C. M. Edgar Degas and the Representation of the Female Body. In: SULEIMAN, S. R. (Ed.). *The Female Body in Western Culture*. Nova York: [s.n.], 1986.

ATHERTON, H. M. *Political Prints in the Age of Hogarth*: A Study of the Ideographic Representation of Politics. Oxford: Clarendon Press, 1974.

BAKER, S. The Hell of Connotation. *Word and Image*, I, p.164-75, 1985.

BAKHTIN, M. *The World of Rabelais*. Cambridge, MA: MIT Press, 1968. (Tradução inglesa). [Ed. bras. *Cultura popular na Idade Média e no Renascimento*: o contexto de François Rabelais. São Paulo: Hucitec, 2010].

BANN, S. Face-to-Face with History. *New Literary History*, XXIX, p.235-46, 1998.

______. Historical Narrative and the Cinematic Image. *History & Theory Beiheft*, XXVI, p.47-67, 1987.

BARNOUW, D. *Critical Realism*: History, Photography and the Work of Siegfried Kracauer. Baltimore: Johns Hopkins University Press, 1994.

BARNOUW, E. *Documentary*: A History of the Non-Fiction Film. Nova York: Oxford University Press, 1974.

BARRELL, J. *The Dark Side of the Landscape*. Cambridge: Cambridge University Press, 1980.

BARTHES, R. *Camera Lucida*. Londres: [s.n.], 1981. (Tradução inglesa). [Ed. bras. *A câmera clara*. Rio de Janeiro: Nova Fronteira, 2015].

BARTHES, R. *Image, Music, Text* (Editado por Stephen Heath). Nova York: Hill and Wang, 1977.

_____. *Mythologies*. Paris: Seuil, 1957. [Ed. bras. *Mitologias*. Rio de Janeiro: Difel, 2003].

_____. The Reality Effect. In: _____. *The Rustle of Language*. Oxford, UK: Blackwell, 1986. (Tradução inglesa).

BAXANDALL, M. The Limewood Sculptors of Renaissance Germany. New Haven: Yale UP, 1980.

_____. Painting and Experience in Fifteenth-Century Italy. Oxford: Clarendon Press, 1972. [Ed. bras. *O olhar renascente:* pintura e experiência social na Itália da Renascença. Rio de Janeiro: Paz e Terra, 1991].

BELTING, H. *Likeness and Presence*. Londres: University of Chicago Press, 1994. (Tradução inglesa).

BENJAMIN, W. The Work of Art in the Age of Mechanical Reproduction. In: *Illuminations*. Londres: Pimlico, 1968. (Tradução inglesa). [Ed. bras. *A obra de arte na época de sua reprodutibilidade técnica*. Porto Alegre: Zouk, 2012].

BERGGREN, L.; SJÖSTEDT, L. *L'ombra dei grandi: Monumenti e politica monumentale a Roma (1870-1895)*. Roma: Artemide Edizioni, 1996.

BERMINGHAM, A. *Landscape and Ideology*: The English Rustic Tradition 1740-1860. London: Thames and Hudson, 1986.

BIALOSTOCKI, J. The Image of the Defeated Leader in Romantic Art. In:_____. *The Message of Images*. Vienna: Irsa, 1988.

BILLINGTON, J. *The Icon and the Axe*. Nova York: Knopf, 1966.

BINDMAN, D. *Hogarth*. Londres: Thames and Hudson, 1981.

BINSKI, P. *Medieval Death*: Ritual and Representation. Londres: British Museum Press, 1996.

BLACKWOOD, J. *London's Immortals*. Londres: Savoy Press, 1989.

BLUNT, A. *Poussin*. Londres: [s.n.], 1967, 2 volumes.

BOAS, G. *The Cult of Childhood*. Londres: Warburg Institute, 1966.

BOIME, A. *The Unveiling of the National Icons*. Cambridge: [s.n.], 1994.

BONDANELLA, P. *The Films of Roberto Rossellini*. Cambridge: Cambridge University Press, 1993.

BORCHERT, J. *Alley Life in Washington*: Family, Community, Religion and Folklife in an American City. Urbana: University of Illinois Press, 1980.

______. Historical Photo-Analysis: A Research Method. *Historical Methods*, XV, p.35-44, 1982.

BRAUDEL, F. *The Structures of Everyday Life*. London: Collins, 1981. [Ed. bras. *Civilização material, economia e capitalismo, Estruturas do Cotidiano*. São Paulo: Editora Martins Fontes, 1995].

BRAY, F. *Technology and Gender*: Fabrics of Power in Late Imperial China. Berkeley: University of California Press, 1997.

BREDEKAMP, H. *Florentiner Fussball*: Renaissance der Spiele. Frankfurt: Campus, 1993.

BRETTELL, R. R.; BRETTELL, C. B. *Painters and Peasants in the Nineteenth Century*. Genebra: Skira, 1983.

BRILLIANT, R. The Bayeux Tapestry. *Word and Image*, VII, p.98-126, 1991.

______. *Portraiture*. Londres: Reaktion Books, 1991.

______. *Visual Narratives*: Storytelling in Etruscan and Roman Art. Ithaca: [s.n.], 1983.

BROTHERS, C. *War and Photography*: A Cultural History. Londres: Routledge, 1997.

BROWN, P. F. *Venetian Narrative Painting in the Age of Carpaccio*. New Haven: Yale University Press, 1988.

BRUBAKER, L. The Sacred Image. In: ______; OUSTERHOUT, R. *The Sacred Image. East and West*. Urbana: University of Illinois Press, 1995.

BRUNETTE, P. *Roberto Rossellini*. Nova York: Oxford University Press, 1987.

BRYSON, N. *Vision and Painting*: The Logic of the Gaze. Londres: Macmillan, 1983.

BUCHER, B. *Icon and Conquest*: A Structural Analysis of the Illustrations of de Bry's Great Voyages. Chicago: University of Chicago Press, 1981. (Tradução inglesa).

BURKE, P. *The Fabrication of Louis XIV*. New Haven: Yale University Press, 1992. [Ed. bras. *A fabricação do Rei:* A construção da imagem pública de Luís XIV. Rio de Janeiro: Editora Zahar, 1994].

BURTON, A. Looking Forward from Ariès?. *Continuity and Change*, IV, p.203-29, 1989.

CALVERT, K. Children in American Family Portraiture, 1670 to 1810. *William and Mary Quarterly*, XXXIX, p.87-113, 1982.

CAMERON, A. The Language of Images: The Rise of Icons and Christian Representation. In: WOOD, D. (Ed.) *The Church and the Arts*. Oxford: Blackwell, 1992.

CAMILLE, M. *Mirror in Parchment*: The Luttrell Psalter and the Making of Medieval England. Londres: Reaktion Books, 1998.

______. The *Très Riches Heures*: An Illuminated Manuscript in the Age of Mechanical Reproduction. *Critical Inquiry*, XVII, p.72-107, 1990-1991.

CARR, E. H. *What is History?* Cambridge: [s.n.], 1961. [Ed. bras. *O que é a História?* Rio de Janeiro: Paz e Terra, 2011].

CARTERAS, S. P. *Images of Victorian Womanhood in English Art*. Londres: Associated University Presses, 1987.

CASSIDY, B. (Ed.). *Iconography at the Crossroads*. Princeton, NJ: Index of Christian Art, Dept. of Art and Archaeology, Princeton University, 1993.

CEDERLÖF, O. The Battle Painting as a Historical Source. *Revue Internationale d'Histoire Militaire*, XXVI, p.119-44, 1967.

CHRISTIN, O. *Une révolution symbolique: L'iconoclasme huguenot et la reconstruction catholique*. Paris: Minuit, 1991.

CLARK, T. J. *The Absolute Bourgeois:* Artists and Politics in France, 1848-1851. Londres: Thames and Hudson, 1973.

______. *Image of the People*: Gustave Courbet and the 1848 Revolution. Londres: Thames and Hudson, 1973.

______. *The Painting of Modern Life*: Paris in the Art of Manet and his Followers. New Haven: [s.n.], 1985. [Ed. bras. *A pintura da vida moderna:* Paris na arte de Manet e seus seguidores. São Paulo: Companhia das Letras, 2004].

CLARK, T. *Art and Propaganda in the 20th Century*: The Political Image in the Age of Mass Culture. Londres: [s.n.], 1977.

CLAYSON, H. *Painted Love*: Prostitution in French Art of the Impressionist Era. New Haven: Yale Universty Press, 1991.

COLLINSON, P. *From Iconoclasm to Iconophobia*: The Cultural Impact of the Second Reformation. Reading: University of Reading, 1986.

COMMENT, B. *The Panorama*. Londres: Reaktion Books, 1999. (Tradução inglesa).

COSGROVE, D.; DANIELS, S. (Eds.). *The Iconography of Landscape*. Cambridge: Cambridge University Press, 1988.

COUPE, W. A. *The German Illustrated Broadsheet in the Seventeenth-Century*. Baden Baden: Heitz, 1966, 2 volumes.

COUSIN, B. *Le miracle et le quotidien: Les ex-voto provençaux images d'une société*. Aix-en-Provence: Sociétés, Mentalités, Cultures, 1983.

CURTIS JR., L. P. *Apes and Angels*: The Irishman in the Victorian Caricature. Newton Abbot: David and Charles, 1971.

DANIELS, S. (Ed.). *The Iconography of Landscape*. Cambridge: Cambridge University Press, 1988.

DAVIDSON, J. P. *David Teniers the Younger*. Londres: Thames and Hudson, 1980.

______. *The Witch in Northern European Art*. Londres: [s.n.], 1987.

DAVIS, N. Z. *Slaves on Screen*: Film and Historical Vision. Toronto: Vintage Canada, 2000.

DE SETA, C. (Ed.). *Città d'Europa*: Iconografia e vedutismo dal XV al XVIII secolo. Nápoles: Electa Napoli, 1996.

DELUMEAU, J. *La peur en Occident*. Paris: Fayard, 1978. [Ed. bras. *História do medo no Ocidente*. São Paulo: Companhia das Letras, 2009].

DEMOS, J. George Caleb Bingham: The Artist as Social Historian. *American Quarterly*, XVII, p.218, 1965.

DEYON, P. Peinture et charité chrétienne. *Annales E.S.C.*, XXII, p.137-53, 1967.

DESSER, D. *The Samurai Films of Akira Kurosawa*. Ann Arbor: UMI Research Press, 1983.

DILLENBERGER, J. *Images and Relics*: Theological Perception and Visual Images in Sixteenth Century Europe. Nova York: Oxford Uiversity Press, 1999.

DOWD, D. L. *Pageant-Master of the Republic*: Jacques-Louis David and the French Revolution. Lincoln, NE: University of Nebraska Press, 1948.

DUFFY, E. *The Stripping of the Altars*. New Haven: Yale University Press, 1992.

DUGGAN, L. G. Was Art really the "Book of the Illiterate"?. *Word and Image*, V, p. 227-51, 1989.

DURANTINI, M. F. *The Child in Seventeenth-Century Dutch Painting*. Ann Arbor: UMI Research Press, 1983.

EBREY, P. *The Inner Quarters*: Marriage and the Lives of Chinese Women in the Sung Period. Berkeley: University of California Press, 1993.

ECO, U. *La struttura assente*: Introduzione alla ricerca semiologica. Milano: Bompiani, 1968. [Ed. bras. *A estrutura ausente*: Introdução à pesquisa semiológica. São Paulo: Editora Perspectiva, 2001, Coleção Estudos].

EDGERTON, S. Y. *Pictures and Punishment*: Art and Criminal Prosecution during the Florentine Renaissance. Ithaca: Cornell University Press, 1985.

EISENSTEIN, E. *The Printing Press as an Agent of Change*. Cambridge: Cambridge University Press, 1979

ELSNER, J. *Art and the Roman Viewer*. Cambridge: Cambridge University Press, 1995.

______. *Imperial Rome and Christian Triumph*: The Art of the Roman Empire, AD 100-450. Oxford: Oxford University Press, 1998.

ETLIN, R. (Ed.). *Nationalism in the Visual Arts*. Londres: University Press of New England, 1991.

FERRO, M. *Cinema and History*. Londres: [s.n.], 1988. (Tradução inglesa). [Ed. bras. *Cinema e História*. Rio de Janeiro: Paz e Terra, 2010].

FINDLEN, P. *Possessing Nature*: Museums, Collecting and Scientific Culture in Early Modern Italy. Berkeley: University of California Press, 1994.

FORSYTH, I. H. Children in Early Medieval Art: Ninth through Twelfth Centuries. *Journal of Psychohistory*, IV, p.31-70, 1976.

FOUCAULT, M. *The Order of Things*. Londres: Tavistock Publications, 1970. (Tradução inglesa). [Ed. bras. *As palavras e as coisas*. São Paulo: Martins Fontes, 2007.]

FOX, C. The Development of Social Reportage in English Periodical Illustration during the 1840s and Early 1850s. *Past and Present*, LXXIV, p.90-111, 1997.

FRANITS, W. (Ed.). *Looking at Seventeenth-Century Dutch Art*: Realism Reconsidered. Cambridge: Cambridge University Press, 1997.

______. *Paragons of Virtue*. Cambridge: Cambridge University Press, 1993.

FREEDBERG, D. *The Power of Images*. Chicago: University of Chicago Press, 1989.

FRIED, M. *Absorption and Theatricality*: Painting and Beholder in the Age of Diderot. Berkeley: University of California Press, 1980.

FRIEDMAN, J. B. *The Monstrous Races in Medieval Art and Thought*. Cambridge, MA: Harvard University Press, 1981.

FRYKMAN, J.; LÖFGREN, O. *Culture Builders*: A Historical Anthropology of Middle-Class Life. New Brunswick: Rutgers University Press, 1987.

GAMBONI, D. *The Destruction of Art*: Iconoclasm and Vandalism since the French Revolution. Londres: Reaktion Books, 1997.

GARNIER, F. L'iconographie de l'enfant au Moyen Age. *Annales de Démographie Historique*, p.135-6, 1973.

GARTON ASH, T. The Life of Death. In:______. *The Uses of Adversity*. Harmondsworth: Penguin Books, 1999.

GASKELL, I. Tobacco, Social Deviance and Dutch Art in the Seventeenth Century. In: FRANITS, W. (Ed.). *Looking at Seventeenth-Century Dutch Art*: Realism Reconsidered. Cambridge: Cambridge University Press, 1997.

______. Visual History. In: BURKE, P. (Ed.) *New Perspectives on Historical Writing*. Cambridge, UK: Polity Press, 1991.

GEORGE, M. D. *English Political Caricature*: A Study of Opinion and Propaganda. Oxford: Clarendon Press, 1959, 2 volumes.

GILMAN, S. L. *Health and Illness*: Images of Difference. Londres: Reaktion Books, 1995.

______. *The Jew's Body*. Nova York: Routledge, 1991.

GINZBURG, C. Clues: Roots of an Evidential Paradigm. In: ______. *Myths, Emblems, Clues*. Londres: Hutchinson Radius, 1990 [Ed. bras. *Mitos, emblemas, sinais*: Morfologia e História. São Paulo: Companhia das Letras, 1989].

GOFFMAN, E. *Gender Advertisements*. Londres: Macmillan, 1976.

GOLDEN, M. *Children and Childhood in Classical Athens*. Baltimore: Johns Hopkins University Press, 1990. p.73-4.

GOLOMSTOCK, I. *Totalitarian Art: In the Soviet Union, The Third Reich, Fascist Italy and the People's Republic of China*. Londres: Collins Harvill, 1990.

GOMBRICH, E. H. Aims and Limits of Iconology. In:______. *Symbolic Images*. Londres: Phaidon, 1972.

______. *The Image and the Eye*. Londres: Phaidon, 1982.

______. Personification. In: BOLGAR, R. R. (Ed.) *Classical Influences on European Culture*. Cambridge: Cambridge University Press, 1971.

______. *In Search of Cultural History*. Oxford: Clarendon Press, 1969.

______. The Social History of Art. In:______. *Meditations on a Hobby Horse*. Londres: Phaidon, 1963.

GONZÁLEZ GARCÍA, J. M. *Metáforas del Poder*. Madri: Alianza, 1998.

GOSSMAN, L. *Basel in the Age of Burckhardt*. Chicago: University of Chicago Press, 2000.

GOUBERT, P. *The French Peasantry in the Seventeenth Century*. Cambridge: Cambridge University Press, 1986.

GOWER, H. D.; JAST, L. S.; TOPLEY, W. W. *The Camera as Historian*. Londres: S. Low, Marston, 1916

GRABAR, A. *Christian Iconography*: A Study of its Origins. Princeton, NJ: Princeton University Press, 1968.

GRAHAM-BROWN, S. *Images of Women*: Photography of the Middle East, 1860-1950. Londres: Quartet, 1988.

GRAHAM-BROWN, S. *Palestinians and their Society*, 1880-1946: A Photographic Essay. Londres: Quartet Books, 1980.

GRENVILLE, J. The Historian as Film-Maker. In: SMITH, P. (Ed.) *The Historian and Film*. Cambridge: Cambridge University Press, 1976.

GREW, R. Picturing the People. In: ROTBERG, R. I.; RABB, T. K. (Eds.) *Art and History*: Images and Their Meanings. Cambridge: Cambridge University Press, 1988. p.203-31.

GRUZINSKI, S. *La guerre des images*. Paris: Fayard, 1990. [Ed. bras. *A guerra das imagens*. São Paulo: Companhia das Letras, 2006].

GUDLAUGSSON, S. J. *De komedianten bij Jan Steen en zijn Tijdgenoten*. The Hague: [s.n.], 1945.

HALE, J. R. *Artists and Warfare in the Renaissance*. New Haven: Yale University Press, 1990.

HANDLIN, O.; BURCHARDT, J. (Eds.). *The Historian and the City*. Cambridge, MA: MIT Press, 1963.

HARLEY, J. B. Deconstructing the Map. In: BARNES, T. J.; DUNCAN, J. (Eds.). *Writing Worlds*. Londres: Routledge, 1992.

HARRIS, E. Velázquez's Portrait of Prince Baltasar Carlos in the Riding School. *Burlington Magazine*, CXVIII, p.266-75, 1976.

HASKELL, F. *History and its Images*. New Haven: Yale University Press, 1993.

______. The Manufacture of the Past in Nineteenth-Century Painting. *Past and Present*, LIII, p.109-20, 1971.

HASSIG, D. The Iconography of Rejection: Jews and Other Monstrous Races. In: HOURIHANE, C. (Ed.). *Image and Belief*. Princeton: Princeton University Press, 1999.

HAUSER, A. *The Social History of Art*. Londres: England Routledge and K. Paul, 1951, 2 volumes. [Ed. bras. *História social da Arte e da Literatura*. São Paulo: Martins Fontes, 2000].

HELD, J. *Monument und Volk: Vorrevolutionäre Wahrnehmung in Bildern des ausgehenden Ancien Regime*. Köln: Böhlau, 1990.

HERBERT, R. L. *Impressionism*: Art, Leisure and Parisian Society. New Haven: Yale University Press, 1988.

HERDING, K.; REICHARDT, R. (Ed.). *Die Bildpublizistik der Französischen Revolution*. Frankfurt am Main: Suhrkamp, 1989.

HERLIHY, D. Am I a Camera?. *American Historical Review*, XCIII, p.1186-92, 1988.

HIGONNET, A. *Berthe Morisot's Images of Women*. Cambridge, MA: Harvard University Press, 1992.

______. *Pictures of Innocence*: The History and Crisis of Ideal Childhood. Londres: Thames and Hudson, 1998.

HIRSCH, J. *Family Photographs*: Content, Meaning and Effect. New York: Oxford University Press, 1981.

HOLLIDAY, P. J. (Ed.). *Narrative and Event in Ancient Art*. Cambridge: Cambridge University Press, 1993.

HONIG, E. A. The Space of Gender in Seventeenth-Century Dutch Painting. In: FRANITS, W. (Ed.). *Looking at Seventeenth-Century Dutch Art*: Realism Reconsidered. Cambridge: Cambridge University Press, 1997.

HONOUR, H. *The First Golden Land*: European Images of America. Londres: [s.n.], 1975.

HOPE, C. Artists, Patrons and Advisers in the Italian Renaissance. In: LYTLE ,G. F.; ORGEL, S. (Eds.). *Patronage in the Renaissance*. Princeton, NJ: Princeton University Press, 1981.

HORN, H. J. Jan *Cornelisz Vermeyen: Painter of Charles V and his Conquest of Tunis*. Doornspijk: Davaco, 1989, 2 volumes.

HUANG, S.; SARGENT, W. (Ed.). *Customs and Conditions of Chinese City Streets*. Shanghai: Shanghai gu ji chu banshee, 1999.

HUGHES, D. O. Representing the Family. In: ROTBERG, R. I.; RABB, T. K. *Art and History*. Cambridge: Cambridge University Press, 1988.

HUGHES, W. The Evaluation of Film as Evidence. In: SMITH, P. (Ed.) *The Historian and Film*. Cambridge: Cambridge University Press, 1976.

HUIZINGA, J. *The Autumn of the Middle Ages*. Chicago: University of Chicago Press, 1996. (Tradução inglesa) [Ed. bras. *O outono da Idade Média*. São Paulo: Cosac Naify, 2010].

HULTS, L. C. Baldung and the Witches of Freiburg: The Evidence of Images. *Journal of Inter-Disciplinary History*, XVIII, p.249-76, 1987-1988.

HURLEY, F. J. *Portrait of a Decade*: Roy Stryker and the Development of Documentary Photography. Londres: [s.n.], 1972.

IVINS, W. M. *Prints and Visual Communication*. Cambridge, MA: Harvard University Press, 1953.

JAFFÉ, I. B. *John Trumbull: Patriot-Artist of the American Revolution*. Boston: Nova York Graphic Society, 1975.

JARVIE, I. C. Seeing through Movies. *Philosophy of Social Science*, VIII, 1978.

JOHNS, Elizabeth. *American Genre Painting*. New Haven: Yale University Press, 1991.

______. The Farmer in the Works of William Sidney Mount. In: Rotberg, R. I.; RABB, T. K. (Eds.). *Art and History*. Cambridge: Cambridge University Press, 1988.

JOHNSON, E. D. H. *Paintings of the British Social Scene from Hogarth to Sickert*. Londres: Weidenfeld and Nicholson, 1986.

JONES, A. Reading August Sander's Archive. *Oxford Art Journal*, XXIII, 1-22, 2000.

JONGH, E. Erotica in Vogelperspectief. *Simiolus*, III, p.22-72, 1968.

______. The Iconological Approach to Seventeenth-Century Dutch Painting. In: GRIJZENHOUT, F.; VEEN, H. (Eds.). *The Golden Age of Dutch Painting in Historical Perspective*. Cambridge: Cambridge University Press, 1999. (Tradução inglesa).

______. Realism and Seeming Realism in Seventeenth-Century Dutch Painting. In: FRANITS, W. (Ed.). *Looking at Seventeenth-Century Dutch Art: Realism Reconsidered*. Cambridge: Cambridge University Press, 1997. (Tradução inglesa).

JOUVE, M. Naissance de la caricature politique moderne en Angleterre (1760-1800). In: RÉTAT, P. (Ed.). *Le journalisme d'Ancien Régime*. Paris: [s.n.], 1981.

KELLEY, M. Reading Women/Women Reading: The Making of Learned Women in Antebellum America. *Journal of American History*, LXXXIII, p.401-24, 1996.

KEMP, W. Death at Work: A Case Study on Constitutive Blanks in Nineteenth-Century Painting. *Representations*, X, p.102-23, 1985.

KERN, S. *Eyes of Love*: The Gaze in English and French Painting and Novels 1804-1900. Londres: Reaktion Books, 1996.

KESTNER, J. *Masculinities in Victorian Painting*. Aldershot: Scolar Press, 1995.

KINMONTH, C. Irish Vernacular Furniture: Inventories and Illustrations in Inter-disciplinary Methodology. *Regional Furniture*, X, p.1-26, 1996.

KLEIN, R. Considérations sur les fondements de l'iconographie. In: ______. *La forme et l'intelligible*. Paris: Gallimard, 1970.

KRACAUER, S. History of the German Film. In: ______. *Briefwechsel*. (Editado por V. Breidecker). Berlin: Akademie-Verlag, 1996.

______. *History*: The Last Things before the Last. New York: Oxford University Press, 1969.

KUNZLE, D. *The Early Comic Strip*. Berkeley, CA: University of California Press, 1973.

KURETSKY, S. D. *The Paintings of Jacob Ochtervelt*. Oxford: Phaidon, 1979.

LAGRANGE, L. *Les Vernet et la peinture au XVIIIe siécle*. Paris: [s.n.], 1864.

LALUMIA, M. P. *Realism and Politics in Victorian Art of the Crimean War*. Epping: [s.n.], 1984.

LANDAU, D.; PARSHALL, P. *The Renaissance Print 1470-1550*. New Haven: Yale University Press, 1994.

LANE, R. *Masters of the Japanese Print*. Londres: Thames and Hudson, 1962.

LANGDON, H. *Genre*. In: *Dictionary of Art*, XII. Londres: [s.n.], 1996.

LAWRENCE, C. *Gerrit Berckheyde*. Doornspijk: Davaco, 1991.

LEITH, J. A. Ephemera: Civic Education through Images. In: DARNTON, R.; ROCHE, D. (Eds) *Revolution in Print*. Berkeley: University of California Press/New York Public Library, 1989.

______. *The Idea of Art as Propaganda in France, 1750-1799*. Toronto: University of Toronto Press, 1965.

LEVINE, R. M. *Images of History*: 19th and Early 20th Century Latin American Photographs as Documents. Durham, NC: Duke University Press, 1989.

LÉVI-STRAUSS, C. Split Representation in the Art of Asia and America. In:______. *Structural Anthropology*. Nova York: Basic Books, 1963. (Tradução inglesa). [Ed. bras. *Antropologia estrutural*. São Paulo: Cosac Naify, 2012].

LEWIS, S. *Reading Images*: Narrative discourse and reception in the 13th illuminated Apocalypse. Cambridge: Cambridge University Press, 1995.

______. *The Rhetoric of Power in the Bayeux Tapestry*. Cambridge: Cambridge University Press, 1999.

LINK, L. *The Devil*: A Mask without a Face. Londres: Reaktion Books, 1995.

LÜSEBRINK, H.-J., REICHARDT R. *Die "Bastille"*: Zur Symbolik von Herrschaft und Freiheit. Frankfurt am Main: Fischer Taschenbuch Verlag, 1990.

MACGREGOR, N. The Le Nain Brothers and Changes in French Rural Life. *Art History*, II, p.401-12, 1979.

MACKENZIE, J. M. *Orientalism*: History, Theory and the Arts. Manchester: Manchester University Press, 1995.

MÂLE, E. *L'art religieux de la fin da Moyen Age en France*. Paris: A. Colin, 1908.

______. *L'art religieux de la fin da seizième siècle*: Etude sur l'iconographie après le Concile de Trente. Paris: A. Colin, 1932.

______. *The Gothic Image: Religious Art in France of the Thirteenth Century*. Nova York: E. P. Dutton, 1913. (Tradução inglesa).

MANZI, P. *Cronistoria di un monumento*: Giordano Bruno in Campo de' Fiori. Nola: [s.n.], 1963.

MARIN, L. *Études sémiologiques*. Paris: Klincksieck, 1971.

MARRINAN, M. *Painting Politics for Louis Philippe*. New Haven: Yale University Press, 1988.

MASON, P. Portrayal and Betrayal: The Colonial Gaze in Seventeenth-Century Brazil. *Culture and History*, VI, p.37-62, 1989.

MATLESS, D. *Landscape and Englishness*. Londres: Reaktion Books, 1998.

MEISS, M. *Painting in Florence and Siena after the Black Death*. Princeton: Princeton University Press, 1951.

MELLINKOFF, R. *Outcasts*: Signs of Otherness in Northern European Art of the Later Middle Ages. Berkeley: University of California Press, 1993.

MERBACK, M. B. *The Thief, the Cross and the Wheel*: Pain and the Spectacle of Punishment in Medieval and Renaissance Europe. Londres: Reaktion Books, 1999.

MICHALCZYK, J. J. *The Italian Political Film-Makers*. London: [s.n.], 1986.

MILES, Margaret R. *Image as Insight*. Boston: Beacon Press, 1985.

MITCHELL, W. J. T. *Iconology*. Chicago: University of Chicago Press, 1986.

______. (Ed.). *Landscape and Power*. Chicago: University of Chicago Press, 1994.

MITTER, P. *Much Maligned Monsters*: History of European Reactions to Indian Art. Oxford: Clarendon Press, 1977.

MONACO, J. *How to Read a Film*. Nova York: Oxford University Press, 1977.

MUCHEMBLED, R. *Une histoire du diable (XIIe-XXe siècles)*. Paris: Seuil, 2000.

NEWMAN, E. L'image de foule dans la Révolution de 1830. *Annales Historiques de la Révolution Française*, LII, p.499-509, 1980.

NOCHLIN, L. *Representing Women*. Londres: Thames and Hudson, 1999.

______. Women, Art and Power. In: BRYSON, N.; HOLLY, M.; MOXEY, K. (Eds.). *Visual Theory*. Cambridge: Polity, 1991.

NOVAK, B. *Nature and Culture*: American Landscape and Painting 1825-1875. Nova York: Oxford University Press, 1980.

PÄCHT, O. *The Rise of Pictorial Narrative in Twelfth-Century England*. Oxford: Clarendon Press, 1962.

PANOFSKY, E. *Early Netherlandish Painting*. Cambridge, MA: Havard University Press, 1953, 2 volumes.

______. *Gothic Architecture and Scholasticism*. Latrobe, Pa: Archabbey Press, 1951.

______. *Studies in Iconology*. Nova York, Oxford University Press, 1939. [Ed. port. *Estudos de iconologia*: Temas humanísticos na arte do Renascimento. Lisboa: Editora Estampa, 1986].

PARET, P. *Art as History*: Episodes from 19th Century Germany. Princeton, NJ: Princeton University Press, 1988.

______. *Imagined Battles*: Reflections of War in European Art. Chapel Hill: University of North Carolina Press, 1997.

PAULSON, R. *The Art of Hogarth*. Londres: Phaidon, 1975.

PENNY, N. The Whig Cult of Fox in Early Nineteenth-Century Sculpture. *Past and Present*, LXX, p. 94-105, 1976.

PICKERING, F. P. *Literature and Art in the Middle Ages*. Londres: Macmillan, 1970.

POLLOCK, G. *Vision and Difference*. Londres: Routledge, 1988.

______. What difference does feminism make to art history?. In: ______; KENDALL, R. (Eds.). *Dealing with Degas*. Londres: Pandora, 1992.

______. What's Wrong with Images of Women?. In: ______; PARKER, R. (Eds.). *Framing Feminism*. Londres: Pandora, 1977.

POMIAN, K. *Collectors and Curiosities*. Cambridge, UK: Polity Press, 1990. (Tradução inglesa).

PORTER, R. Seeing the Past. *Past and Present*, CXVIII, p.186-205, 1988.

PRENDERGAST, C. *Napoleon and History Painting*. Oxford: Clarendon Press, 1997.

PRINCE, S. *The Warrior's Camera*: The Cinema of Akira Kurosawa. Princeton, NJ: Princeton University Press, 1991.

PRONAY, N. The Newsreels: The Illusion of Actuality. In: SMITH, P. (Ed.). *The Historian and Film*. Cambridge: Cambridge UP, 1976.

QAISAR, A. J. *Building Construction in Mughal India*: The Evidence from Painting. Delhi: Oxford University Press, 1988.

RABB, T. K.; BROWN, J. The Evidence of Art: Images and Meaning in History. In: ROTBERG, R.; RABB, T. K. (Eds.). *Art and History*: Images and their Meanings. Cambridge: Cambridge University Press, 1988.

REICHARDT, R. Prints: Images of the Bastille. In: DARNTON, R; ROCHE, D. *Revolution in Print*. Berkeley: University of California Press/New York Public Library, 1989.

RENIER, G. J. *History, its Purpose and Method*. Londres: Allen & Unwin, 1950.

RINGBOM, S. *From Icon to Narrative*. Abo: Abo Akademi, 1965.

ROADS, C. H. Film as Historical Evidence. *Journal of the Society of Archivists*, III, p.183-191, 1965-1969.

ROCHE, D. *The Culture of Clothes*. Cambridge: Cambridge University Press, 1996. [Ed. bras. *A cultura das aparências* – Uma história da indumentária (séculos XVII e XVIII). São Paulo: Editora Senac, 2017].

ROCHFORT, D. *The Murals of Diego Rivera*. Londres: South Bank Board /Jorneyman, 1987.

ROGIN, M. The Sword Became a Flashing Vision: D. W. Griffith's The Birth of a Nation. *Representations*, IX, p.150-95, 1985.

ROOSEVELT, P. *Life on the Russian Country Estate*: A Social and Cultural History. New Haven: Yale University Press, 1995.

ROSENBERG, P. *Le Nain*. Paris: Flammarion, 1993.

ROSENSTONE, R. A. *Visions of the Past*. Cambridge, MA: Harvard University Press, 1995.

ROSENTHAL, D. A. *Orientalism*: The Near East in French Painting 1800-80. Rochester, NY: Memorial Art Gallery of the University of Rochester, 1982.

ROTBERG, R. I.; RABB, T. K. (Eds.). *Art and History*: Images and their Meanings. Cambridge: Cambridge University Press, 1988.

RUBY, J. *Picturing Culture*: Explorations of Film and Anthropology. Chicago: University of Chicago Press, 2000.

RUSKIN, J. The Cestus of Aglaia (1865-1866). In:______. *Works*, v.19. Londres: [s.n.], 1905.

RYAN, J. R. *Picturing Empire*. Londres: Reaktion Books, 1997.

SAID, E. *Orientalism*. Nova York: Patheon Books, 1978. [Ed. bras. *Orientalismo*: Oriente como invenção do Ocidente. São Paulo: Companhia das Letras, 2007].

SAMUEL, R. The Eye of History. In:______. *Theatres of Memory*, v.1. Londres: Verso, 1994.

SAXL, F. A Battle Scene without a Hero. *Journal of the Warburg and Courtauld Institutes*, III, p.70-87, 1939-1940.

SCHAMA, S. The Domestication of Majesty: Royal Family Portraiture, 1500-1850. In: ROTBERG, R. I.; RABB, T. K. (Eds.). *Art and History*: Images and their Meanings. Cambridge: Cambridge University Press, 1988.

______. *The Embarrassment of Riches*: An Interpretation of Dutch Culture in the Golden Age. Londres: Harper Collins, 1987. [Ed. bras. *O desconforto da riqueza*. São Paulo: Companhia das Letras, 1992].

______. *Landscape and Memory*. Londres: Haper Collins, 1995. [Ed. bras. *Paisagem e memória*. São Paulo: Companhia das Letras, 1996].

SCHAPIRO, M. On Some Problems in the Semiotics of Visual Art. *Semiotica*, I, p.223-42, 1969.

SCHMITT, J.-C. *Ghosts in the Middle Ages*. Chicago: University of Chicago Press, 1998.

SCHÖN, E. *Die Verlust der Sinnlichkeit oder die Verwandlungen des Lesers*. Stuttgart: Klett-Cotta, 1987.

SCHULZ, J. Jacopo Barbari's View of Venice: Map Making, City Views and Moralized Geography. *Art Bulletin*, LX, p.425-474, 1978.

SCHWAB, R. *The Oriental Renaissance*. New York: Columbia University Press, 1984.

SCHWARTZ, G.; BOK, M. J. *Pieter Saenredam*: The Painter and his Time. Maarssen: G. Schwartz/SDU, 1990. (Tradução inglesa).

SCREECH, T. *The Western Scientific Gaze and Popular Imagery in Later Edo Japan*. Cambridge: Cambridge University Press, 1996.

SCRIBNER, R. W. *For the Sake of Simple Folk*. Cambridge: Cambridge University Press, 1981.

SEIDEL, L. *Jan van Eyck's Arnolfini Portrait*: Stories of an Icon. Cambridge: Cambridge University Press, 1993.

SHAWE-TAYLOR, D. *The Georgians*: Eighteenth-Century Portraiture and Society. Londres: Barrie & Jenkins, 1990.

SKINNER, Q. Ambrogio Lorenzetti: The Artist as Political Philosopher. *Proceedings of the British Academy*, LXXII, p.1-56, 1986.

SMITH, B. *European Vision and the South Pacific*. New Haven: Yale University Press, 1985.

SMITH, D. Courtesy and its Discontents. *Oud-Holland*, C, p.2-34, 1986.

SMITH, L. Scriba, Femina: Medieval Depictions of Women Writing. In: SMITH, L.; TAYLOR, J. H. M. (Eds.). *Women and the Book*: Assessing the Visual Evidence. Londres: British Library, 1996.

SOUTHERN, R. W. *The Making of the Middle Ages*. Londres: [s.n.], 1954.

SPRIGATH, G. Sur le vandalisme révolutionnaire (1792-94). *Annales Historiques de la Révolution Française*, LII, p.510-35, 1980.

STANGE, M. *Symbols of Social Life*: Social Documentary Photography in America, 1890-1950. Cambridge: Cambridge University Press, 1989.

STRUPP, C. *Johan Huizinga*: Geschichtswissenschaft als Kulturgeschichte. Göttingen: Vandenhoeck und Ruprecht Verlag, 1999.

STRYKER, R. E.; JOHNSTONE, P. H. Documentary Photographs. In: WARE, C. (Ed.). *The Cultural Approach to History*. Nova York: Columbia University Press, 1940.

SULLIVAN, M. *Brueghel's Peasants*. Cambridge: Cambridge University Press, 1994.

SUTTON, P. C. *Pieter de Hooch*. Oxford: Phaidon, 1980.

SWEENEY, J. *The Life and Evil Times of Nicolae Ceausescu*. Londres: Hutchinson, 1991.

TAGG, J. *The Burden of Representation*: Essays on Photographies and Histories. Amherst: University of Massachusetts Press, 1988.

TALBOT, W. H. F. *The Pencil of Nature*. Londres: Longman, Brown, Green & Longmans, 1844.

TAYLOR, R. *Film Propaganda*. Londres: Croom Helm, 1979.

THOMAS, K. *Man and the Natural World*. Londres: Allen Lane, 1983.

THOMAS, N. *Possessions: Indigenous Art and Colonial Culture*. Londres: Thames and Hudson, 1999.

HOMPSON P.; HARKELL, G. *The Edwardians in Photographs*. Londres: B. T. Batsford, 1979.

THORNTON, D. *The Scholar in his Study*. New Haven: Yale University Press, 1998.

THORNTON, P. *The Italian Renaissance Interior*. Londres: Weidenfeld and Nicolson, 1991.

______. *Seventeenth-Century Interior Decoration in England, France and Holland*. New Haven: Yale University Press, 1978.

TRACHTENBERG, A. *Reading American Photographs*: Images as History, Mathew Brady to Walker Evans. Nova York: Hill and Wang, 1989.

TRACHTENBERG, J. *The Devil and the Jews*: The Medieval Conception of the Jew and its Relation to Modern Antisemitism. Nova York: Yale University Press, 1943.

TREXLER, R. Florentine Religious Experience: The Sacred Image. *Studies in the Renaissance*, XIX, p.7-41, 1972.

VECCHI, A. *Il Culto delle immagini nelle stampe popolari*. Firenze: L. S. Olschki, 1968.

VOVELLE, G.; VOVELLE, M.*Vision de la mort et de l'au-delà en Provence*. Paris: A. Colin, 1970.

VOVELLE, M. (Ed.). *Iconographie et histoire des mentalités*. Paris: CNRS, 1979.

______. (Ed.). *Les Images de la Révolution Française*. Paris: Publications de la Sorbonne, 1988.

WAGNER, P. *Reading Iconotexts*: From Swift to the French Revolution. Londres: Reaktion Books, 1995.

WARBURG, A. *The Renewal of Pagan Antiquity*. Los Angeles, CA: Getty Research Institute for the History of Art and the Humanities, 1999. (Tradução inglesa).

WARNER, M. *Monuments and Maidens*: The Allegory of the Female Form. Londres: Weidenfeld and Nicolson, 1985.

WARNKE, M. *Political Landscape*: The Art History of Nature. (1992). Londres: Reaktion, 1994. (Tradução inglesa).

WELCH, D. *Propaganda and the German Cinema*, 1933-1945. Oxford: Clarendon Press, 1983.

WHITE, H. Historiography and Historiophoty. *American Historical Review*, XCIII, p.1193-9, 1988.

WILLIAMSON, J. *Decoding Advertisements*: Ideology and Meaning in Advertising. Londres: Marion Boyars, 1978.

WILSON, D. M. *The Bayeux Tapestry*. Londres: Thames & Hudson, 1985.

WIND, E. *Pagan Mysteries in the Renaissance*. New Haven: Yale University Press, 1958.

WIRTH, J. *L'image médiévale*: Naissance et développement. Paris: Méridiens Klincksieck, 1989.

WITTKOWER, R. Marvels of the East: A Study in the History of Monsters. *Journal of the Warburg and Courtauld Institutes*, V, p.159-97, 1942.

YARRINGTON, A. *The Commemoration of the Hero, 1800-1864*: Monuments to the British Victors of the Napoleonic Wars. Nova York: Garland, 1988.

YATES, F. A. Astraea: *The Imperial Theme in the Sixteenth Century*. Londres: Routledge/K. Paul, 1975.

YEAZELL, R. B. *Harems of the Mind*: Passages of Western Art and Literature. New Haven: Yale University Press, 2000.

YOUNG, J. E. The Counter-Monument: Memory against Itself in Germany Today. In: MITCHELL, W. J. T. (Ed.). *Art and the Public Sphere*. Chicago: University of Chicago Press, 1992.

ZANKER, P. *Augustus and the Power of Images*. Ann Arbor: [s.n.], 1988. (Tradução inglesa).

ZEMAN, Z. *Selling the War*: Art and Propaganda in World War II. Londres: Orbis Books, 1978.

ZHANG, L. *Mighty Opposites*. Stanford: Stanford University Press, 1998. p.161-72.

ZIKA, C. Cannibalism and Witchcraft in Early Modern Europe: Reading the Visual Evidence. *History Workshop Journal*, XLIV, p.77-106, 1997.

ZIMMER, H. *Myths and Symbols in Indian Art and Civilization*. Princeton, NJ: Princeton University Press, 1946.

ZOMPINI, G. *Le Arti che vanno per via nella città di Venezia*. Venezia: [s.n.], 1785.

Agradecimentos fotográficos

O autor e os editores desejam expressar seus agradecimentos às seguintes fontes de ilustrações e/ou permissão para reproduzi-las (exceto as fontes às quais são dados os créditos completos nas legendas): Galeria de Arte Toi o Tamaki de Auckland (oferta do Grupo Rutland): 13; Biblioteca Nacional da França, Paris: 9 (Cabinet d'Estampes), 29, 33, 34, 76 (Cabinet d'Estampes, Coleção de Vinck); Bildarchiv Marburg: 15; Gerard Blot: 61; fotografia com permissão da Biblioteca Britânica, Londres: 19; fotografia © Museu Britânico (Departamento de Impressos e Desenhos): 3,60; Biblioteca da Universidade de Cambridge: 64; fotografia © Museu Fitzwilliam, Universidade de Cambridge: 11; fotografia © Museu Britânico (Departamento de Impressos e Desenhos): 3, 60; com permissão das autoridades da Biblioteca da Universidade de Cambridge: 64; Museu de Arte Fogg, Cambridge, MA (legado de Greenville L. Winthrop): 65; Museu Nacional de Goethe, Weimar (Nationale Forschung-und-Gedenkstatten der klassisschen deutschen Litteratur): 50; Biblioteca do Congresso, Washington, D.C., Departamento de Impressos e Fotografias (Coleção da Administração de Seguros Agrícolas): 63; Galeria Nacional de Artes, Washington, D.C. (Coleção Samuel H. Kress): 27 (foto © 2001 Conselho de Curadores, Galeria Nacional de

Artes, Washington, D.C.); Galeria Nacional, Londres: 52 (oferta de Lorde Duveen através do NACF), 75 (oferta de Sir Richard Wallace); Biblioteca Pública de Nova York: 5; Nordiska Museets bildbyra: 46; Museu de Arte da Filadélfia (Coleção John G. Johnson): 67; fotografia © Fototecas dos Museus da Cidade de Paris/Habouzit: 8; RMN, Paris: 1, 61; Coleção de Fotografias dos Arquivos Reais, Castelo de Windsor: 74 (fotografia Arquivos Reais © Sua Majestade Rainha Elizabeth II); Statens Konstmuseer/© Museu Nacional Estocolmo: 57; Stiftung Wemarer Klassik: 50; Tate Britânica, Londres (legado de Agnes Ann Best): 51 (© Tate, Londres, 2000); Biblioteca da Universidade da Pensilvânia, Filadélfia, PA (Coleção Edgar Fahs Smith: Smith Folio 542.I G363): 41; Biblioteca da Universidade de Utrecht (Ms.842): 40; V&A Biblioteca de Imagem/© Conselho de Curadores do Museu Victoria e Albert: 39, 55; foto cortesia do Instituto Warburg, Londres: 18.

Índice remissivo

A
Ackerman, Rudolf (1764-1834), entalhador alemão, 128
Aldgate, Anthony, historiador britânico, 232, 240
Alpers, Svetlana, historiadora de arte norte-americana, 129
Antal, Frederick (1887-1954), historiador de arte húngaro, 267
Ariès, Philippe (1914-1984), historiador francês, 22, 158-62, 172
Asch, Timothy, diretor de filmes norte-americano, 250
Ast, Friedrich (1778-1841), estudioso de clássicos alemão, 58
Augusto (governou de 27 a.C. a 14 d.C.), imperador romano, 94, 103-5, 115
Ausências, 71, 85, 141, 160, 262, 282

B
Bachofen, Johann Jakob (1815-1887), filólogo suíço, 255
Bakhtin, Mikhail (1895-1975), teórico cultural russo, 87
Bann, Stephen (1942-), crítico e historiador inglês, 16, 24, 276
Barbari, Jacopo de' (morto c. 1516), artista veneziano, 51
Bargrave, John (1610-1680), cônego da Igreja de Cristo, 270
Barker, Henry Aston (1774-1856), pintor britânico, 220-1
Barker, Robert (1739-1806), pintor britânico, 220
Barthes, Roland (1915-1980), semiótico francês, 36, 57, 145, 253, 257-8, 262, 264-5, 269
Bartholdi, Frédéric Auguste (1834-1994), escultor francês, 99
Baxandall, Michael (1933-), historiador de arte francês, 270
Bayeux – Tipo de tapeçaria, 19, 20, 138, 145, 149, 215, 228-30, 233, 275
Bellotto, Bernardo (1721-1780), pintor veneziano, 128-9
Belting, Hans, historiador de arte alemão, 89
Benjamin, Walter (1892-1940), crítico alemão, 30, 114, 118

Berckheyde, Gerrit (1638-1698), pintor alemão, 129, 131
Bernini, Gian Lorenzo (1598-1680), escultor napolitano, 77, 84, 256
Bertolucci, Bernardo (1940-), diretor de filmes italiano, 250, 259-60
Bilac, Olavo (1865-1918), jornalista brasileiro, 210
Bingham, George Caleb (1811-1879), artista norte-americano, 155-7, 172
Boas, Franz (1858-1942), antropólogo teuto-americano, 232
Bosch, Hieronymus (c. 1450-1516), pintor dos Países Baixos, 85-6
Bosse, Abraham (1602-1676), entalhador francês, 173-4
Botticelli, Sandro (1445-1510), pintor florentino, 54, 59-60, 63
Bourke-White, Margaret (1904-1971), fotógrafa norte-americana, 39, 180
Brady, Mathew (1823-1896), fotógrafo norte-americano, 221
Brahe, Tycho (1456-1601), astrônomo dinamarquês, 124
Brasil, 12, 21, 95, 124, 190, 202, 283
Braudel, Fernand (1902-1985), historiador francês, 124
Brownlow, Kevin (1938-), diretor de filmes inglês, 242
Bruegel, Pieter, o Velho (c. 1520-1569), pintor dos Países Baixos, 204-5
Bruno, Giordano (1548-1600), herege italiano, 120
Budismo, 59, 65, 75, 184
Buñuel, Luis (1900-1983), diretor de filmes espanhol, 256
Burckhardt, Jacob (1818-1897), historiador cultural suíço, 20-1, 54, 279-80
Burke, Edmond (1729-1797), pensador político irlandês, 71

C

Callot, Jacques (c. 1592-1635), artista de Lorraine, 79, 223, 226
Camille, Michael (1950-2002), historiador de arte norte-americano, 30, 167
Camponeses, 39, 110, 124, 134, 173, 176-80, 187, 200, 204-6, 226, 246, 282
Canal, Giovanni Antonio ("Canaletto", 1697-1768), pintor veneziano, 128, 130
Canção de Rolando, 183-4
Canibais, 187-90, 202, 255
Capa, Robert (1913-1954), fotógrafo húngaro-norte-americano, 39, 225
Caricatura, 96, 101, 121-2, 182, 200-2, 271
Carlos V (reinou de 1516 a 1555), imperador, 32, 43, 96, 107, 211, 216-7, 221, 227-8
Carpaccio, Vittore (c. 1465-1525), pintor veneziano, 25, 127-8, 139-40, 147
Carr, Edward H. (1892-1982), historiador britânico, 240
Cassirer, Ernst (1874-1945), filósofo alemão, 57
Cavell, Edith (1865-1915), enfermeira inglesa, 117
Ceausescu, Nicolae (1918-1989), ditador romeno, 111, 114
Cederström, Gustav (1845-1933), pintor sueco, 237
Cerquozzi, Michelangelo (1602-1660), pintor italiano, 212
Certeau, Michel de (1925-1986), teórico francês, 267
Chéret, Jules (1836-1932), projetista francês de pôsteres, 142
China, 12, 15, 100, 119, 124, 140, 163-4, 169

Constable, John (1776-1837), pintor inglês, 70
Constantino (reinou de 312 a 337 d.C.), imperador romano, 105, 219
Contexto, 22, 26, 37, 59, 64, 131-2, 153, 160, 169, 177, 179, 201, 214, 251, 258, 267, 281-2
Cranach, Lucas (1472-1553), artista alemão, 87-8, 225, 259
Crane, Stephen (1871-1900), escritor norte-americano, 223
Crianças, 87, 133, 157-62, 173, 225262, 282
Crivelli, Carlo (c. 1430-1495), pintor veneziano, 135
Cultura de instantâneo, 36, 56

D

Daguerre, Louis (1787-1851), francês, inventor do daguerreótipo, 38
Dalí, Salvador (1904-1989), pintor espanhol, 65-6
Dardel, Fritz Ludwig von (1817-1901), soldado sueco e artista, 146, 148, 182
Daumier, Honoré (1808-1879), artista francês, 121, 271
David, Jacques-Louis (1748-1825), pintor francês, 108-9, 114, 209, 240, 273
Davis, Natalie Z. (1929-), historiadora norte-americana, 246
Debret, Jean-Baptiste (1768-1848), artista francês, 12, 124, 126
Degas, Edgar (1834-1917), artista francês, 202
Delacroix, Eugène (1798-1863), pintor francês, 26-7, 97-9, 175, 192, 194-5, 271
Delaroche, Paul (1797-1856), pintor francês, 237, 240, 244
Delumeau, Jean (1923-), historiador francês, 85
Deneuve, Catherine (1943-), atriz francesa, 145
Depardieu, Gérard (1948-), ator francês, 246
Derrida, Jacques (1930-2004), filósofo francês, 264
Desconstrução, 263-4
Desjardins, Martin (1637-1694), escultor flamengo-francês, 108
Desmoulins, Camille (1760-1794), jornalista francês, 121
Detalhes significativos, 53, 170, 225, 282
Douglas, David (1898-1982), historiador britânico, 19
Doyle, Sir Arthur Conan (1859-1930), escritor britânico, 53-4, 123
Drebbel, Cornelis (c. 1572-1633), inventor holandês, 129
Dryden, John (1631-1700), poeta inglês, 187
Duplessis, Joseph-Siffred (1725-1802), pintor francês, 46
Duplicação, 257
Dürer, Albrecht (1471-1528), artista alemão, 140-1

E

Eco, Umberto (1932-2016), semiótico e novelista italiano, 53, 145, 260, 264
Efeito de realidade, 36, 132, 194, 230, 251
Eisenstein, Sergei (1898-1948), diretor russo, 242, 271
Elizabeth I (reinou de 1558 a 1601), rainha da Inglaterra, 94
Erlanger, Philippe (1903-1987), historiador francês, 243, 245
Estilo de anti-herói, 120, 223, 225

Estilo documentário, 12, 23, 26, 37, 39, 194, 231
Estilo etnográfico, 20, 23, 24, 26, 194, 206, 232, 252
Estilo heroico, 111, 223-4
Estruturalismo, 67, 145, 226, 254, 257-65, 268, 276
Eugênio da Suécia (1865-1947), príncipe e artista, 69
Eyck, Jan van (c. 1389-1441), pintor flamengo, 20, 25, 56

F
Falconet, Etienne-Maurice (1716-1791), escultor francês, 106
Félibien, André (1619-1695), crítico de arte francês, 177
Fellini, Federico (1920-1993), diretor italiano, 242
Feminismo, 268
Fenton, Roger (1819-1869), fotógrafo inglês, 222
Fórmula, 145, 219
Fotografia aérea, 40-1
Fotografia social, 37, 283
Foucault, Michel (1926-1984), filósofo francês, 55, 261
Fox Talbot, William Henry (1800-1877), fotógrafo inglês, 156
Fox, Charles James (1749-1806), político inglês, 116-8
Fragonard, Jean-Honoré (1732-1806), artista francês, 170
Frederick, William of Brandenburg (governou de 1640 a 1688), o "Grande Eleitor", 105
Freedberg, David, historiador de arte britânico, 90, 269
Freud, Sigmund (1856-1939), psicanalista austríaco, 53, 254-6
Freyre, Gilberto (1900-1987), sociólogo-historiador brasileiro, 12, 21
Fried, Michael, historiador de arte norte-americano, 269
Friel, Brian (1929-2015), teatrólogo da Irlanda do Norte, 251

G
Gainsborough, Thomas (1727-1788), pintor inglês, 42-3
Gama, Vasco da (c. 1469-1525), viajante português, 184, 272
Gardner, Robert, diretor de filme norte-americano, 232-3
Geertz, Clifford (1926-2006), antropólogo norte-americano, 262, 264
Gérard, François (1770-1837), 108, 114
Gerasimov, Aleksandr (1881-1963), 114
Gerasimov, Sergei (1885-1964), 179
Géricault, Théodore (1791-1824), 192, 194
Gérôme, Jean-Léon (1824-1904), 192, 194
Gerz, Jochen e Esther, escultores alemães, 120
Gillray, James (1756-1815), artista inglês, 121
Gilman, Sander, historiador de arte norte-americano, 206
Gilpin, William (1724-1804), escritor inglês, 70
Ginzburg, Carlo (1939-), historiador italiano, 53, 254
Giorgione (c. 1478-1510), pintor veneziano, 68
Goethe, Johann Wolfgang von (1749-1832), 151, 307
Goffman, Erving (1922-1982), sociólogo norte-americano, 43
Gombrich, Ernst H. (1909-2001), historiador de arte austríaco-britânico, 25, 52, 58, 66

Goubert, Pierre (1915-2012), historiador francês, 176
Goya, Francisco de (1746-1828), pintor espanhol, 43, 209, 223, 271
Graham-Brown, Sarah, historiadora de fotografias, 38
Grégoire, Henri (1750-1831), padre revolucionário francês, 118
Gregório, o grande (c. 540-604), papa, 57, 73, 76, 86
Grenville, John (1928-), historiador britânico, 307
Grien, Hans Baldung (c. 1476-1545), 88, 202
Griffith, D. W. (1875-1948), diretor norte-americano, 235, 239, 271
Gros, Antoine-Jean (1771-1835), pintor francês, 220
Grosz, Georg (1893-1959), artista alemão, 201-1
Guicciardini, Francesco (1483-1540), historiador italiano, 219
Guys, Constantin (1802-1892), artista francês, 28, 194, 221

H

Hale, John (1923-2000), historiador inglês, 218-9
Hamdi, Osman ("Hamdi Bey" 1842-1910), pintor otomano, 194
Haskell, Francis (1928-2000), historiador de arte britânico, 19, 24, 237, 268
Hauser, Arnold (1892-1978), historiador de arte húngaro, 52, 66, 267-8
Hellqvist, Carl (1851-1890), pintor sueco, 237
Heródoto (c. 484-c. 420 a.C.), historiador grego, 184
Hersent, Louis (1777-1860), pintor francês, 47, 273
Hill, Christopher (1912-2013), historiador britânico, 242
Hinduísmo, 59, 75
Hine, Lewis (1874-1940), fotógrafo norte-americano, 35, 37
Hitler, Adolf (1889-1945), ditador alemão, 21, 48, 57, 111, 114, 210, 234, 249
Hogarth, William (1697-1764), artista inglês, 101, 157, 159-60, 162, 164, 173-5, 199, 214, 225, 259, 274
Holmes, Sherlock, detetive de histórias de ficção, 53, 123
Hooch, Pieter de (1629-1684), pintor holandês, 56, 133
Huizinga, Johan (1879-1945), 20-1, 66, 231
Hunt, William Holman (1827-1910), pintor inglês, 236

I

Ícones, iconóstase, 27, 79
Iconoclasmo, 86, 89, 118-9, 273-4
Iconografia, 54-8, 61-8, 72, 75-6, 91, 97, 99-100, 105, 111, 145, 252-4, 257-8, 263-5, 267, 275, 279
Iconologia, 55-6, 58, 61, 64, 67, 72, 77, 254, 257, 264, 275
Iconotextos, 63, 103, 214, 238, 264, 274
Idealização, 115, 175-6, 228
Imprensa, 29, 111, 141
Ingres, Jean-Auguste-Dominique (1780-1867), pintor francês, 51, 114, 192-4
Instituto Warburg, 21, 57, 308
Interpretações errôneas, 65, 131, 174
Intertextualidade, 145
Ivins, William H. Jr (1881-1961), administrador de impressos norte-americano, 29-30
Izquierdo, Sebastian (1601-1681), jesuíta espanhol, 84

J
Jancsó, Miklós (1921-2014), diretor de filmes húngaro, 247-9
Japão, 142, 163-4, 243
Jaucourt, Louis (1704-1779), 93, 95
Joana d'Arc (c. 1412-1431), mulher santa francesa, 84
Johnson, Eastman (1824-1906), pintor norte-americano, 26, 196
Jongh, Eddy de, historiador de arte holandês, 58, 136, 162, 254, 256
Judeus, 87, 187, 201, 203

K
Klee, Paul (1879-1940), artista suíço, 73
Kleiner, Salomon (1703-1761), artista alemão, 164
Kracauer, Siegfried (1889-1966), historiador de filmes e teórico alemão, 38, 54, 244, 249
Kurosawa, Akira (1910-1998), diretor de filmes japonês, 243, 251

L
Lacan, Jacques (1901-1981), psicanalista francês, 186, 255
Lange, Dorothea (1895-1965), fotógrafa norte-americana, 37, 39, 180-1, 212, 243, 245
Le Nain, irmãos (Antoine, Loius e Mathieu, fl. c. 1620-48) pintores franceses, 159, 176-8
Leitura de imagens, 57, 95, 147, 174, 213
Lenin, Vladimir Ilych (1870-1924), revolucionário russo, 114, 119
Leonardo da Vinci (1452-1519), artista toscano, 219, 254, 256
Lessing, Gottfried Ephraim (1729-1781), crítico alemão, 263
Levine, Robert, historiador norte-americano, 21
Lévi-Strauss, Claude (1908-2009), antropólogo francês, 218, 257, 261, 263-4
Liberdade, 96-100, 217-8
Loggan, David (1634-1692), entalhador alemão, 52, 128, 149
Lorrain, Claude (1600-1682), pintor da Lorraine, 68, 79
Low, David (1892-1963), cartunista francês, 122
Loyola, Inácio de (1491-1556), santo espanhol, 83, 86
Luís Felipe (reinou de 1830 a 1848), rei da França, 47-8, 98, 108, 121, 237, 262, 271, 273
Luís XIII (reinou de 1610 a 1643), rei da França, 105, 226
Luís XIV (reinou de 1643 a 1715), rei da França, 48, 94, 105-8, 113, 119-20, 214, 216-7, 220-1, 227, 245, 260, 273, 275
Luís XV (reinou de 1715 a 1774), rei da França, 48, 132
Luís XVI (reinou de 1774 a 1792), rei da França, 48, 96, 201, 237, 271
Luís XVIII (reinou de 1815 a 1824), rei da França, 273
Lutero, Martinho (1483-1546), reformador alemão, 87, 89, 91, 211

M
Mâle, Emile (1862-1954), historiador de arte francês, 57, 85
Manet, Édouard (1832-1883), pintor francês, 172, 201, 209
Manuel, Niklaus (c. 1484-1530), pintor suíço, 221
Manzoni, Alessandro (1785-1873), escritor italiano, 178, 236
Mao Tsé-Tung (1893-1976), ditador chinês, 100, 119
Mapas, 28, 30, 51
Marco Aurélio (governou de 161 a 180 a.C.), imperador romano, 105-6
Matejko, Jan (1838-1893), pintor polonês, 237

McCahon, Colin (1919-1987), pintor neozelandês, 70, 262
Medalhas, 63, 120, 216-7, 226-7, 260, 265, 274-5
Meissonier, Ernest (1815-1891), pintor francês, 236-7
Mellinkoff, Ruth, historiadora norte--americana, 201, 207
Menzel, Adolph (1815-1905), pintor alemão, 236-7
Merian, Matthäus, o Velho (1593-1650), entalhador suíço, 211
Metsu, Gabriël (1629-1669), pintor holandês, 160
Millais, John (1829-1896), pintor britânico, 162
Millet, Jean-François (1814-1875), pintor francês, 178
Mitchell, William, crítico norte--americano, 22
Monet, Claude (1840-1926), pintor francês, 66, 68-9, 172
Montagu, Lady Mary Wortley (1689-1762), viajante britânica, 192
Morelli, Giovanni (1816-1891), perito italiano, 35, 53-4, 62, 254, 282
Mucha, Alphonse (1860-1939), desenhista de pôsteres checo, 142
Mulheres, 18, 44, 61, 64, 76, 96-7, 99, 105, 151, 157, 163-70, 173, 175, 178, 180, 184, 187-8, 194-5, 200-3, 256, 268, 280, 282
Multidões, 163, 175
Mussolini, Benito (1883-1945), ditador italiano, 110-1, 114

N

Napoleão Bonaparte (1769-1821), imperador francês, 108, 114, 119, 209, 2201, 237, 271, 273
Nelson, Horatio (1758-1805), 116, 273
Nightingale, Florence (1820-1910), enfermeira inglesa, 117
Nikon, patriarca russo (1605-1681), 84
Nochlin, Linda, historiadora de arte norte-americana, 268
Nudez, 32, 61

O

O'Sullivan, Timothy (1840-1882), fotógrafo norte-americano, 41
Ochtervelt, Jacob (1634-1682), pintor holandês, 134, 279, 280
Olhar inocente, 32-3
Olhar, 32, 51, 65, 71, 108, 186-7, 200-1, 206, 258, 268
Olho da época, 270
Olier, Jean-Jacques (1608-1657), escritor religioso francês, 177
Olivares, Conde-Duque (1587-1645), estadista espanhol, 272-3
Ophüls, Marcel (1927-), diretor de filmes francês, 231
Organ, Bryan (1935), pintor britânico, 44
Organização de imagens, 111, 113, 118
Orientalismo, 191-2, 194, 206

P

Pagamentos de promessas, 80-1
Paisagens, 23-4, 61, 67-72, 101179, 262, 280
Panofsky, Erwin (1892-1968), historiador de arte alemão, 55, 57-9, 63-7, 76, 140, 252-4, 256, 263-4, 267, 275, 283
Panorama, 220, 236
Paret, Peter, historiador norte--americano, 278
Pasini, Alberto (1826-1899), pintor italiano, 194-5
Penny, Nicholas (1949-), historiador de arte inglês, 118
Pitoresco, 69, 169
Plínio, o Velho (23 a 79 d.C.), escritor romano, 188, 191

Pollock, Griselda (1949-), historiadora de arte, 268
Pontecorvo, Gillo (1919-2006), diretor de filmes italiano, 247-8
Ponto de vista, 11, 32, 50-1, 87, 161, 179, 182, 186-7, 234-5, 239, 241, 248-51, 257-8, 275, 277
Poussin, Nicolas (1594-1665), pintor francês, 57
Programa pictórico, 58
Pronay, Nicholas, historiador britânico, 240
Propaganda, 19, 32, 91, 94, 121, 124, 142-4, 216, 220, 227, 260-1, 265, 290
Propp, Vladimir (1895-1970), folclorista russo, 259
Psicologia, psicanálise, 67, 91, 142, 254-5
Publicidade, 37, 142-6, 226, 255, 257, 260, 264
Puenzo, Luis (1946-), diretor de filmes argentino, 251

Q
Quadros, Jânio (1917-1992), presidente do Brasil, 95

R
Raças monstruosas, 188-90, 197, 199, 206, 277
Ranke, Leopold von (1795-1886), historiador alemão, 38, 200
Realismo, 35, 50, 56, 131, 172, 223. *Ver também* Realismo Socialista
Realismo Socialista, 102, 179
Reforma, 86-7, 89, 94, 120, 170, 252
Registros policiais, 25
Reitz, Edgar (1932-), diretor de filmes alemão, 249
Rejlander, Oscar Gustav, fotógrafo sueco, 39
Rembrandt (1606-1669), pintor holandês, 116, 170
Renier, Gustaaf (1892-1962), historiador holandês, 24, 53
Renoir, Auguste (1841-1919), pintor francês, 72
Representação partida, 218
Representações, 20, 24, 36, 41, 49-51, 54, 59, 64, 74-5, 77, 90, 94, 103, 107-8, 114, 130, 137, 140, 145, 147, 156, 158, 160-2, 167-8, 175, 181, 184, 196, 201, 204-6, 213, 215, 218, 233, 240-1, 256, 261, 268, 273, 276, 282
Retratos, 25, 33, 35, 41-4, 47-9, 62, 65, 83, 94, 107, 111, 114, 116, 131, 158-62, 181, 196, 214, 218, 220, 244, 262, 273, 280
Reynolds, Joshua (1723-1792), pintor inglês, 44, 116
Ricardo II (reinou de 1377 a 1399), rei da Inglaterra, 48, 94
Riefenstahl, Leni (1902-), diretora de filmes alemã, 111, 234
Rigaud, Hyancinthe (1659-1743), pintor francês, 48
Riis, Jacob A. (1849-1914), fotógrafo dinamarquês-norte-americano, 37
Ripa, Cesare (c. 1555-1622), escritor italiano sobre arte, 56, 96
Rivera, Diego (1886-1957), pintor mexicano, 69, 102, 201, 275
Rizi, Francisco (1614-1685), pintor espanhol, 209
Roche, Daniel (1935-), historiador francês, 124
Rossellini, Roberto (1906-1977), diretor de filmes italiano, 235, 243-5, 250
Roubaud, Franz (1856-1928), pintor alemão, 236
Ruskin, John (1819-1900), crítico de arte britânico, 40-1

S
Saavedra Fajardo, Diego de (1584-1648), pensador político espanhol, 19, 96
Saenredam, Pieter (1597-1665), pintor holandês, 147-8
Said, Edward (1935-2003), crítico palestino-norte-americano, 191-3, 196-7
Samuel, Raphael (1934-1996), historiador social inglês, 19, 22, 39
Sander, August (1876-1964), fotógrafo alemão, 155, 157
Sátira pictórica, 41-3, 173-6, 179-82, 205, 214-5, 280-2
Saxl, Fritz (1890-1948), historiador de arte alemão, 57
Schama, Simon (1945-), historiador britânico, 23, 160, 162, 280
Schapiro, Meyer, historiador de arte norte-americano, 258
Schön, Erich, historiador literário alemão, 151
Scorsese, Martin (1942-), diretor norte-americano, 241
Scott, Sir Walter (1771-1832), escritor escocês, 236, 241
Scribner, Robert (1941-1998), historiador australiano, 15, 82, 252
Semiótica, 254, 257, 262
Série de imagens, 75-7, 225-6, 255-65
Serov, Valdimir (1910-1968), pintor russo, 110, 112
Shurpin, Fyodor (1904-1972), pintor russo, 49, 111
Skinner, Quentin (1940-), historiador inglês, 95
Spielberg, Stephen (1946-), diretor norte-americano, 241
Stahl, Augusto, fotógrafo brasileiro, 13, 281, 283
Stakhanov, Gregor, mineiro russo, 116
Stalin, Joseph (1879-1953), ditador russo, 27, 49, 111, 114, 271, 273
Steen, Jan (1626-1679), pintor holandês, 135-6, 146, 159, 172
Stryker, Roy (1882-1975), fotógrafo norte-americano, 38, 155
Swammerdam, Jan (1637-1680), anatomista e entomologista holandês, 129

T
Tasso, Torquato (1544-1595), poeta italiano, 219
Tenniel, John (1829-1914), artista inglês, 96, 199-200
Ter Borch, Gerard (1617-1681), pintor holandês, 211-3
Teresa de Ávila (1515-1582), santa espanhola, 84
Testemunhas. *Ver* Estilo documentário; Estilo etnográfico
Thomas, Keith (1933-), historiador britânico, 52
Tibete, 185-6
Ticiano (c. 1488-1576), pintor veneziano, 21, 43, 59-65, 209
Tipicidade, 151-3, 155, 180-2
Tischbein, Wilhelm (1751-1829), artista alemão, 151-2
Torii Kiyomasu (1697-1722), artista japonês, 165
Trachtenberg, Alan, crítico norte-americano, 182
Trumbull, John (1756-1843), pintor norte-americano, 212-3

U
Uccello, Paolo (1397-1475), pintor florentino, 125

V
Valentino, Rodolfo (1895-1926), ator ítalo-americano, 193

Valéry, Paul (1871-1945), poeta francês, 36
Van der Meulen, Adam-Frans (1632-1690), artista de guerra flamengo, 221
Vandalismo. *Ver* iconoclasmo
Vasari, Giorgio (1511-1574), artista toscano, 219
Velázquez, Don Diego de Silva y (1599-1660), pintor espanhol, 96, 209, 261, 272-3
Vermeyen, Jan (c. 1500-1559), artista de guerra flamengo, 221, 227
Vernet, Horace (1789-1863), pintor francês, 219, 221
Vernet, Joseph (1714-1789), artista francês, 20, 131-2, 221
Vigne, Daniel (1942-), diretor de filmes francês, 245
Visconti, Luchino (1906-1976), diretor italiano, 241
Vovelle, Michel (1933-), historiador francês, 22, 74

W

Wagner, Peter, historiador de arte, 63, 214
Wajda, Andrzej (1926-2016), diretor de filmes polonês, 239-240, 246
Wallenstein, Albrecht von (1583-1634), general da Boêmia, 211
Warburg, Aby (1866-1929), historiador cultural alemão, 21, 24, 57, 61, 63, 283
Warner, Marina (1946-), escritora inglesa, 99
Webber, John (1752-1798), desenhista inglês, 194
Wellington, Duque de (1769-1852), 116
West, Benjamin (1738-1820), pintor norte-americano, 114, 118
Westmacott, Richard (1775-1856), escultor inglês, 117-8
Whistler, James A. M. (1834-1903), pintor norte-americano, 65-6
White, Hayden (1928-), crítico norte--americano, 240, 263
White, John (fl. 1584-93), artista inglês, 31-2, 123, 194
Widerberg, Bo (1930-1997), diretor sueco, 249
Wilkie, David (1785-1841), pintor escocês, 145, 157, 172-3, 237
Williamson, Judith, 145
Wind, Edgar (1900-1971), historiador de arte alemão, 57, 63, 65
Witt, Johannes de, holandês, visitante a Londres, 137
Witte, Emmanuel de (c. 1617-1692), pintor holandês, 168
Wright, Joseph (1734-1797), pintor inglês, 151-2

X

Xavier, Francisco (1506-1552), santo espanhol, 184

Z

Zabolotsky, Petr Efimovich (c. 1803-1866), pintor russo, 179
Zanker, Paul, alemão, estudioso da história antiga, 103, 282
Zeitgeist, 51, 58, 64
Zhang, Zeduan, artista chinês, 164
Zompini, Gaetano (1700-1798), artista veneziano, 169

SOBRE O LIVRO

Formato: 14 x 21 cm
Mancha: 24,5 x 38,7 paicas
Tipologia: Iowan Old Style 10/14
Papel: Off-white 80g/m² (miolo)
Cartão Supremo 250g/m² (capa)
1ª edição Editora Unesp: 2017

EQUIPE DE REALIZAÇÃO

Capa
Marcelo Girard

Edição de texto
Daniel Aarão Reis Filho (Revisão técnica)
Maria Angélica Beghini Morales (Copidesque)
Nair Hitomi Kayo (Revisão)

Editoração eletrônica
Eduardo Seiji Seki (Diagramação)

Assistência editorial
Alberto Bononi
Richard Sanches

Rua Xavier Curado, 388 • Ipiranga - SP • 04210 100
Tel.: (11) 2063 7000 • Fax: (11) 2061 8709
rettec@rettec.com.br • www.rettec.com.br